10人(인) 10色(색)
글로벌 커리어

낯선 곳에서 남부럽지 않게 일하기

10人(인) 10色(색)
글로벌 커리어

안홍석 외 10인 지음

이콘

추천사

이 책은 현실에 안주하지 않고 글로벌 무대에 도전하는 10명의 젊은이들의 여정을 담고 있습니다. 대한민국의 많은 젊은이들이 그러하듯, 저자들은 자신들의 진로에 대해 많은 고민을 하는 과정을 거쳐왔습니다. 다만, 조금 다른 점이 있다면 자신이 원하는 꿈을 구체화시키며 그 꿈을 이루기 위해 행동했다는 것입니다. 저자들의 꿈을 한마디로 표현하면 '글로벌 무대에서 최고의 프로페셔널이 되는 것'입니다. 또 그 꿈을 이루기 위한 여정은 여전히 진행중입니다. 도전하는 과정에서 시행착오를 반복해온 이들의 이야기는 꿈을 행동으로 옮기기를 주저하고 있는 대한민국의 젊은 독자들이 나아갈 방향을 제시해줄 것입니다.

지난 봄, 저서인 『로봇 다빈치, 꿈을 설계하다』 출간과 더불어 강의를 위해 한국을 방문했을 때, 저자 중 한 명인 안홍석 대표에게서 연락을 받았습니다. 커리어 컨설턴트이며 대학에서 강의를 하던 그는 대한민국의 젊은이들이 글로벌 무대에서 마음껏 능력을 발휘하도록 도와주고 싶다는 꿈을 가지고 있었습니다. 이 책의 완성은 안홍석 대표의 인생 여정에서 아주 중요한 작업이라는 생각이 들었습니다. 그는 대한민국이 경제 성장 둔화를 극복하고, 지속적으로 성장하기 위해서는 글로벌 단위에서 경쟁력을 갖춘 인재가 많이 나와야 한다는 자신의 신념을 책에 담고 싶어했기 때문입니다.

　이러한 그의 신념이 저의 마음을 움직였고, 하루에도 수백 통의 이메일에 답장을 해야 하는 일상 속에서도 어떤 방식으로든 도와주고 싶다는 생각이 들었습니다. '꿈을 진심으로 대하고, 소중히 여기고, 이룰 수 있다는 믿음으로 최선의 노력을 다하는 것보다 인생에서 중요한 것은 없다'는 저의 신념과도 일맥상통했기 때문입니다.

　돌이켜보면, 제가 가르치는 학생들과 진로에 관한 멘토링 시간을 가질 때마다 갈 길을 정하지 못해 고민하고 방황하는 학생들의 모습에 안타까웠던 적이 많았습니다. 저자들의 다양한 커리어가 아직 진로를 정하지 못해 헤매고 있는 학생들이 앞으로 나아갈 길을 설계하는 데 큰 도움이 될 것이라고 믿습니다.

　이 책은 단순히 해외 취업을 했다는 성공담이 아닙니다. 젊은이들의 '꿈'과 '열정'에 관한 이야기입니다. '꿈과 열정', 이 두 단어는 경쟁력의 원천입니다. 제가 로봇 연구과정에서 수많은 실패를 겪었지만 열정을 가지고 꿈을 이루기 위한 노력을 통해 성과를 거둔 것처럼, 이 책의 저자들이 가진 꿈과 열정이 숱한 시행착오를 이겨내는 데 든든한 버팀목이 되었음을 느낄 수 있었습니다.

저는 저서와 강연을 통해 창의력의 중요성에 대해 강조해왔습니다. 무(無)에서 유(有)를 만들어내는 것도 창의력이지만, 기존의 다른 것들을 결합할 수 있는 힘 또한 창의력입니다. 저자들은 소프트웨어 엔지니어링, 마케팅, 부동산, 보험, 기업 인수 합병 등 다양한 분야에 종사하고 있습니다. 이 책을 읽은 독자분들이 좀 더 다양한 국가, 좀 더 다양한 직종에서 커리어를 쌓는다면, 미래의 대한민국 사회와 경제를 풍요롭게 만들 수 있는 새로운 산업군이 탄생할 수도 있을 것입니다. 또한 제가 다윈의 소스코드를 공개해서 로봇 학계 전체의 발전을 위해 노력한 것처럼, 이 책이 글로벌 무대에서 활동하고 있는 한국인들 간에 협력을 도모하는 촉매제 역할을 할 수 있길 기대해봅니다.

책을 읽어 내려가면서 퍼듀 대학교 박사과정에 재학했던 시절이 떠올랐습니다. 밤새 연구에 몰두하다 이따금씩 바라보곤 했던 새벽하늘에는 어릴 적부터 마음속 깊이 새겨왔던 꿈이 아로새겨져 있었고, 그 꿈은 난관에 부딪힐 때마다 큰 힘이 되어주었습니다. 이 책의 저자들도 제가 항상 강조하는 '불가능을 전제로 하면 아무것도 이루어지지 않으며 항상 가능함을 전제로 해야 한다'는 긍정과 희망의 힘을 믿고 그것을 실천해왔습니다.

인류를 위한 기술을 개발하고, 사람들에게 행복을 주는 것이 저의 꿈인 것처럼, 독자 여러분들도 도전을 통해 '꿈'이라는, 우리에게 점점 잊혀가는 단어가 주는 매력을 이 책과 함께 느껴보시길 권합니다. 가슴속 어딘가 깊이 숨어 있던 '열정과 도전'이라는 단어 또한 눈앞에 보일 것입니다.

홍원서 *Dennis Hong*
버지니아 공과대학교 교수

미리 알아두면 좋은 단어들

ACT American College Testing * SAT와 같은 미국 대학 입학시험

Big4 빅4 * 4대 메이저 회계법인을 가리키는 용어. 딜로이트Deloitte, 언스트앤영Ernst& Young, KPMG, 프라이스워터하우스쿠퍼스(PricewaterhouseCoopers, 이하 PwC)가 이에 해당한다.

Campus Recruiting 캠퍼스 리쿠르팅 * 기업이 우수한 학생을 채용하기 위해 직접 학교를 방문하여 회사 소개 및 인터뷰를 진행하는 것

Career Fair 커리어 페어 * 기업과 구직자가 일자리에 대해 직접적으로 교류할 수 있는 취업 박람회

Craigslist 크레이그스리스트 * 미국 최대의 생활 정보 사이트로 각종 물품 매매, 중고품 교환부터 주택 임대 정보, 구인/구직 정보까지 생활에 필요한 모든 정보를 얻을 수 있다.
www.craigslist.org

CFA Chartered Financial Analyst * 공인 재무 분석사

CPA Certified Public Accountant * 공인 회계사

GMAT Graduate Management Admission Test * 경영 대학원 입학시험

GPA Grade Point Average * 미국에서의 학교 성적, 즉 학점을 의미한다.

GRE Graduate Record Examination * 미국 등 영어권 국가에서 대학원에 입학하려는 사람들의 전반적인 학습 능력을 평가하는 시험

HR Human Resources * 인사 분야나 회사의 인사팀을 의미한다.

Indeed 인디드 * 취업 정보에 특화된 검색 사이트 *www.indeed.com*

Internship 인턴십 * 일정 기간의 교육과정을 이수한, 경력이 없는 구직자가 기업에서 실무를 직접적으로 체험해볼 수 있는 프로그램. 일반적으로 방학 기간 동안 근무하며, 인턴십 종료 후 정규직으로 전환될 수도 있다.

Interview Invitation 인터뷰 인비테이션 * 회사가 지원자에게 면접에 응할 것을 전화 또는 문서 등으로 요청하는 것

LinkedIn 링크드인 * 세계 최대의 구직 전문 소셜 네트워크 사이트 *www.linkedin.com*

MBA Master of Business Administration * 일반적으로 경영학 석사를 의미한다. 경력이 있는 전문가들이 더 나은 커리어를 위해 공부하는 과정으로 실무에 바로 적용이 가능한 경영 지식을 배운다.

Offer 오퍼 * 기업에서 지원자에게 일자리를 제안하는 것을 의미한다.

Referral 리퍼럴/직원 추천 제도 * 기업에서 채용 공고가 났을 때 회사 내부 직원이 해당 자리에 지인을 추천할 수 있는 제도

SAT Scholastic Aptitude Test * 미국의 대학 입학자격시험으로 우리나라의 대학수학능력시험과 같다.

TOEFL 토플 * 영어가 모국어가 아닌 사람들의 학문적 영어 구사 능력을 측정하는 시험

프롤로그

글로벌 인재를 위한 종합 매뉴얼 『어학연수 가지 마라』 출간 이후, 커리어 컨설턴트로서의 내 업무 영역에 적지 않은 변화가 있었다. 미국의 회계법인, 홍콩의 투자 은행 등 해외 기업으로부터의 인재 추천 의뢰가 잦아졌다. 또 현지 기업을 직접 방문해 인력 추천 계약도 하기 시작했다. 해외 취업 기회를 많이 만들어야겠다는 생각을 행동으로 옮긴 결과이다. 국내 대기업도 해외 사업과 관련하여 인재를 추천해달라는 요청이 많아졌다.

나에게 일어난 변화를 통해 새로운 일들을 진행하며 느낀 것은 크게 두 가지이다.
첫번째는 국내 기업의 해외 진출이 본격화되고 있다는 것이다. 확장 전략이라기보다는 경쟁이 격화되고 있는 글로벌 시장에서 살아남기 위한 생존 전략에 가깝다. 두번째는 해외 취업 공고를 내면 이력서가 무척이나 많이 들어온다는 것이다. 하루에 50장이 넘는 이력서가 들어온 적도 있다.

수많은 이력서를 보면서 아쉬웠던 점은 해외에서 충분히 일할 수 있을 만큼의 역량을 갖춘 인재들이 자신의 능력을 제대로 발휘할 수 있는 직업을 국내에서 찾기가 어렵다는 것이었다. 그것은 국내 기업에서 훌륭한 인재들을 제대로 활용하지 못하고 있다는 의미이기도 하다. 해외 명문대 출신뿐만 아니라 영어에 능통한 인재들도 영어를 쓸 기회가 별로 없는 직장에 다니거나, 배운 지식을 충분히 실무에 적용할 수 없는 직업에 종사하는 경우가 많았다.
이러한 아쉬움은 해외에서 취업한 사람들의 이야기를 책으로 엮어보자는 결심으로 이어졌다. 먼저 저자 구성에 있어서 다양성을 고려했다. 저자들이 취업한 국가는 미국을 포함해서 싱가포르와 뉴질랜드도 포함되어 있다. 또한 현실에는 수많은 직업이 존재하기 때문에 최대한 다양한 분야의 사례를 다루고자 했다. 마케팅, 재무/회계, 보험, IT 엔지니어링, 부동산 컨설팅, 인사 관리 등 많은 사람들이 선호하는 직종의 사례를 볼 수 있도록 구성했다.

『어학연수 가지 마라』가 해외 취업과 관련된 전반적인 정보를 제공한다면, 『10인 10색 글로벌 커리어』에서는 저자들의 유학생활 및 취업 준비과정, 그리고 직장생활을 생생하게 접할 수 있을 것이다.

국가별 시차, 바쁜 업무 등으로 인해 저자들 간의 의견 전달이나 조율이 쉽지 않았다. 그럼에도 불구하고 집필 작업에 즐겁고 성실하게 임해주신 모든 저자분들께 감사드린다. 또한 『어학연수 가지 마라』의 미숙했던 부분을 보완하고 더 좋은 방향으로 나아갈 수 있도록 『10인 10색 글로벌 커리어』의 전체적인 흐름을 짚어주신 김승욱 대표님, 그리고 글자 하나하나 세심하게 매만져주신 한지완 에디터님께 진심으로 감사드린다.

이 책을 읽는 분들 모두 '나도 할 수 있다'는 자신감을 갖게 되길 진심으로 소망한다.

안홍석

차례.

추천사 ○ 004
미리 알아두면 좋은 단어들 ○ 008
프롤로그 ○ 010

○ **게임밖에 모르던 열등생에서 구글러로** ○ 015
최고의 IT 기업 '구글' 소프트웨어 엔지니어 이승진

○ **맨땅에 헤딩으로 글로벌 마케터가 되다** ○ 049
글로벌 마케팅/광고 대행사 '유니버설 맥켄' 마케팅 미디어 전략 플래너 이정민

○ **인도에서 싱가포르까지, 아시아를 정복하다** ○ 075
일본 종합 무역 상사 '스미토모 그룹 아시아' 인베스트먼트 매니저 송대현

○ **긍정의 힘으로 전 세계를 매료시키다** ○ 103
국제기구 'IMF국제통화기금' 어카운팅 어소시에이트 이지은

○ **거침없이 새로운 환경에 도전하다** ○ 127
뉴질랜드 NO.1 통신사 '텔레콤 뉴질랜드' 네트워크 디자이너 김진우

- **야구 스카우트의 해외 취업, 9회말 역전승!** ○ 153
  세계적인 재보험 중개 회사 '에이온 벤필드' 재보험 브로커 이인영

- **10대 시절부터 마음에 품은 세계를 향한 꿈** ○ 177
  글로벌 정보분석 기업 '닐슨' HR 어소시에이트 김기재

- **토익 300점, 백인 중심 산업에 당당히 입성하다** ○ 201
  글로벌 재무 자문사 '딜로이트 FAS' 부동산 자문 김태우

- **글로벌 HR 전문가로 차근차근 성장하다** ○ 225
  IT 업계의 선두두자 'IBM' HR 컨설턴트 박재현

- **한국과 미국을 넘나드는 글로벌 인재** ○ 247
  미국 M&A 자문사 '맥글래드리 캐피탈 파트너스' M&A 자문 이재호

에필로그 ○ 266
해외 취업 생생 토크 ○ 268

게임밖에 모르던 열등생에서
구글러로

이승진

- 2008~현재 ○ 구글Google 소프트웨어 엔지니어
  애드워즈AdWords 광고주 플랫폼 개발팀장

- 1997~1999 ○ 미국 아케이디아 고등학교Arcadia High School
- 1999~2001 ○ 패서디나 씨티 컬리지Pasadena City College
- 2001~2005 ○ 캘리포니아 대학교, 샌디에이고University of California, San Diego
  컴퓨터 공학 전공, 생물학 부전공
- 2003 ○ 퀄컴Qualcomm 인턴십, R&D 부서 엔지니어링
- 2005~2008 ○ 아마존닷컴Amazon.com 소프트웨어 엔지니어
  아마존 풀필먼트 테크놀로지Amazon Fullfillment Technologies

* 이 글에서 나오는 회사에 대한 이야기는 전적으로 내(이승진)의 입장에서 서술한 것이고, 회사의 입장 및 견해는 이와 다를 수 있음을 미리 밝혀둔다.

"열심히 공부해 좋은 대학교 가서 훌륭한 사람이 되고 싶어요."

"승진이는 커서 뭐가 되고 싶으냐?"라는 질문에 대한 나의 대답이었다. 유치원 시절부터 선생님들께서는 "너희들은 자라서 훌륭한 사람이 되어야 한다"고 말씀하셨고, 어린 나에게 훌륭한 사람은 단순히 좋은 대학에만 가면 되는 것으로 여겨졌다. 물론 훌륭한 사람이 무엇인지에 대한 기준도 없었다.

나는 공부보다는 만화책과 게임이 좋았다. 중학교 때부터 성적은 바닥을 치기 시작했고 부모님의 걱정은 이만저만이 아니었다. 결국 난생 처음으로 성적 향상에 도움이 된다는 학원을 다니기 시작했다. 하지만 배운 거라곤 오락 필살기 3단 콤보밖에 없던 내가 학원을 다닌다고 해서 갑자기 중학교과정을 따라잡을 수는 없었다.

불행 중 다행으로 나는 수학과 물리에 흥미를 느끼기 시작했다. 솔직히 말하면 학문적으로 흥미가 있었다기보다는 암기 과목 공부가 귀찮았던 나에게 공식 몇 개만 제대로 이해하면 문제를 풀 수 있는 수학과 물리가 그나마 매력적인 과목이었다. 어머니께서는 내가 수학에 재능이 있다고 믿으셨고 이후 산수부터 중학교 수학까지 차근차근 가르쳐주셨다. 수학과 물리가 평균 점수를 서서히 올려주기 시작했고, 고등학교 때는 전체 성적이 중위권으로 올랐다.

약간의 희망이 보이기 시작했지만 대학 진학만을 놓고 냉정하게 판단했을 때, 미래는 그리 낙관적으로 보이지 않았다. 결국, 고등학교 2학년 때 부모님의 권유로 갑작스레 미국으로 떠나게 됐다.

미국에서의 고교 시절

'이왕 공부하러 미국에 왔으니 이제부터라도 열심히 해야지'라고 비장한 결심을 했다. 하지만 준비되지 않은 상태에서 시작한 해외에서의 학업은 노력 하나만으로 좋은 성적을 거둘 수 있을 만큼 만만하지 않았다.

내 또래의 학생들은 이미 미국의 대학 입학자격시험인 SAT를 준비하고 있는 상황에서 나는 한순간에 교과서도 이해하지 못하는 신세로 전락했던 것이다. 심지어 자신 있게 풀던 수학, 과학 문제마저 어렵게 느껴졌다. 영어로 출제된 시험 문제를 이해하지 못했기 때문이다. 미국 고등학교에 입학하고 나서야 SAT라는 시험의 존재를, 그것도 미국에서 만난 친구들을 통해서 알았다니 돌이켜보면 참 막무가내로 미국에 갔다는 생각이 든다.

학교에서는 영어가 서툰 나를 영어교육 프로그램인 ESL(English as a Second Language)에 배정해줬고, 영어에 조금씩 익숙해지면서 이과와 관련된 과목들은 나쁘지 않은 성적을 받을 수 있게 되었다. 하지만 그나마도 수학, 과학의 수준이 한국에서 배운 것보다 훨씬 쉬웠기 때문에 가능한 일이었고, 영어 실력을 필요로 하는 과목들은 여전히 허덕거리고 있었다.

당시 SAT는 언어영역과 수학영역, 두 과목으로 구성되어 있었다. 수학영역은 한국에서 고등학교과정을 밟은 학생들은 괜찮은 성적을 얻을 수 있을 정도로 쉬운 편이지만, 언어영역은 미국에서 고등학교를 다닌 친구들도 별도로 준비를 해야 할 만큼 난이도가 높았다. 나의 경우, 학교 친구의 권유로 응시한 SAT에서 언어영역은 모조리 찍어야 할 정도였다. 졸업까지 남은 시간은 별로 없었고, SAT에서 높은 점수를 받는 것은 현실적으로 어려울 것 같다는 결론을 내렸다. 그렇게 어렸을 때부터 입버릇처럼 얘기하던 '좋은 대학교에 가겠다'는 꿈도 조금씩 사라져갔다.

professional advice

> 명문대에 진학하기 위해서는 SAT에서 좋은 점수를 받을수록 유리하다. SAT의 언어영역은 미국에서 고등학교를 다닌 학생들도 한국에 있는 SAT 준비학원에서 특강을 수강할 정도로 난이도가 높은 편이다. 단, 사회봉사활동, 클럽활동, 추천서, 에세이 등 낮은 점수를 어느 정도 보완할 수 있는 방법도 있다. 또 미국에서는 2년제 대학에 입학해서 열심히 공부하면 4년제 명문대 입학도 가능하다. 세상에는 한 가지 방법만 있는 것이 아니다. 진학뿐만 아니라 커리어도, 인생도 그렇다.

나의 꿈을 찾아준 질문

"What do you want to do?"

고등학교 3학년이 되던 어느 날, 삼촌께서 나에게 던진 질문이다. 나는 명문대에 입학해서 훌륭한 사람이 되고 싶다고 답했다. 삼촌이 되물으셨다.

"Why?"

갑자기 당황스러웠다. 뭐라고 대답을 해야 할지 난감했다. 명문대를 졸업한 후 훌륭한 사람이 되고 싶다는 건 학생이라면 당연한 것이 아닌가. 왜 이유가 필요하지?

삼촌은 삼촌대로 황당해하셨다. 이제 와서 생각해보면 미국에서 평생을 사신 삼촌 입장에서는 성적이 낮아 고등학교 졸업도 어려운 녀석이 밑도 끝도 없이 '훌륭한 사람'이 되겠다는 게 우스웠으리라.

나는 그때까지 한번도 내가 진심으로 원하는 게 무엇인지 고민해본 적이 없었다. 하다못해 명문대에 진학해서 훌륭한 사람이 되겠다는 목표마저도 내가 진심으로 원했던 꿈이라기보다는 학교에서 정해준 것이 아닌가. '나는 정말 무엇을 하고 싶은 걸까?'라는 질문을 난생 처음 스스로에게 던진 그날 밤을 아직도 생생하게 기억한다. 동이 틀 때까지 삼촌과 나는 꿈, 진로, 삶, 행복, 그리고 경험의 중요성에 대해 다양한 이야기를 나눴다. 삼촌과의 대화를 통해 나는 무엇을 하고 싶은지 스스로 찾기에는 경험이 턱없이 부족하다는 것을 깨달았다.

삼촌께서는 아르바이트를 해볼 것을 권하셨다. 일을 통해서 다양한 경험을 할 수 있고, 그 과정에서 이제껏 몰랐던 재능을 발견할 수도 있을 거라 하셨다. 이후 3년간 웨이터, 발레파킹, 벨보이, 행사 MC 조수, 케이터링Catering 서비스, 택시운전 등 다양한 아르바이트를 했다. 하나하나가 재미있고 보람된 일이었고, 벌어들였던 수입도 당시 내 나이에 비해 적지 않았다. 하지만 같은 일을 반복하다 보니 조금씩 싫증이 났고, 많은 일을 경험했음에도 불구하고 계속해서 하고 싶은 일이라고 생각되는 일자리는 찾지 못했다.

삼촌의 질문에 대한 대답은 약 1년 후, 의외의 곳에서 발견할 수 있었다. 당시 나는 고등학교 졸업 후 2년제 대학에 입학한 상태였고, 전공을 선택해야 하는 시점이었다. 마침 친한 선배 형이 "너는 수학을 좋아하니 함께 컴퓨터 공학 Computer Science을 전공하자"고 제안한 것이 삼촌의 질문에 대한 답을 찾는 계기가 되었다.

어렸을 때부터 게임을 좋아했던 나는 컴퓨터에 친숙했고 관심도 많았기에 시험 삼아 프로그래밍 언어 중 하나인 C언어 기초 수업을 선택했다. 수업 첫날부터 지금까지 들었던 학교 수업들과는 차원이 다르게 느껴졌다. 일단 숙제가 무척 재미있어서 끝마친 숙제에 스스로 기능을 추가할 정도였다. 대학에서 배우는 과정이라고 여겨지지 않을 만큼 아주 쉽게 느끼기도 했다. 지나고 보니 사실 그 수업은 프로그래밍 수업 중 가장 기초였기 때문에 처음 몇 주는 쉬운 것이 당연했다. 하지만 그걸 몰랐던 나는 스스로 엄청난 재능이 있다고 믿었고 자신감도 얻었다. 게다가 당시는 닷컴버블*이 절정을 이루던 때였다. 거짓말 약간 보태서 IT 회사 간판만 걸어놓으면 투자자들이 줄을 섰고, 대학 졸업장에 '컴퓨터 공학 전공'이라는 단어만 새겨져 있으면 회사들이 높은 연봉을 주고 모셔 가다시피 하던 시절이었다. 재능과 직업적 비전을 모두 갖췄다고 생각했기에 나는 주저 없이 소프트웨어 엔지니어Software Engineer가 되기로 마음먹었고 컴퓨터 공학으로 전공을 결정했다. 스스로 원하는 목표가 생기니 난이도가 높은 필수과목들도 열정을 가지고 열심히 공부할 수 있었다.

> **닷컴버블**
> **Dot-com Bubble**
> 인터넷 관련 분야가 성장하며 주식 시장이 급속한 상승을 지속한 1995년부터 2000년에 걸친 거품 경제 현상.

4년제 대학을 가기 위한 준비와 투자의 시간

전공을 정한 후 취업 시장을 조사해보니 소프트웨어 엔지니어를 채용할 때 많은 회사들이 4년제 대학 졸업장을 요구한다는 사실을 알게 되었다. 미국에서 4년제 대학교에 진학하려면 고등학교 GPA, 봉사활동이나 과외활동 기록 그리고 SAT나 ACT 같은 대학 입학자격시험 점수를 가지고 지원하는 것이 일반적이다. 늦은 나이에 공부하러 온 유학생들도 한국에서부터 유학 준비를 해서 좋은 내신과 높은 SAT 점수로 미국 명문대에 합격하는 경우가 많았다. 하지만 고등학교를 좋지 않은 성적으로 졸업한 나에게는 다른 세상 이야기였다.

한국에서는 원하는 대학에 합격을 하지 못하면 보통 재수를 한다고 들었다. 미국에서도 재수를 하지만, 우선 2년제 대학에 입학한 후 4년제 대학교로 편입Transfer하는 제도를 이용하기도 한다. 나 역시 편입 제도를 통해 4년제 대학교에 입학했다.

커뮤니티 컬리지Community College, 씨티 컬리지City College 같은 보통 'CC'라고 불리는 2년제 대학은 고등학교를 졸업했거나 18세 이상 성인이면 지원이 가능

TIP

소프트웨어 엔지니어란?

많은 사람들이 단순히 컴퓨터 전문가라고 생각하는 소프트웨어 엔지니어는 소프트웨어와 이를 사용하는 시스템을 만들고 관리하는 직업이다.
소프트웨어라 하면 업무용 컴퓨터 프로그램이나 웹 사이트를 떠올리기 쉽지만 기계나 로봇을 조종하고, 유전자 정보 같은 방대한 데이터를 분석하며, 영화의 멋진 그래픽을 만드는 데 사용되는 등 다양한 분야에서 사람들이 하기 어려운 일들을 대신하고 있다. 이뿐만이 아니다. 컴퓨터나 스마트폰으로 음악을 듣고, 영화를 보고, 게임을 하고, 사진을 찍고, 길을 찾고, 친구들과 소통할 수 있게 해주는 등 소프트웨어는 인간의 일상생활에 직간접적으로 많은 영향을 미치고 있다.

정보기술에 대한 의존도가 높아지고 다양한 기술개발로 하루가 다르게 새로운 아이디어가 현실로 구현되는 요즘, 소프트웨어 엔지니어의 역할은 점점 중요해지고 있다. 이러한 추세는 앞으로도 계속 될 것으로 전망되며, 미국의 회사들은 최고 수준의 직원복지를 내걸고 우수한 엔지니어들을 끌어들이고 있다. 이런 추세를 반영하듯 언제부턴가 전망이 좋은 직업, 만족도가 높은 직업, 연봉이 높은 직업, 최고의 직업 등 미국에서 직업 관련 조사를 할 때마다 어김없이 높은 순위를 차지하고 있는 직업 중 하나가 바로 소프트웨어 엔지니어다.

하다. 그래서 학업에 대한 기초가 부족하거나 고등학교 내신이 낮은 학생들도 입학할 수 있다. 4년제 대학교로 편입을 진행하는 과정에서 가장 중요한 것은 2년제 대학에서 거둔 학점이다. 고등학교 성적이나 SAT 점수는 요구하지 않거나, 요구하더라도 상대적으로 비중이 적기 때문에 많은 유학생들이 명문대를 포함한 4년제 대학교에 진학하기 위해 먼저 CC에 입학한 후, 좋은 학점을 받아 4년제 대학교로 편입한다. 2년간 CC를 다닌 후 4년제 대학교로 편입하면 바로 3학년 과정을 밟을 수 있고, 졸업할 때도 1학년부터 4년제 대학교를 다닌 학생들과 동일한 졸업장을 받기 때문에 재수를 하는 것과 비교하면 시간을 절약할 수 있다는 장점이 있다. 또한 2년제 대학은 4년제 대학교에 비해 학비가 매우 저렴하다. 수업료를 절약하기 위해 고등학교 때 명문대에 합격한 학생들도 2년제 대학으로 진학해서 저렴한 학비로 교양과목을 이수한 뒤, 4년제 대학교로 편입해서 전공과목을 수강하는 사례도 많이 봤다. 참고로 2011년 가을 학기에 캘리포니아 대학교University of California에 입학한 학생들 중 31%가 편입생이었다고 한다.

이런 미국 대학의 입학 시스템 덕분에 고등학교 내신과 SAT 점수가 낮았던 나도 4년제 대학교로의 진학을 욕심낼 수 있었던 것이다. 편입 준비는 의외로 간단했다. 일단 편입을 희망하는 학교와 전공을 정하면 그에 따라 반드시 수강해야 하는 과목 리스트가 있는데, 현재 다니고 있는 학교에 개설된 강의들 중 리스트에서 요구하는 과목들을 선택하고 열심히 공부해서 좋은 학점을 받으면 되는 것이었다. 물론, 언제나 그렇듯 현실은 생각했던 것보다 쉽지 않았다. 원하는 대학으로의 편입을 위해서는 좋은 학점을 꾸준히 유지해야만 했는데 나는 영어와 역사 등의 과목은 그다지 좋지 않은 학점을 예약해놓은 것이나 다름없었고, 전공

과목에서 최대한 높은 성적을 확보하는 수밖에 없었다. 미국에서 수학과 과학이 쉽다는 말은 고등학교 때까지만 해당된다. 대학부터는, 특히 공대 전공과목이라면 난이도가 급격하게 높아진다. 그것도 모르고 나는 미국 고등학교 수학이 쉽다며 거만해질 대로 거만해져 '영어가 필요한 과목 몇 개는 C를 받아도 전공 과목에서 다 A를 받으면 되지' 하고 안일하게 생각하다가 학기 초반에 시험 여러 개를 망치고 나서야 정신이 번쩍 들었다. 그후로는 시험 기간마다 밤을 꼴딱 새우며 편입을 준비했고, 결국 지원한 대학 중 컴퓨터 공학 분야에서 명성이 높은 캘리포니아 대학교 샌디에이고(University of California, San Diego, 이하 UCSD)에서 합격 통지를 받을 수 있었다.

엔지니어의 삶을 제대로 맛보다

  UCSD에서의 컴퓨터 공학 전공은 명성만큼이나 어려웠다. 난이도도 높지만 짧은 시간 안에 많은 양의 프로젝트를 끝내야 한다는 게 힘들었다. 학기 내내 학교에서 밤을 새느라 아파트 렌트비가 아깝다는 생각이 들 정도였다.
  컴퓨터 공학 전공은 프로젝트가 많은 대신 시험은 적은 편이다. 프로젝트 기간 중에는 밤도 새우고 밥도 거르기 일쑤지만 짧게는 며칠 동안, 길게는 몇 주 동안 열심히 만든 프로그램이 에러Error 없이 잘 돌아갈 때의 기분은 정말 말로 표현할 수 없을 만큼 좋다. 바로 이런 짜릿함 덕분에 힘들어도 열심히 공부했던 것 같다.

  컴퓨터 공학을 포함한 대다수의 공학 전공에서는 학교에서 배운 지식이 아주 중요하다. 어제 시험에 나온 문제가 바로 다음날 취업 면접에 나온 경우도 많았다. 지금도 작업 도중 막히는 부분이 있으면 대학 때 공부했던 교과서를 다시 찾아볼 정도다. 가끔은 시험에 나오지 않는 부분들은 열심히 공부하지 않고 대충 넘어갔던 과거를 반성할 정도로 학과 공부가 방대하고 전문적이다.

대학교 3학년 여름방학 때 처음 인턴십에 도전해보기로 했다. 총 15개 정도 회사에 이력서를 보냈고, 그중 3곳에서 인터뷰 요청이 들어왔다. 기대보다는 적은 숫자였지만 당시는 닷컴버블이 꺼지면서 많은 기업들이 사업을 접었던 때였고, IT 분야 취업이 그만큼 어려웠기 때문에 그 정도만으로도 감지덕지했다. 친구들과 인터뷰 연습을 하고 당당히 면접장에 들어갔지만 결과는 모두 낙방이었다. 취업을 향한 첫번째 도전이 허무하게 끝나면서 마음이 불안해졌다. 졸업 후 취업을 못하는 선배들 이야기도 들려오기 시작했다. 점점 초조해졌지만 그럴수록 학업에 더 집중하는 것으로 마음을 다스렸다.

이듬해, 인턴십에 재도전했다. 먼저 작년에 실패한 이유를 분석했다. 주위에 인턴십을 이미 경험한 친구들에게 조언을 구하며 생각해본 결과, 나에게 필요한 것은 '잘 정리된 이력서'와 '인터뷰 실력'이었다. 이력서 문장을 간결하게 수정하고, 인터넷에서 다른 사람들이 작성한 이력서를 검색하면서 학점이나 수상 경력과 같이 회사가 중요시하는 항목과 면접에서 내가 자신 있게 답변할 수 있는 항목을 골라 이력서 앞으로 배치했다. 예를 들면, 교내 프로그래밍 대회인 UCSD 프로그래밍 콘테스트 UCSD Programming Contest에서 수상한 경력을 인사 담당자 눈에 잘 띄도록 이력서의 윗부분에 기재했다. 인터뷰는 작년 인턴십 지원시 면접에서 받았던 질문들을 바탕으로 예상 질문을 만들어 연습했다. 정리된 이력서를 가지고 커리어 페어에 나온 모든 회사에 지원했고, 이번에는 꼭 인턴십을 해야겠다는 생각에 학교 근처의 작은 IT 회사에 무작정 걸어들어가 이력서를 놓고 나오기까지 했다. 하지만 노력한 만큼 기회는 생기지 않았다. 몇몇 회사와 면접을 봤지만 연락이 오는 곳은 스팸 메일을 보내는 시스템을 만드는 회사 등 썩 내키지 않는 회사뿐이었다.

> **professional advice**
>
> 커리어 페어는 한국의 취업 박람회를 떠올리면 된다. 커리어 페어에 참석한 기업들은 유능한 인재를 확보할 수 있고, 학생들은 더 많은 취업 기회를 가질 수 있다. 많은 대학교에서 매년 여러 커리어 페어를 주최하고 있으며, 보스톤 등 대도시에서도 커리어 페어가 열린다. 커리어 페어에 참여해 현지 유수 기업에 취업한 유학생도 있으니 적극적으로 참여해서 본인의 실력을 발휘해보기를 권한다. 행사 스케줄은 구글 검색 등을 통해 쉽게 찾을 수 있다.

IT 붐
IT Boom
정보통신 분야에서 이루어진 기술혁명으로 인해 세계의 자금이 관련 분야 투자로 몰리던 시기.

IT 붐 시기에 많은 학생들이 컴퓨터 공학 전공에 몰렸지만 이후 많은 회사들이 문을 닫았고 그나마 남아 있는 회사들도 예전처럼 사람을 뽑지 않았다. 인력 수요는 줄었는데 공급이 넘치는 상황이니 기대만큼 인터뷰 제의를 받지 못하는 것이 당연하다는 생각이 들었다. 상대적으로 경기의 영향을 덜 받는 대기업도 대학원생이나 이미 인턴 경험이 있는 사람이 아니면 뽑지 않는다는 말도 들렸다. 경험이 없으면 취업을 못하고, 취업을 하지 못하니 경험을 쌓을 수 없는 딜레마를 겪으며 대학원에 진학해야 할지, 전공을 바꿔야 할지와 같은 고민들로 머릿속은 점점 복잡해져만 갔다.

그러던 중 생각지도 못했던 회사에서 인터뷰 제의를 받았다. 세계적인 디지털 무선통신/서비스 업체인 퀄컴이라는 회사였다. 학부 시절, 연구실에서 프로젝트를 항상 함께 했던 일본인 친구가 있었는데 그 친구가 퀄컴에서 인턴을 하던 중 나를 추천한 것이다. 지푸라기라도 잡는 심정으로 면접에 임했다. 면접 질문의 난이도는 지금까지 본 면접보다 높았지만 모르는 질문을 받아도 편안하고 여유 있게 대처할 수 있었다. 여러 회사의 면접을 거치며 나도 모르게 단련이 되어 있었던 것이다. 아침부터 오후까지 여러 직원들과 면접을 한 다음날, 드디어 퀄컴에서 인턴십 오퍼를 받게 되었다.

> **퀄컴**
> **Qualcomm**
> 스마트폰, 태블릿PC 등에 내장된 칩Chip을 디자인 및 제조하고 관련 핵심기술과 특허를 다량 보유한 제조기술 업체.

퀄컴에서의 인턴생활은 아주 재미있었다. 직원들은 모두 자신의 일에 자부심을 가지고 있었고, 회사도 직원들의 만족을 위해 애쓰는 모습이 보였다. 수많은 국가에서 쓰이는 이동통신표준(Mobile Phone Standard: 이동통신기술과 관련하여 각 나라들이 채택하는 기술표준)과 칩셋(Chipset: 여러 개의 전자회로와 마이크로칩을 모아 만든 반도체칩)이 만들어지는 과정을 경험하고 제작에 참여하는 것도 가슴 뛰는 경험이었다. 성적을 받으면 더이상 사용되지 않을 가능성이 높은 학교 프로젝트에서 만든 프로그램이 아니라 사람들이 실제로 사용할 소프트웨어를 처음 만들었을 때 느낀 성취감과 행복감, 다른 팀 동료가 와서 그 기능 참 잘 사용하고 있다고 고마움을 표시했을 때의 뿌듯함. 인턴 시절을 회상하면 늘 이런 감정들이 떠오른다.

대학 시절, 잊어버릴 만하면 신문이나 잡지에 나오곤 했던 소프트웨어 엔지니어에 관한 기사들이 있다. 예를 들면, '스트레스가 적고 업무 시간이 유동적이며 근무 환경에 높은 만족도를 가진다'와 같은 내용이다. 이런 기사들을 읽을 때마다 내 느낌은 마치 아르바이트 공고에서 '가족 같은 분위기'라는 내용을 봤을 때와 같이 큰 감흥이 없었다. '말도 안 돼. 고작 프로그래밍 과제를 하는 데도 종종 밤을 새우고 스트레스를 받는데, 어떻게 직장에서 일하면서 스트레스가 적을 수 있지?' 같은 생각을 하곤 했다. 하지만 퀄컴에서 인턴생활을 한 지 일주일도 채

안되어서 '이런 기사가 사실이었구나'라고 깨달을 수 있었다. 요즘 구글Google에서도 신입 사원 면접을 볼 때 자주 받는 질문 중 하나가 "신문에 나온 직원 대우가 정말 사실인가요?"인 것만 봐도 나만 그런 생각을 했던 건 아닌 것 같다.

인턴십 경험은 여러 가지로 많은 도움이 됐다. 일단 소프트웨어 엔지니어가 하는 일과 대우 그리고 환경을 현장에서 직접 느낄 수 있는 기회였다. 미국 IT 기업에서, 적어도 내가 일했던 회사들에서는 인턴이 하는 프로젝트의 규모가 정규직 엔지니어의 프로젝트와 크게 다르지 않았다. 봉급도 신입 사원의 초봉과 비슷한 수준이다. 이렇게 인턴십 경험은 졸업 후 정규직으로 일하게 됐을 때 어떤 환경에서, 어떤 일을 하게 될지를 미리 예측할 수 있게 해준다. 인턴십 기간 동안 나는 인턴이기 때문에 다른 직원들이 나의 의견을 존중하지 않는다는 느낌을 단 한번도 받은 적이 없다. 심지어 인턴십 마지막 날, 함께 일한 팀원들에게 고마웠다며 인사를 하는데, 그제서야 내가 인턴인 것을 알았다는 직원들도 많았다. 신입 사원과 같은 대우를 받으며 고속무선인터넷 이동통신기술개발에 필요한 소프트웨어들을 만들어냈고, 이 과정에서 소프트웨어 엔지니어라는 직업에 대해 더 잘 알게 되었다.

인턴십을 마친 후 앞으로 자신의 진로에 더욱 확신을 갖는 사람이 있는가 하면, 자신의 적성에 대해 다시 생각하고 더 잘 맞겠다고 생각되는 분야로 진로를 바꾸는 사람도 있다. 그외 인턴십으로 얻을 수 있는 자산들은 인맥, 경험, 조언, 자신감 그리고 경우에 따라서 해외여행의 기회 등도 있다. 본인의 노력에 따라 얻을 수 있는 것들이 많기 때문에 공학을 공부하고 있는 학생이라면 좋은 인턴십 기회를 잡는 데 시간과 노력을 투자해보길 바란다.

남들보다 빠르게 인턴십 구하기

인턴십을 구하는 방법은 여러 가지가 있다. 일반적인 방법으로는 회사에 직접 이력서를 내는 것, 교수님의 추천을 받는 것, 그리고 회사에서 일하고 있는 사람의 추천을 받는 것 등이다. 이중에서 리퍼럴이라고 하는 직원 추천 제도를 통한 지원은 인턴뿐만 아니라 정규직Full-Time Job을 구할 때에도 가장 효과적인 방법이다. 특히 경력 없이 처음으로 인턴을 구하는 학생들은 이력서가 고만고만하기 때문에 교수나 먼저 취업을 한 친구들의 추천을 통해 지원하는 것이 기업으로부터 면접 제의를 받을 확률이 높다. 나도 퀄컴에서 인턴십 제안을 받기 전까지 2년간 혼자서, 말 그대로 이력서를 뿌리다시피 하며 열심히 지원했지만 인턴십 기회를 잡는 데 실패했었다. 하지만 추천을 통해 단번에 인터뷰를 보고 세계적인 기업에서 인턴을 할 수 있었던 걸 보면 추천이 얼마나 중요한지 알 수 있다.

인턴십을 구하기 위한 준비는 평소에 꾸준히 하는 것이 가장 좋다. 하지만 준비 여부에 상관없이 일단 이력서를 작성해서 학교 커리어 페어에 참석해보는 것도 방법이다. 지원한 회사와 직접 인터뷰할 수 있는 기회가 생길 수도 있기 때문이다. 당장 일할 계획이 없더라도 사람 일은 어떻게 될지 모른다. 회사에서 제시한 연봉 패키지와 업무가 굉장히 마음에 들어 졸업을 한 학기 늦추게 될 수도 있는 일이다. 만약 인터뷰에 실패하더라도 그렇게 쌓인 경험이 다음 도전에 밑거름이 되어줄 것이다.
'경험 부족'으로 인한 어려움은 첫번째 직장을 찾는 모든 학생들이 겪는 것이다. 그래서 나는 인턴십을 마친 후, 바로 다음 학년부터 그레이더Grader로 일했다. '그레이

TIP

더'란 전공 수업마다 교수님을 도와 학생들의 과제를 채점하는 일종의 아르바이트이다. 채점을 하면서 전공 관련 지식도 다질 수 있고, 일정액의 보수도 받을 수 있으며, 교수님과의 친분도 쌓을 수 있는 등 학생들에게는 아주 좋은 기회이다. '평소에 조금만 부지런하게 알아봤다면 이런 좋은 아르바이트가 있다는 것을 좀더 빨리 알았을 텐데. 1년만 아니 한 학기만이라도 먼저 알았다면 취업에 얼마나 도움이 되었을까.' 널려있는 정보를 나만 모르고 있었다는 생각에 마음고생을 했던 기억이 난다.

게으름이 주는 대가는 생각보다 크기 때문에 항상 나에게 도움이 될 만한 정보가 있는지 살피고, 미리 준비하는 자세가 중요하다는 것을 강조하고 싶다. 특히 졸업 후 삶을 좌우하는 취업 준비에 있어서는 더욱 그렇다.

지금 알고 있는 걸 그때도 알았더라면

대학 졸업 후, 봉사활동 차 컴퓨터 공학을 전공하는 학생들의 진로 상담을 한 적이 있다. 이때 많은 학생들과 대화를 나누며 나의 대학생활에 대해 다시 한번 생각하게 되었다. 만약 대학 시절로 돌아간다면 나는 그 시간을 어떻게 보낼까?

첫번째로 수업을 선택할 때의 마음가짐을 달리 할 것이다.

학창 시절 나는 학점을 받기 쉬운 수업을 많이 들었다. 졸업에 반드시 필요한 과목들을 제외한 선택과목은 학점을 후하게 준다는 수업을 선택했다. 안 그래도 힘든 학교생활인데 일부러 어렵다고 소문난 과목을 제 발로 찾아다닐 이유도 없었고, 졸업한 선배들이 취업을 못하고 있다는 우울한 소식이 들려오는 상황에서 가능하면 학점을 조금이라도 잘 받아 취업할 때 더 많은 기회를 잡고 싶었다. 하지만 소프트웨어 엔지니어가 된 지금 돌이켜보면, 이것은 잘못되도 한참 잘못된 생각이었다.

좋은 학점은 취업에 있어 중요한 요소이긴 하지만 남들보다 조금 높다고 해서 그것이 취업의 당락을 좌우할 정도로 큰 영향력이 있는 것은 아니다. 취업에 있어 더욱 중요한 것은 다양한 경험과 면접이다. 어렵다고 소문난 수업에서 배우는 것들은 졸업에 필요한 기본 지식은 아니지만, 알고 보면 사회에 나가서 당장 써먹을 수 있는 유용한 지식의 기초인 경우가 많다.

학부에서 컴퓨터 공학을 전공한 두 명의 지원자가 있다고 가정해보자. GPA 0.1점 높은 사람과 컴퓨터 관련 주제를 물어봤을 때 많은 분야에 걸쳐 일정 부분 지식이 있고 관심이 있는 사람. 면접관들은 두 명의 지원자 중 어떤 사람을 선택할까? 당연히 후자를 선택할 것이다. 나는 엔지니어라면 언제나 자신이 재미있다고 느끼는 일을 해야 한다고 믿는다. 그래서 기회가 있을 때 여러 분야에 대해 배워보는 것이 좋다고 생각한다. 자신의 적성에 맞는 분야를 찾는 데 직접 경험해보는 것만큼 좋은 방법은 없기 때문이다.

두번째로 새로운 시도를 많이 할 것이다.
프로그래밍을 공부하다보면 어느 순간, '어? 이런 인터넷 서비스가 있으면 편하겠네?'라든지 '이런 사이트는 나라면 다르게 만들었을 거야' 같은 생각을 하게 된다. 나도 그런 순간이 몇 번 있었다. 하지만 새로운 시도를 하는 것에 대한 거리낌 내지는 두려움 그리고 '빨리 졸업해야 한다'는 초조함 때문에 행동으로 옮기지 못했다.
반면, 몇몇 동기들은 휴학까지 하면서 이런저런 사이트들을 만들었다. 생활비는 아르바이트를 해서 벌고 나머지 시간은 사이트를 만드는 데 매진했다. 창업으로 이어진 케이스도 있고, 중간에 접어야만 했던 프로젝트도 있다. 그럼에도 불구하고 그들은 적극적으로 도전하는 과정에서 학교에서 배우기 어려운 실제 개발 경험을 쌓았을 뿐만 아니라, 자신들이 부족한 또는 더 배우고 싶은 분야를 발견했다. 자신이 꿈꾸던 것을 시도해봤다는 자부심, 어디에서도 배울 수 없는 경험, 미래에 대한 확신, 그리고 앞으로 자신이 나아가야 할 확고한 방향을 가질 수 있게 된다면 단 몇 개월간의 새로운 시도는 가치 있는 투자가 아닐까?

마지막으로 진로에 대한 불안감에 다르게 대처할 것이다.
하고 싶어서 열심히 그리고 재미있게 한 전공 공부였지만 여러 가지 고민이 있었다. 다른 전공을 하는 친구들은 즐거운 대학생활을 보내는 동안 나는 졸린 눈으로 하루가 멀다 하고 랩Lab에서 밤을 지새웠다. '지금 하는 이 프로젝트가 과연 나중에 도움이 되기는 하는 걸까, 그리고 취업을 한다고 해도 과연 이 일이 나와 맞을까' 같은 의문들이 학생 시절 내내 마음 한편을 무겁게 했다. 좋아하는 프로그래밍이니 당장은 열심히 했지만 졸업이 다가오면서 보이지 않는 미래에 대한 막연한 긴장감이 몸을 감쌌다. 학년이 올라가면서 다른 진로를 선택하고, 전공을 바꾸는 동기들을 볼 때마다 '나도 다른 길을 찾아봐야 하나'라는 생각을 하곤 했다.

주위에 많은 학생들이 나와 비슷한 이유로 마음을 잡지 못하는 걸 많이 보았다. 지금 이 질문에 대한 나의 답은 '빨리 찾을수록 좋다'는 것이다. 가장 쉬운 탐색 방법은 이미 그 분야에서 일하는 사람들과 대화를 나눠보는 것이다. 나는 학생 시절에 학교 공부에만 집중했지 동기들을 제외한 다른 사람들과 이야기를 나누고 질문을 하는 것에는 소홀했었다. 취업한 선배와 커피 한잔하며 궁금한 것들을 물어보는 것만으로도 충분히 진솔한 이야기를 들을 수 있다. 또 취업 세미나를 잘 이용하면 좋다. 회사 관계자들과 상담할 수 있는 기회가 많기 때문이다. 학교에서 주최하는 세미나에 참석하는 다양한 산업의 종사자들과 대화를 나누다보면 인맥도 쌓이고, 취업 준비를 할 때도 많은 도움이 될 것이다.

또다른 방법은 자신이 생각한 직업을 일찍 경험해보는 것이다. 가장 보편적인 방법은 인턴십이다. 해당 분야가 내 길인지 확인하기 위해서 선배들이 일하는 모습을 직접 보고, 작은 일이라도 체험해보는 것만큼 효과적인 방법은 없기 때문이다.

새로운 꿈이 생기다

퀄컴에서 인턴을 마친 후, 교양과목으로 생물 수업을 하나 들었다. 생물학은 컴퓨터와는 또다른 재미가 있었다. 마침 의학드라마 〈ER〉에 빠지면서 의사라는 직업에 대한 동경이 생기던 차에 우연히 듣게 된 생물 수업이 적성에 맞았던 것이다.

바로 생물 교수님을 찾아뵈었다. 교수님께서는 내가 컴퓨터를 전공했다는 것에 큰 관심을 보이셨다. 요즘은 기술의 발전으로 컴퓨터를 사용하지 않는 분야를 찾기 힘들고, 컴퓨터 공학과 다른 학문을 결합한 새로운 분야도 많이 생겼기 때문이다. 생물 분야는 오래전부터 소프트웨어를 사용해 의학과 약학에서 새로운 치료법과 약물을 개발하고 있었다. 컴퓨터 공학, 생물학, 통계학을 이용해 유전자나 단백질 구조를 연구하는 생물정보학* 역시 미래가 밝은 학문이었다. 여러 생각 끝에 생물도 공부해보기로 했다. 컴퓨터 공학 전공으로 졸업을 3~6개월 남겨놓았을 때의 일인데, 여러 가지 이유가 있었지만 왠지 재미있을 것 같다는 게 주된 이유였다. 바로 몇 년 전까지만 해도 "무엇을 하고 싶냐?"는 질문에 바로 대답하지 못했던 내가 진심으로 하고 싶은 일이 또 생겼다는 것이 뿌듯했다. 만약 생물이 적성에 안 맞아도 다시 컴퓨터로 돌아갈 수 있는 백업플랜Back-up Plan이 있다는 것도 신속한 결정을 내리는 데 긍정적으로 작용했다.

> **생물정보학**
> **Bioinformatics**
> 소프트웨어를 이용해 DNA나 단백질 등의 생물학 정보를 연구하는 분야.

생물을 부전공하기로 결정하고 나니 학교를 1년 반 이상 더 다녀야 했다. 계획되지 않은 1년 반 동안의 학비와 생활비, 교재비 등을 불경기에 갑자기 마련하기는 쉽지 않았다. 인턴을 하면서 모았던 월급과 가족들에게 받은 지원, 그리고 대

출까지 받아 돈을 합쳐도 끼니를 걱정해야 할 만큼 경제적으로 어려워지자 꿈이 흔들리기 시작했다. 늦게나마 공부를 시작한 아들을 조금이라도 더 지원해주고 싶다며 퇴근 후 아르바이트까지 나가시는 어머니를 보는 것도 마음이 아팠다. 컴퓨터 공학 전공도 아직 다 마치지 못했는데 이렇게까지 하면서 학교를 더 다녀야 하나. 내 꿈만 고집하며 가족들을 힘들게 하는 게 과연 옳은 결정일까. 나는 새로운 꿈을 포기해야 하나 심각하게 고민했다. 이제 와서 주위 사람들에게 무슨 핑계를 대며 그만둔다고 말해야 설득력 있을지 생각하기도 했다.

    이때 큰 용기가 되었던 건 가족들의 격려와 믿음이었다. "너는 할 수 있어." 철없이 힘들다고 징징거리는 다 큰 자식을 뒷바라지하시느라 경제적으로, 심적으로 더 힘드셨을 텐데도 부모님은 그런 내색 하나 없이 나를 믿어주셨다. 부끄러

웠다. 그리고 힘이 났다. 그 어렵다는 컴퓨터 공학도 해냈는데, 고작 1~2년 경제적인 어려움 속에서 공부하는 것도 지나고 나면 별거 아닐 것 같다는 생각이 들었다. 연말 휴가 동안 가족들과 대화를 나누며 용기를 얻은 후 학교로 돌아와 다음 학기 수강 과목수를 늘렸다. 조금이라도 일찍 졸업하기 위해서였다. 모자란 생활비에 보태기 위해 간간이 후배들의 컴퓨터 공학 숙제를 도와주는 아르바이트를 하며 공부에 전념했다.

  2년 여간 치열하게 공부한 결과, 의대 입학도 욕심낼 수 있을 정도로 생물 분야에서도 성과를 이루었다. 다만 생물학 공부와 프로그래밍 아르바이트를 동시에 하다보니 자연스레 두 분야의 장단점을 비교할 수 있었고, 생물학 공부를 마칠 무렵엔 두 분야 모두 욕심이 났다. 하지만 한 가지를 선택해야만 했다. 좀더 구체적으로 말하면 의학, 컴퓨터 공학 그리고 생물정보학 이렇게 세 분야였다. 세 분야 모두 전망이 좋은 직업과 연결되기 때문에 쉽게 결정을 내리기 어려웠다. 생물 교수님께서는 내가 앞으로 오랫동안 몸담아 일할 직장에서 원하는 게 무엇인지를 파악한 후, 그것에 따라 선택하라는 조언을 해주셨다.

그 순간 고등학교 때 삼촌이 나에게 던진 질문이 생각났다.

"What do you want to do?"

고민 끝에 오랫동안 일하게 될 직장에서 내가 추구하고 싶은 것 세 가지를 추려냈다.
첫번째, 사회와 사람들에게 도움을 주는 일을 하는 것
두번째, 반복되지 않는 일, 재미있는 일을 하는 것
세번째, 늦잠을 잘 수 있는 환경에서 일하는 것

첫번째로 사회와 사람들에게 도움을 주는 일을 꼽은 것은 수업의 일부로 참여했던 봉사활동 때문이었다. 사실 나는 사회적인 이슈에 대해 고민을 하거나, 다른 사람을 챙기는 데 익숙한 사람은 아니었다. 하지만 진심으로 어려운 사람들을 돕고 싶어 봉사활동에 참여하는 사람들을 만나 대화를 나누다보니, 내가 열정을 가지고 최선을 다하는 일이 나 자신과 내가 사랑하는 사람들뿐만 아니라, 사회 구성원 모두의 삶에 직간접적인 영향을 준다면 지금보다 훨씬 보람 있는 삶을 사는 것이라는 느낌이 들었다. 두번째로 반복되지 않는 일, 재미있는 일을 선택한 이유는 고등학교 시절 늘 같은 일을 반복해야만 했던 3년간의 아르바이트 경험 때문이었다. 마지막으로 늦잠을 잘 수 있는 환경을 선택한 것은 우습게 들릴지 모르겠지만, 당시 나로서는 꽤나 심각하게 고민한 끝에 결정했을 정도로 중요한 것이었다.

이렇게 내가 일을 하면서 중요하게 생각하는 것 세 가지를 정한 후, 의사 선생님, 의대 연구 교수님, 소프트웨어 엔지니어 등 많은 사람들에게 조언을 구했고 마침내 소프트웨어 엔지니어의 삶이 세 가지 조건을 충족하는 가장 적합한 직업이라는 결론을 내렸다. 뿌듯했다. 과거에는 할 줄 아는 것이 한 가지밖에 없었기 때문에 진로는 이미 정해져 있었다. 한국에서는 게임과 만화, 고등학교 때는 수학, 대학교 초반 때는 컴퓨터 공학이었다. 하지만 이번에는 여러 가지 가능성을 열어두고 나 자신에 대한 이해, 진로에 대한 조사, 사람들과의 면담 등을 통해 내가 원하는 것을 스스로 선택했기 때문이다.

첫번째 직장, 아마존닷컴

정규직 소프트웨어 엔지니어로 취업하는 과정은 인턴십을 구할 때보다 훨씬 수월했다. 업데이트한 이력서로 총 5개 회사에 지원했는데 모든 회사에서 연락이 왔다. 경기가 회복되면서 취업 시장이 서서히 활기를 되찾기 시작했고, 퀄컴에서의 인턴 경력과 좋은 학점을 유지하려고 노력한 것도 구직과정에서 많은 도움이 됐다. 정규직 채용에 있어서 면접의 난이도와 회사의 기대치는 인턴십 채용보다 훨씬 높았다. 하지만 면접 경험이 쌓이다보니 인터뷰 분위기에 금세 익숙해졌고, 합격 통보가 하나둘씩 들어오자 서서히 자신감이 붙었다. 이후 더 많은 회사에 지원하기 시작했다.

생물학을 부전공했다는 것은 컴퓨터 공학과 관련된 직업과 직접적인 연관성이 없음에도 거의 모든 인터뷰 담당자들이 흥미를 보였다. "아, 그 퀄컴에서 인턴 경험이 있고, 생물 공부한 학생!"으로 인사 담당자들의 머릿속에 강한 인상을 남기는 나만의 차별점이 된 것이다.

인터뷰는 대부분 기술 면접Technical Interview 방식으로 진행됐다. 인터뷰 담당자가 컴퓨터 공학과 관련된 기술적인 문제를 내면, 학교에서 배운 지식과 나의 생각을 바탕으로 답변하는 방식이다. 대체로 컴퓨터 공학에 대한 전반적인 이해, 즉 학교에서 배우는 디자인, 코딩, 데이터 관리에 관한 지식과 문제 해결 능력을 보기 위한 질문이었다. 가끔 모르는 문제도 있고, 주어진 짧은 시간 내에 풀기에는 너무 복잡하거나 정답이 없는 문제들도 있었지만 대부분 정해진 답보다는 그 문제를 풀어가는 과정에서 지원자가 보여주는 논리력이나 창의력 등에 높은 평가를 두고 있는 듯 했다.

인터뷰가 끝나면 면접관에게 질문을 할 수 있는 기회가 주어진다. 내가 지원한 회사의 분위기나 문화에 대한 정보를 얻을 수 있는 기회였다. 인터뷰를 본 회사 중 '이 회사에서 일하면 정말 재미있겠구나!'라는 생각이 드는 회사가 있었는데 바로 그 회사가 졸업 후 나의 첫 직장이 되었다. 바로 세계적인 전자 상업 회사 아마존Amazon.com이다.

많은 IT 기업이 입사가 확정된 엔지니어들에게 '일하고 싶은 팀을 선택할 수 있는' 기회를 준다. 아마존에서 오퍼를 받은 후, 시애틀Seattle로 초대받아 회사를 둘러보고 여러 팀의 직원들과 대화의 시간을 가졌다. 처음엔 아마존이라는 회사에 그다지 흥미가 없었다. 당시 아마존이라는 기업의 이미지는 나에게 '인터넷 서점'일 뿐이었다. 책을 파는 웹 사이트를 만드는 데 소프트웨어 엔지니어가 왜 이리 많이 필요한 걸까라는 생각을 갖고 있었다. 하지만 시애틀 본사에 방문해서 아마존이 진행중인 여러 가지 프로젝트에 대해 팀원들과 이야기를 나누어보니, 아마존은 이미 온라인 스토어를 넘어 클라우드 서비스Cloud Service나 모바일 같은 내가 관심이 많은 플랫폼(Platform: 컴퓨터 시스템의 기본을 이루는 하드웨어 또는 소프트웨어)에 투자하고 있다는 걸 알 수 있었다. 결국 나는 아마존에 입사하기로 결심했다.

대학 시절, 엄청난 양의 무료 서비스들이 과연 어떻게 수익을 창출하는지 궁금했다. 광고 위주로 수입을 창출한다는데 광고가 얼마나 대단하기에 구글 같은 회사는 시가 총액이 100조 원을 넘는 건지, 아마존은 물건을 팔아서 돈을 벌 텐데 그렇게 싸게 팔아서 뭐가 남는 건지 등이 궁금했다. 이러한 궁금증 때문에 아마존의 매출에 직접적으로 기여하는 곳 중에서 전 세계에 분포해 있는 아마존 풀필먼트 센터(Amazon Fullfillment Center: 아마존에서 파는 물건을 보관하고 배송하는 자동화된 물류창고)에서 사용되는 모든 기술을 개발하는 부서인 아마존 풀필먼트 테크놀로지Amazon Fullfillment Technologies에서 일하기로 했다. 물건을 관리하고, 주문받은 대로 배송하는 곳에 무슨 프로그램이 필요할까 궁금했는데 이에 대한 해답은 입사한 지 얼마 되지 않아 얻을 수 있었다.

축구장 수십 개를 합친 크기만한 센터에서는 상상도 못할 만큼 많은 양의 물건과 주문을 끊임없이 처리한다. 이를 효율적으로 하기 위해 모든 처리과정의 자동화Automation와 최적화Optimization가 필수이고, 소프트웨어가 이를 뒷받침한다. 예를 들면, 주문된 상품의 크기나 수량에 가장 적합한 크기의 상자를 실시간으로 계산해내고, 센터에 있는 수많은 기계들을 상황에 맞게 자동으로 움직이게 하고, 센터에서 일하는 수많은 직원들을 관리하는 것 등이 여기에 포함된다. 이 부서에서 3년 넘게 일하면서 소프트웨어 엔지니어링 외에도 풀필먼트 로

지스틱스(Fullfillment Logistics: 보관부터 배송까지 유통을 효율적으로 관리, 수행하는 시스템이나 작업) 등에 대해서도 배울 수 있었다.

professional advice

미국에서 유학생이 고용주로부터 취업 스폰서를 받는 비자를 H1B 비자라고 한다. H1B 비자 승인 현황을 보면 시스템 분석 및 프로그래밍 분야가 취업 스폰서를 가장 많이 받는 직군 중 하나이다. 특히 IT 붐이 일어났던 2000년대 초반에는 해당 직무 종사자가 전체 H1B 비자 승인을 받은 외국인 전체의 절반을 넘을 정도였다. 물론 지금도 해당 분야의 유학생들은 다른 분야에 비해 현지 취업이 수월한 편이다.

구글에서의 새로운 출발

오랫동안 같은 부서에서 일하다보면 어느 순간 그 일에 익숙해지게 된다. 일에 익숙해지면 이미 답을 알고 있는 퍼즐게임을 하는 것처럼 재미가 없어지고, 결과적으로 능률도 떨어지게 된다. 때문에 많은 회사에서 엔지니어들이 새로운 일을 경험할 수 있도록 주기적인 부서 이동을 독려한다. 마음에 드는 부서를 효과적으로 찾는 과정을 돕기 위한 프로그램을 마련하기도 한다. 나도 3년 정도 같은 부서에서 일하다보니 다른 일이 해보고 싶어졌다. 당시 하던 일도 재미있었지만 좀더 다양하고 새로운 일을 경험하고 싶었다.

회사 내의 기회들을 둘러보면서 아마존 외에 다른 회사들에도 관심을 갖기 시작했다. 다른 회사들이 하는 프로젝트에 대해 회사 사람들과 이야기를 나누기도 하고, 업무 분위기를 알아보고 싶어 몇몇 회사에 지원하기도 했다.

그중 하나는 인터넷 검색엔진을 포함, 혁신적인 서비스를 제공하며 미국에서 수년간 연속으로 일하기 좋은 기업 1위에 오른 구글이었다. 평소에도 다양한 미디어를 통해 소식을 접하고, 구글의 제품들을 사용하며 관심을 가져왔던 회사였기 때문에 고민 없이 지원했다. 인터뷰는 다른 회사들과 마찬가지로 기술 면접 형식이었다. 원래 인터뷰가 까다롭기로 알려진 회사였지만 간단한 담소로 인터뷰를 시작하고, 모르는 문제가 나오면 격려를 해주는 등 지원자의 긴장을 풀어주기 위해 부단히 노력했다. 덕분에 나도 편안한 마음으로 인터뷰를 볼 수 있었다. 면접에 가장 도움이 된 것은 아마존에서 프로젝트를 하면서 배우고 사용했던 지식과 기술들이다. 취업 인터뷰에서 이전 직장의 업무 경험이 나오는 것은 당연하지만, 일상적으로 해왔던 일들이 실질적으로 도움이 되니 왠지 모르게 신기하고 기분이 좋았다. 취미생활로 사진을 찍기 시작했는데 어느덧 전문가 못지않은 실력을 갖게 된 것 같은 기분이랄까? 다른 회사들과 마찬가지로 인터뷰가 끝난 후에는 면접관에게 내가 궁금한 것을 질문할 수 있었고, 업무 분위기, 프로젝트, 복지 등 평소 궁금했던 것들에 대해 대화를 나눴다. 어려운 문제들을 하루종일 풀다보니 정신적, 체력적으로 힘들었지만 재미있다는 느낌을 가지고 면접장을 나왔던 기억이 난다. 며칠 후 구글에서 축하한다는 말과 함께 합격 통지를 받았다. 다른 회사에서 받은 오퍼 및 아마존 내에서 다른 팀으로 이동하는 것 등 마음에 드는 다른 기회가 많았지만, 나는 구글에서 일하기로 결심했다.

구글 애드워즈
Google AdWords
구글에 광고를 게재하는 광고주를 위한 서비스로, 고객의 클릭이 일어날 때에만 비용이 부과되는 키워드 광고.

나는 지금 구글 온라인 광고 수입 대부분을 벌어들이는 구글 애드워즈에서 일하고 있다. 앞서 말한 것처럼 나는 인터넷 회사들의 수익 창출원, 특히 온라인 광고에 관심이 많다. 이런 면에서 구글 애드워즈는 내가 궁금한 것들을 배우기 아주 적합한 곳이다. 온라인 광고는 인터넷에 기반을 두고 있는 회사들의 주 수입원인데 인터넷 사용자가 늘어남에 따라 시장 규모는 꾸준히 성장하고 있다. 또 구글에서 일하며 광고주들이 직접 사용하는 유저 인터페이스˚와 외부 개발자들이 사용하는 API 서비스(구글의 기능을 이용해 외부 개발자들에게 프로그램을 만들 수 있도록 하는 서비스)를

> **유저 인터페이스**
> **User Interface**
> 사용자와 소프트웨어 사이의 의사소통을 돕는 시스템. 일반적으로 UI로 표기한다.

만들고, 더욱 정확하고 빠른 서비스를 위한 백엔드Backend 서비스(가장 신뢰도가 높은 검색 결과를 찾아주는 것과 같이 프로그램에서 실질적인 기능을 담당하는 서비스)를 구축하면서 전반적인 소프트웨어 엔지니어링에 대한 이해를 넓힐 수 있다.

구글에서 일하는 또다른 장점은 언제나 새로운 것을 배울 수 있다는 것이다. 미국의 많은 IT 회사들이 그렇듯 구글은 엔지니어가 더욱 유능한 엔지니어로 성장할 수 있도록 많은 노력을 기울인다. 새로운 기술을 배울 수 있는 수많은 서적들이 지천에 깔려 있고, 다양한 주제를 배울 수 있는 수업이 끊임없이 열리며, 일하면서 모르는 것은 각 분야의 최고 전문가인 동료 직원, 구글러Googler들에게 물어볼 수 있다. 이런 환경에서 일하다보면 어느새 배움은 더이상 선택이나 의무가 아니라, 자연스러운 것이 되어버린다.

구글은 직원들에게 열려 있는 회사이다. 구글 엔지니어들은 거의 모든 내부 프로젝트 관련 문서에 자유롭게 접속할 수 있다. 구글이 개발한 수많은 서비스들과 그것들을 가능하게 한 기반들, 그리고 외부에 알려지지 않은 최첨단 제품들에 대해 읽고 배울 수 있는 기회는 정말이지 매력적인 혜택이다.

구글에 입사하기 전, 나는 구글 맵Google Maps은 과연 어떻게 만든 걸까 무척 궁금했다. '지도와 스트리트 뷰Street View에 필요한 방대한 양의 정보는 어떻게 저장하고, 관리하고, 찾을까?' '길찾기는 어떤 알고리즘Algorism을 사용하기에 이렇

게 결과가 빨리 나오는 거지?' '아마 이렇게 만들었을 것이다'라고 생각해보기는 했지만 단지 추측일 뿐이었다. 그런 이유에서인지 나는 구글에 입사한 첫날, 구글 맵과 관련된 설계 문서를 찾아봤다. 물론 구글 맵이 몇 주간 열심히 읽는다고 해서 이해가 될 만큼 간단한 시스템은 아니지만, 지도에 대한 기본적인 지식을 포함해서 많은 양의 데이터를 다루는 방법, 수많은 정보를 빠르게 처리하는 시스템을 구축하는 방법 등과 같은 중요한 기술들을 배울 수 있었다.

구글 소프트웨어 엔지니어에 대한 이야기를 할 때 빼놓을 수 없는 것이 또하나 있다. 바로 자유로운 근무 시간이다. 회사에서 자신이 맡은 일만 잘하면 별다른 관여는 하지 않는다. 새벽 6시 이전에 출근해 점심시간 후에 퇴근하는 얼리버드Early-bird족이 있는가 하면, 오후 1시에 출근해서 구글러들 사이에서는 농담으로 나이트 시프트(Night Shift: 야간근무자)라 불리는 올빼미족, 그리고 오전 7시에서 오후 1시 사이에 아무때나, 일어난 시간에 출근하는 랜덤Random족도 있다. 더 늦게 출근할 수도 있지만 구글에서는 요리사가 만든 아침, 점심, 저녁식사를 직원들에게 무료로 제공하기 때문에 아무리 늦게 출근하더라도 점심을 먹기 위해 오후 1시 전에는 출근한다.

구글의 자유로운 분위기는 휴가 정책에서도 엿볼 수 있다. 직원들은 편하고 가장 능률이 오르는 시간에 맞춰 업무 시간을 스스로 정할 수 있는 자유를 부여받는다. 이렇게 회사는 생산성을 높일 수 있고, 직원들은 업무가 주는 스트레스에서 벗어나 개인 시간을 효율적으로 사용할 수 있다. 아침에는 그림이 잘 그려지고, 오후에는 일이 잘된다는 어떤 분은 정오 출근 시간 전에 짬짬이 그린 작품들로 전시회를 열었고, 서핑 선수가 되고 싶어 하는 아들을 가진 분은 휴가를 몰아서 여름방학 때마다 한 달씩 아들과 함께 서핑여행을 다녀오기도 했다. 나는

자유로운 휴가를 이용해 배낭여행을 시작했고, 틈틈이 한 여행으로 지금까지 20여 개 국가를 누볐다. 여행을 통해 다양한 세상을 보고, 새로운 친구들을 사귄 경험은 무엇과도 바꾸고 싶지 않을 정도로 소중하다.

최고의 직업, 소프트웨어 엔지니어

나의 직업인 소프트웨어 엔지니어의 매력 중 하나는 일하면서 맡게 되는 프로젝트가 사회에 큰 영향을 준다는 것이다. 예를 들면, 아마존에서 담당했던 프로젝트를 통해 소비자가 주문한 물건을 좀더 신속하게 배달할 수 있게 되었고, 구글에서 담당했던 프로젝트 덕분에 전 세계의 검색 광고주들이 좀더 쉽

게, 좀더 효율적으로 광고를 집행할 수 있게 되었다. 내가 만든 서비스가 사람들의 삶에 도움을 주고, 회사 성과에 직접적인 영향을 미친다. 또 신문에 보도되기도 하고, 때로는 전문가들이 블로그에서 내가 만든 서비스에 대해 토론을 벌이기도 한다. 이런 일들이 생길 때마다 내가 열심히 일해 만든 것들이 사회에 기여하고 있다는 사실을 몸소 느끼고, 더욱 성실하게 일하고 노력해야겠다는 의지가 샘솟는다.

또 앞에서도 언급했지만 자유로운 분위기에서 일할 수 있고, 해외를 방문할 기회도 많은 편이다. 구글과 아마존, 두 회사 모두 내가 일했던 부서에서는 해외 출장을 장려했다. 구글 애드워즈팀과 아마존 풀필먼트 센터는 세계 각지에 분포되어 있어 해외의 팀들과 직접 만나 아이디어와 의견을 나누는 작업이 굉장히 중요하기 때문이다. 세계 각지를 방문하며 일하는 즐거움과 더불어 자유로운 휴가 제도를 이용해 출장지에서의 업무가 끝나면 바로 여행모드로 전환할 수 있다는 장점이 있다.

주위 사람들은 자주 묻는다. 소프트웨어 엔지니어들은 새로운 기술에 뒤처지지 않기 위해 끊임없이 공부해야 하냐고. 늘 새로운 것을 공부하는 것은 맞지만, 그 이유가 공부하지 않으면 뒤처지기 때문이라고 생각한 적은 단 한번도 없다. 단지 프로그래밍을 좋아하는 사람이 더 빠르고, 더 멋지고, 누구나 사용하길 원하는 서비스를 만들고 싶어서 그것을 만들 수 있는 더 좋은 방법이 있는지 스스로 탐색하고 배우는 것뿐이다. 요리를 좋아하는 사람이 더 맛있는 음식을 만들기 위해 항상 새로운 레시피를 찾아보는 것처럼, 게임을 좋아하는 사람이 최고 점수를 깨고 싶어서 누가 시키지 않아도 공략 매뉴얼을 찾아보는 것처럼 말이다.

진로를 선택할 때, 한 교수님께서 이런 말씀을 해주신 적이 있다.

"소프트웨어 엔지니어링은 자신이 좋아하는 일을 열정적으로, 그리고 즐겁게 할 수 있는 몇 안되는 분야 중 하나이다."

다른 일에 종사하는 사람들이 자신의 일을 어떻게 생각하는지는 알 수 없지만, 소프트웨어 엔지니어들이 즐겁게 일한다는 말에는 매우 동의한다. 나는 내가 하는 일을 '퍼즐게임'이라고 생각한다. 어렸을 때부터 게임을 즐겨온 나는 게임을 하는 게 재미있어서 누가 시키지 않아도 밤을 새우곤 했다. 중간에 막혀도 포기하지 않고, 어려운 레벨을 깨기 위해 수많은 시행착오를 겪고, 꾸준히 해결

책을 생각했다. 이러한 과정은 좋은 서비스를 만들기 위해 내가 하는 일과 매우 비슷하다. 내가 만들고 있는 프로그램이 작동하는 걸 오늘 안으로 반드시 보고 싶은 마음에 밤새 짜기도 하고, '오늘은 어제 못 끝낸 것을 꼭 완성해야지' 하며 설레는 마음으로 아침마다 출근한다. 일을 하다보면 언제나 새롭고 어려운 난관에 부딪히지만, 그 문제를 해결할 방법을 모색하는 시간 또한 즐거울 따름이다.

"Whatever level you reach, getting better never stops."
지금 있는 위치가 어디든, 더 나아지려고 하는 노력을 결코 멈춰서는 안 된다.

맨땅에 헤딩으로
글로벌 마케터가 되다

이정민

2011~**현재** ◦ 유니버설 맥켄Universal McCann 마케팅 미디어 전략
뷰티 브랜드 아비노Aveeno, 클린앤클리어Clean&Clear 등 담당

2005~2010 ◦ 서강 대학교 영미문화, 경제학 복수 전공
2007 ◦ 하나은행 인턴십, 기업 금융
2007 ◦ 루이비통Louis Vuitton 코리아 인턴십, 리테일 마케팅
2009 ◦ 광고회사 DDB 코리아 인턴십, 마케팅 리서치
2010~2011 ◦ 런던 비즈니스 스쿨London Business School 경영학 석사 졸업

"꼭 그 일을 찾아야만 해."

20살의 나는 '내가 하고 싶은 일이 무엇일까?'라는 질문에 사로잡혀 있었다. '그 일'을 찾기 위해서 각종 아르바이트와 인턴십을 두루 섭렵하며 진로 탐색을 하기 시작했는데 다행히 '그 일'을 찾기 위한 피나는 노력은 나를 배신하지 않았다. 언젠가부터 나는 '글로벌 마케터'가 되는 것을 꿈꾸기 시작했다.

마케팅Marketing은 평범한 제품이나 브랜드에 나만의 색을 입혀 생명을 불어넣는 일이다. 애플Apple이 신제품을 출시할 때마다 전 세계 사람들이 열광하며, 밤새 줄을 서서 제품을 구매하는 것처럼 나 또한 한국을 넘어 전 세계가 열광하는 제품을 만들어내는 마케터가 되고 싶었다. 글로벌 마케터로 일한다는 생각만 해도 흥분되고 짜릿했다.

나는 꿈을 이루기 위한 방법을 찾기 시작했다. 무슨 일이든 첫 단추가 중요하다고, 가능만 하다면 글로벌 기업의 해외 본사에서 사회생활을 시작하는 것이 좋겠다고 판단했다. 익숙한 한국을 떠나 치열한 경쟁을 뚫고 해외 시장에서 내 제품을 팔 수 있다면 그 어디에서, 그 어떤 제품도 팔 수 있을 거라 생각했기 때문이다. 마케팅과 광고의 개념이 생겨난, 글로벌 기업의 본사가 몰려 있는 뉴욕이라면 다른 곳보다 더 많은 기회를 잡을 수 있을 것 같았다.

여러 가지 방법 중에서 나는 해외 비즈니스 스쿨에서 경영학 석사과정을 밟은 뒤, 해외 취업 시장에 나가는 것을 택했다. 조금이라도 더 유연한 사고방식을 가지고 있을 때 광범위하게 지식을 습득하고, 직접 해외에서 실무를 경험해본다면 훗날 더 큰 그림을 볼 수 있는 마케터가 될 수 있을 것이라 생각했기 때문이다.

지극히 평범했던 여대생 라이프 Life

　19살의 이정민, 나는 스스로가 어떤 사람인지 전혀 알지 못했다. 내가 어떤 성격인지, 어떤 일, 어떤 사람을 좋아하는지와 같은 기본적인 것은 물론, 어떤 가치를 중요시 여기는지, 무엇이 나를 행복하게 하는지도 몰랐다. 심지어 이런 것에 대해 딱히 고민해본 적도 없었다. 습관처럼 수능과 내신에 필요한 공부만 해왔던 나에게 이런 고민은 사치에 가까웠고, 그럴 필요성도 느끼지 못했다. 누구나처럼 '대학생이 되면 하고 싶은 것은 모두 다 해봐야지!'라는 생각은 갖고 있었지만, 우습게도 그 '하고 싶은 일'이 무엇인지 전혀 알지 못했다.

　대학에 입학했을 때, 다른 친구들처럼 지금까지 접해보지 못했던 새로운 세상을 경험하느라 정신이 없었다. 가장 많은 에너지를 쏟았던 것은 교내 창업 동아리활동이었는데, 일도 재미있고 사람들도 좋아서 회장을 도맡아 하는 등 꽤나 열심히 활동했다. 창업 동아리활동을 통해서 공모전, 소규모 장사부터 실전 창업 준비까지 다양한 일을 해볼 수 있었고, 다양한 사람들과 열정 하나만으로 밤을 새우며 공동의 목표를 이루어냈을 때는 희열에 가까운 성취감을 느끼곤 했다. 무엇 하나 주체적으로 해본 적이 없었던 나에게 좋아하는 일을 열정적으로 하는 것이 어떤 기분인지, 그것이 얼마나 큰 만족감을 주는지를 처음으로 맛보게 해준 시간이었다.

　추측일 뿐이었지만 나의 열정을 불사르게 하고, 큰 성취감을 주는 일이라면 평생을 투자해도 아깝지 않을 것만 같았다. 모두가 선호하는 '높은 연봉의 대기업'에 입사하는 것도 좋지만 그보다는 밤을 새워도 지치지 않는 내가 좋아하는 일, 이른 아침 출근길이 즐거운 일, 완벽하게 실패하더라도 저절로 힘을 내 다음 기회를 준비하게 되는 일을 하고 싶었다. 내가 좋아하는 일을 한다면 사회적인 성공을 이룰 수 있는 것은 물론이고 개인적으로도 더 행복하게 살 수 있을 것이라 생각했다. 안정적인 수입도 중요하지만 그것은 성공하면 반드시 따라오는 부수적인 것일 뿐, 궁극적인 목표는 될 수 없었다. 하지만 이때까지만 해도 '그 일'이 어떤 일인지 감조차 잡지 못하고 있었다.

인생의 꿈을 찾자!

'그 일'을 꼭 찾아야만 했다. 나는 학점이나 영어 성적, 자격증과 같은 '스펙'보다는 내 평생을 걸 수 있는 꿈을 찾는 데 조금이라도 도움이 될 만한 '경험'에 대학생활 전부를 투자했다. 일단 관심이 가는 일이라면 성공하든 실패하든 결과는 생각하지 않고 도전했다.

그 시작은 대학교 2학년 무렵부터 시작한 인턴 경험이었는데, 처음엔 경제학을 전공한 대부분의 친구들처럼 은행에서 일을 시작했다. 은행에서 하는 업무가 어떤 것인지도 몰랐지만 모두가 선호하는, 소위 말해 '잘나간다'는 직종이니 한 번 경험해보고 싶었고, 왠지 잘할 수 있을 것만 같았다. 무슨 패기였는지는 몰라도 3학년 대상 프로그램에 2학년 2학기 때 그 어떤 경력도 없이, 심지어 영어 점수도 없이, 영어 점수를 기입하는 칸에는 '2개국어 가능Bilingual'이라고 적어서 지원을 했다. 결과는 놀랍게도 합격이었고, 첫 인턴생활은 매우 재밌었다. 대단한

일을 한 것은 아니었지만 새로운 일은 배우는 것도, 인턴 동기들과 퇴근 후에 모여 이런저런 얘기를 하는 것도, 직장인이 되어 출퇴근을 하는 것도 왠지 재밌고 뿌듯했다. 하지만 시간이 흐를수록 명확해진 것은 은행에서 하는 일들이 나에게 잘 맞지 않는다는 사실이었다. 나는 안정적인 환경에서 성과를 관리하고 성장시키는 것보다 힘이 들더라도 무(無)에서 유(有)를 창조하는 일에 보람을 느끼고, 남들과 다른 의견과 새로운 시각을 가지고 문제를 해결하는 것에 흥미를 느끼는 사람이라는 걸 깨달았다.

    비슷한 전공의 사람들이 주로 선택하는 진로가 나에게 맞지 않는다는 생각이 드니 갑자기 미래에 대한 불안감이 엄습했다. 휴학을 해서라도 더 다양한 경험을 하고 내가 하고 싶은 일을 찾아야겠다는 생각이 더 간절해졌다. 은행보다는 조금 더 참신한 아이디어를 중시하여 창의력을 발휘할 수 있는 일을 하고 싶었고, 창업 동아리에서 사업계획서를 써 본 경험으로 막연하게 마케팅이 그런 분야일 것이라는 생각이 들었다. 그렇게 나는 마케팅으로 눈을 돌리기 시작했다.

하나은행 인턴이 끝나자마자 마케팅 분야의 인턴십을 찾기 시작했다. 바로 그때 학교 취업 정보 사이트에서 루이비통Louis Vuitton 마케팅 인턴 모집 공고가 눈에 띄었다. 브랜드의 꽃인 명품, 그중에서도 대중 시장과 VIP 시장을 동시에 잘 공략하고 있는 '루이비통'에서 일을 해보면 마케팅이 어떤 것인지 대략적으로 알 수 있을 것 같았다. 마음을 비우고 지원했는데 다행히 결과가 좋았고, 그렇게 나는 하나은행 인턴이 끝난 1주일 만에 루이비통에서 새로운 인턴 근무를 시작하게 되었다.

루이비통에서의 인턴 경험은 은행의 그것과는 확실히 달랐다. 마케팅은 늘 새로운 일을 접하는 TFT(Task Force Team: 회사에서 특정 목적을 추진하기 위해 임시로 모인 팀을 말한다.)와 같은 성격을 가진 분야였다. 같은 일을 계속 반복하거나 이론만 공부하는 것보다 훨씬 적성에 맞았고 담당 업무에 나만의 색깔을 입힐 수 있다는 점도 참 매력적이었다. 다른 사람들은 아무 생각 없이 지나치는 부분에 의미를 부여해서 브랜드 요소로 재탄생시키고, 사람들이 공감하게 만드는 일은 정말 보람 있었다. 나의 진로는 마케팅이라는 것을 깨달은 순간이었다.

마케팅으로 진로는 정했지만 그후에도 다양한 경험을 통해 스스로를 더 깊이 이해하고자 노력했다. 광고 회사의 마케팅 리서치 부서 인턴, APEC(Asia-Pacific Economic Cooperation: 아시아태평양경제협력체) 국제회의 학생 기자, 휴대폰 제조사 및 생활용품 회사의 리서치 어시스턴트(Research Assistant, 이하 RA)로 일

TIP

모든 것이 '스펙쌓기'는 아니다

누군가는 이런 과정들이 스펙을 쌓는 과정이 아니냐고 반문하기도 하는데, 나는 서류상의 스펙을 목적으로 어떤 결정을 내린 적이 단 한번도 없다. 대학 시절 내내 마땅한 영어 성적 하나 없었고, 수강신청을 할 때도 학점을 잘 주는 과목보다는 실질적으로 필요한 지식을 주는 과목을 선택했다. 심지어 관심이 있는 분야의 수업을 듣고 싶어 타 전공의 심화과목을 교양으로 선택하기도 했다. 최대한 다양한 분야를 접하고, 시야를 넓히고 싶었기 때문에 조금이라도 관심이 가는 과목이나 앞으로 마케팅을 하는 데 도움이 될 만한 과목들을 놓치지 않고 수강했다. 예를 들면, 마케팅은 크게 통계를 기본으로 하는 정량적Quantitative인 부분과 심리학을 바탕으로 하는 정성적Qualitative인 부분으로 나누어지기 때문에 통계학, 수학, 심리학 등 타 전공의 전공과목을 교양과목으로 선택했다. 이렇게 선택한 교양 학점이 전공 대비 1점이나 낮게 나오긴 했지만, 이런 손해를 감수하더라도 실질적으로 나에게 필요한 과목을 수강하는 데 집중했다.

커리큘럼Curriculum이 빡빡하기로 유명해서 '서강 고등학교'라는 별명까지 있는 서강대학교에서 영미 문화와 경제학을 복수 전공하며 끊임없이 용돈벌이로 과외와 번역을 하고, 이런저런 모임까지 챙기다보면 절대적으로 시간이 부족했다. 하지만 나는 어느 것 하나 포기할 수 없었기 때문에 하루 4시간으로 잠을 줄여가며 작게는 10분, 크게는 1시간 단위로 시간을 나누어 생활했다. 낮에는 각종 대외활동을 하고 새벽에 학과 공부를 따라가는 반복되는 일상이 쉽지만은 않았지만, 돌이켜보면 활기차고 긍정적인 에너지가 넘쳤던 시절이었다.

런던정경대학 썸머스쿨
LSE Summer School

LSE에서 개설하는 재학생 또는 일반인들이 들을 수 있는 계절학기. 학부 및 토플 성적, 에세이 등 지원에 필요한 서류와 절차가 있긴 하지만 비교적 입학하기 쉬운 편이다. 수료하면 한국 학교에서 학점을 인정받을 수 있다.

했다. 자투리 시간을 이용해서 창업, 경제, 경영, 인문 세미나를 들으러 다니고, 창업/마케팅 공모전에 참가하기도 했다. 런던정경대학(LSE: London School of Economics and Political Science, 이하 LSE)에서 개설하는 썸머 스쿨도 수강했다. 이외에도 최대한 다양한 경험을 하며 나의 부족한 점을 깨닫고 극복하기 위해 노력했다. 예를 들면, 리더십을 키우기 위해 동아리 회장직을 도맡아 하거나, 토론 능력을 향상시키기 위해 토론 대회에 참가했다.

치열한 준비 끝에 얻은 런던에서의 유학생활

대학교 2학년, 비교적 어린 나이에 경영 대학원 유학을 고려하기 시작했지만 최종 결정을 하기까지 1년이 넘는 긴 시간이 걸렸다. 경영학은 실용 학문이기 때문에 전 세계 학교를 뒤져봐도 직장 경력이 필수인 MBA 프로그램이 대부분이었고, 일반 석/박사 프로그램을 갖고 있는 학교는 많지 않았다. 무엇보다 친구들은 전문 대학원 진학, 취업, 고시 등을 통해 자리를 잡아가는데 나 혼자 검증되지 않은 미지의 길을 가자니 '내가 아직 철이 덜 들어 터무니없는 꿈만 꾸고 있는 것은 아닌가' 하는 생각도 지울 수 없었다.

'적은 돈이 아닌데 투자 대비 효용은 찾을 수 있으려나' 하는 본전 생각부터 '평생 외국에서 살고 학교를 졸업한 사람들도 취업이 안되어 돌아오는 판에 내가 과연 그 시장을 뚫을 수 있을까' 하는 온갖 회의와 걱정에 잠도 오지 않았다. 게다가 학부 졸업 후 바로 프로페셔널 스쿨(Professional School: 전문 대학원)을 가겠다고 하니 주변 반응도 우려와 걱정이 난무했고, '말도 안 된다'며 냉담한 반응

을 보이는 사람도 있었다. 한동안 일종의 대인 기피증이 생길 정도로 스트레스를 받던 시기였다.

  지나고 나서 생각해보면 이 모든 생각은 실패가 두려워 만들어낸 변명에 불과하지 않았나 싶다. 사실 고민한다고 해서 해결되거나 개선될 문제들도 아니지 않는가. 내가 원하는 프로그램을 제공하는 학교가 제한적이라 하더라도 어차피 1개의 학교만 등록할 것인데 그게 무슨 문제란 말인가. 또 한국에 있으면 취업에 실패 또는 포기하고 귀국하는 사람들을 많이 보는 것은 당연하지 않은가. 다행히도 유학 경험을 먼저 하셨던 부모님의 적극적인 지원이 큰 힘이 되었는데, 유학생활을 통해 얻을 수 있는 많은 것들을 생각하면 학비나 시간을 절대 낭비하는 것이 아니니 졸업 후 받을 수 있는 연봉만을 고려해 편협한 ROI(Return on

Investment: 투자 대비 수익)를 따질 시간에 한 글자라도 더 공부해 좋은 학교에 지원하라고 격려해주셨다. 친한 친구들도 "지금이 아니면 언제 또 꿈만 보고 달려가보겠어"라며 당장 눈앞에 있는 나무 때문에 숲을 보지 못하는 실수는 하지 말라고 응원해주었다.

지원할 학교를 찾고, 학교에서 요구하는 조건들을 알아보니 일단 GMAT과 토플 점수, 탄탄한 에세이가 핵심이었다. 졸업을 앞둔 마지막 학기까지 전공심화과목 8개로 구성된 24학점을 들어야 했기 때문에 유학 준비에 집중할 수 있는 시간이 별로 없었다. GMAT – 중간고사 – 토플 – 기말고사 순서로 압박적인 스케줄을 소화해야 했고, 이중 하나라도 놓치면 유학은커녕 지원서조차 내볼 수 없는 상황이었다. 뿐만 아니라 유학 준비를 해온 나에게 국내 취업 기회는 없는 것이나 마찬가지였는데, 졸지에 백수가 될지도 모른다는 위기감 때문에 한순간도 긴장을 놓을 수 없었다. 사람 만나는 것을 정말 좋아하는 나지만 친구들과 연락까지 끊어가며 하루 12시간씩 GMAT을 공부했고 이런 노력 덕분인지 3개월 만에 GMAT 점수를, 그후 2주 만에 토플 점수를 확보할 수 있었다.

예상했던 것보다 일찍 지원을 시작했음에도, 그후 8개월이라는 긴 시간에 걸쳐 수많은 학교들과 이메일, 전화, 화상 통화를 통해 인터뷰를 진행했고, 심지어 인터뷰를 위해 홍콩까지 간 적도 있다. 그러던 어느 날, 놀랍게도 당시 세계 랭킹 1위였던 영국의 런던 비즈니스 스쿨(London Business School, 이하 LBS)과 미국의 학교 중 가장 가고 싶었던 듀크 대학교Duke University에서 입학 허가를 동시에 받았다. 사실 '아무데서도 나를 받아주지 않으면 어디에 취직

런던 비즈니스 스쿨 LBS

경영 분야의 세계적 명문대로 특히 전략과 재무 분야로 유명하다. 파이낸셜 타임즈Financial Times MBA 순위에서 2009년부터 2011년까지 3년 연속 세계 1위를 차지했으며, 현재도 상위권에 랭크되어 있다.

해야 하나' 걱정할 정도로 크게 기대하지 않고 있었던지라 두 군데 모두 합격한 것이 정말 꿈만 같았고, 또 그만큼 두 곳 중 어느 학교로 가야할지 더 많은 고민을 했다.

둘 다 정말 좋은 프로그램이지만 LBS는 많은 사람들이 유학을 가는 미국이 아닌 유럽에 있기 때문에 남다른 경험을 할 수 있으며 세계 랭킹 1위라는 장점이 있었고, 듀크 대학교는 한국에서의 인지도가 높은 편이었고, 물리적으로 뉴욕과 가까운 곳에 있어 아무래도 졸업 후 취직에 좀더 용이할 것이란 생각이 들었다. 하지만 듀크 대학교보다 LBS라는 학교에 왠지 모르게 강한 끌림을 느꼈다. LBS는 조금 더 다양한 국적을 가진 학생들에게 열려 있는 학교이기 때문에 미국 중심의 사고가 아닌, 말 그대로 글로벌한 사고와 시각을 갖는 데 큰 도움이 될 것 같았다. LBS에서 더 넓은 시야를 갖게 된다면 단순한 스펙을 넘어 실질적

인 능력으로 미국에서도 유능한 인재로 평가받을 수 있지 않을까? 또 어차피 최종 목표가 뉴욕에서 일하는 것이라면 이번에는 유럽에서 생활해보는 것도 나쁘지 않을 것이라고 생각했다. 무슨 배짱이었는지 모르겠지만 미국에서의 취업은 그때 생각하기로 하고 일단 유럽에 가기로 했다. 유럽에서 훌륭한 동문들과 함께 공부하며 나만의 내공을 쌓으면 훗날 미국에서 취직하는 데 득이 되면 되었지, 실은 되지 않을 것이라고 생각하고 '지른' 결정이었는데 결론부터 말하자면 정말 '잘한' 결정이었다.

런던에서의 생활은 내 인생의 터닝 포인트가 되었고, 나를 더 큰 그릇을 가진 사람으로 만들어주었다. 한 나라에서 정원의 10% 이상을 뽑지 않는 학교 방침 덕에 전 세계 다양한 국가에서 온 동기들과 함께 진정한 글로벌 교육을 받을 수 있었고, 유럽에서의 삶이나 가치관은 미국이나 한국과는 다른 점이 많아 내가 가진 세상에 대한 편견들을 깨는 계기가 되었다. 또 비즈니스 스쿨의 특성상 파이낸스Finance, 마케팅, 세일즈Sales, 개인 사업 등 다양한 비즈니스 배경을 가진

professional advice

현지 취업을 하려면 학교의 명성을 선택하는 것이 유리한지, 학교의 위치를 고려하는 것이 유리한지를 문의하는 학생들이 많다. 명문대의 경우, 대도시에 위치하고 있지 않더라도 많은 기업들이 채용을 위해 캠퍼스를 찾는다. 또 학교의 명성은 높지 않더라도 대도시에 위치해 있다면 취업에 유리하다. 대도시에 회사들이 많이 위치해 있고, 지역 내의 대학과 기업 간의 관계를 무시할 수 없기 때문이다. 또한 특정 전공 분야에서 높은 수준을 인정받는 프로그램의 경우, 학교 전체의 명성과는 상관없이 취업 기회가 많을 수 있다. 비즈니스 스쿨의 경우 유럽의 몇몇 대학들이 취업 시장에서 주가를 올리고 있는데, 런던 비즈니스 스쿨, 인시아드Insead 등이 이에 해당한다.

TIP

진격의 GMAT 공부

나는 초등학교 5학년 때 1년 정도 미국에 거주한 적이 있고, 학부 전공도 영어였기 때문에 유학 준비에 필요한 시험 점수는 쉽게 얻을 줄로만 알았다. 하지만 GMAT은 달랐다. 한국어가 원어민이라고 해도 수능 언어영역을 모두 잘하지 않는 것처럼 GMAT은 영어 실력과 전혀 관계가 없었다. 처음 GMAT 모의고사를 풀었을 때는 그 어느 학교에도 지원할 수 없는, 찍은 것과 다름없는, 30%대의 정답률이 나올 정도로 어려웠다. GMAT을 준비하며 '지금까지 뭐했지?' 하는 자괴감까지 들 정도였다.

언제나 그렇듯 일단 열심히 해보기로 하고 달려들었다. 먼저 문법과 단어에서 부족한 부분을 보완하는 것이 시급했다. 『성문 기초영문법』으로 문법의 기초 중 기초를 다시 공부하고, 토플 단어를 하루에 150~200개씩 외웠다. GMAT은 크게 언어, 수리 그리고 글쓰기영역이 있는데 이 모든 영역을 매일 하루도 빠짐없이 공부했고, 한번 틀린 유형은 절대 다시 틀리지 않겠다는 마음으로 같은 문제를 두세 번씩 풀었다. 특히 도움이 되었던 것은 보기를 꼼꼼히 공부하는 것이었는데, 정답은 왜 정답이고 오답은 왜 오답인지 확실히 알고 넘어가려 노력했다. 나중에는 문제에 나오는 문장의 일부만 들어도 보기를 모두 술술 읊고 정답과 오답까지 말할 수 있을 정도였는데, 이 공부법으로 1개의 문제를 풀더라도 5개를 푼 것과 같은 효과를 낼 수 있었다.

사람들은 물론이고 엔지니어, 프로그래머Programmer, 연구원 같은 이공계 출신들과 심지어 전직 국가 대표 운동선수, 프로 암벽등반가에 이르기까지 정말 다양한 배경을 가진 사람들이 모여 있었다. 자연스럽게 모든 일을 오픈 마인드Open Mind로 받아들이는 넓은 시각과 다양한 방식으로 문제를 해석하는 문제 해결 능력을 기를 수 있었다.

양질의 수업은 물론이고 개발도상국 시장, 창업, 명품 시장 등 여러 분야의 저명인사들이 모여 관련 주제에 대해 토론하고, 강연하는 콘퍼런스Conference를 통해 여러 비즈니스 분야에 대한 이해를 높일 수 있었다. 또 저가 항공사가 많은 런던의 특성을 이용해 짧은 유학 기간 동안 약 15개국을 여행하는 사치를 누릴 수 있었던 것도 큰 장점이었다.

절망의 취업 준비

LBS에서의 시간은 힘들었지만 정말 즐거웠고 많은 것을 내 안에 채울 수 있었다. 잊지 못할 유학생활의 끝에는 취업이라는 냉혹한 현실이 기다리고 있었다. 성실한 학교생활과 LBS 명성 정도면 졸업 후 취업은 크게 어렵지 않을 것이라 생각했다. 하지만 내가 유학을 떠난 해는 유럽발 세계경제위기가 닥친 때였고, 내가 상상했던 핑크빛 미래와 현실은 너무도 달랐다.

내가 지원한 대부분의 회사에서는 원서가 잘 접수되었는지 의심스러울 정도로 아무런 소식이 없었다. 그나마 확인할 수 있었던 소식도 '저희 회사에 지원해 주셔서 감사합니다. 아쉽게도 이번 채용에서 불합격되셨음을 알려드립니다'라는 불합격 통보 이메일뿐이었다. 일반적으로 이력서를 쓸 때 복사와 붙여넣기를 반복하는데, 나는 단 한번의 복사, 붙여넣기 없이 정성을 기울여 하나하나 작성한 이력서로 200여 곳에 지원했다. 인사 담당자가 시간되면 커피나 한잔하자고 보낸 메일을 받고 프랑스 파리에까지 가는 열정을 보였음에도 결과는 같았다. 절망적이었다. 큰돈과 시간을 투자해서 유학까지 왔는데 남들 다 하는 취직조차 하지 못하고 있다니.

돌이켜 생각해보면 가장 큰 문제는 해외 취업 시장에 대한 이해의 부재였다. 우리나라는 대부분의 기업이 비슷한 채용 시스템을 가지고 있다. 지원자는 일정 기간 동안 원서를 제출하고, 인적성 검사를 본 다음 정해진 날짜에 면접을 본다. 반면, 미국과 영국은 실제 채용중인 자리의 20% 정도만 취업 시장에 나온다는 말이 있을 정도로 대부분의 자리가 인맥을 통해 알음알음 채워진다. 이런 해외 취업 시장의 특성을 잘 이해하지 못한 상태에서 서류 작성에만 매달리고 있었으니 좋은 소식이 있을 리 없었던 것이다. 업계 내부자가 아닌 경우, 고작 20%밖에 안되는 자리를 가지고 치열한 경쟁을 해야 하는데 누군가의 추천이 없다면 이 기회조차도 잡기 어려운 것이 사실이다. 사실상 아주 작은 바늘구멍에 가까운 해외 취업 시장에서 나는 지원서를 보내고 연락을 기다리는, 가장 비효율적인 방법으로 구직을 하고 있었던 것이다.

그러던 중 뉴욕에서 이미 자리를 잡고 일을 하고 있던 학부 선배와 연락이 닿았다. 선배는 맘 편하게 여행하는 셈 치고 뉴욕에 건너와 구직을 해보는 것이 어떠냐는 조언을 해주었다. 마음이 복잡해졌다. 무턱대고 미국으로 날아가기엔 당시 모든 것이 너무 불분명했기 때문에 쉽게 결정할 수 있는 문제가 아니었다. 나는 미국에 학력도, 연고도 없었고 그렇다고 가시화된 기회나 예측할 수 있는 가능성이 있는 것도 아니었다. 그나마 한국 기업에 합격해서 연수를 기다리고 있었는데 만약 미국으로 간다면 연수 일정은 포기해야 했다. 꿈을 핑계 삼아 좋은 입사 조건과 나를 원하는 회사를 놓아버리기에는 어리지만도 않은 나이였기에 미국에서의 취업에 '올인All-in'하는 것이 옳은 것일까 하는 고민이 머릿속을 떠나지 않았다. 또 개인적으로는 마음 편하게 한국으로 돌아가 집밥을 먹으며 가족, 친구들과 함께 평범한 일상을 나누고 싶다는 생각이 들기도 했다.

맨손으로 뉴욕으로 날아가다

하지만 포기하기엔 이미 늦었다. 내 머릿속엔 이미 해외 취업에 대한 열망이 강하게 자리잡고 있었고, 결과야 어찌되든 최선을 다해 노력해봐야 후회가 없을 것 같았다. 사실 마케팅은 해외 취업이 불가능하다고 할 정도로 진입 장벽이 높은 분야지만, 이뤄만 낸다면 그만큼 더 큰 보상이 있을 것이라 생각했다. 한국 기업의 오퍼도 모두 거절한 채, 배수진을 치기로 결심하고 곧바로 뉴욕행 편도 비행기 티켓을 끊었다. 얼마가 걸릴지 모르는 일이었지만 선배의 말처럼 여행을 왔노라고 맘 편히 생각하고 적어도 3~5개월 동안은 내 선택에 대한 의심 없이 앞만 보고 달리기로 했다.

뉴욕에 도착한 첫날을 아직도 생생하게 기억한다. 공항에서 맨해튼Manhattan으로 가는 차 안에서 수많은 빌딩들을 보며 느꼈던 패기와 떨림, 기대감과 불안감, 그리고 '저 많은 빌딩 속, 내 자리 하나 없을까'라며 애써 긍정적인 마인드를 가지려고 하던 나. 그날로 나는 민박집에서 구직자로서의 생활을 시작했다. 가족이나 가까운 친구 하나 없었고, 구직생활이 얼마나 길어질지, 계속 뉴욕에 있을 수 있을지도 모르는 상황에서 집을 계약할 수는 없었기 때문이다. 민박집에서 짐을 풀자마자 링크드인을 포함해 수많은 온라인 취업 정보 사이트에 이력서를 뿌리고,

수많은 소셜 네트워크 사이트에 나를 홍보하며 뉴욕생활을 시작했다.

　이번에는 나도 '업계 내부자'가 되어 80%의 취업 시장을 뚫어보자는 마음가짐으로 준비를 시작했다. 먼저 각 회사의 분위기와 업무 디테일 등을 파악하기 위해 인맥을 총 동원했다. LBS의 경우, 동문이라면 졸업생 연락망을 누구든 볼 수 있는데, 이를 이용해서 총 100명의 동문들에게 이메일을 보냈다. 뉴욕에서 마케팅을 하고 있는 사람 50명과 나와 한 가지라도 공통점이 있는 사람들 50명이었다. 안면조차 없는 사람들이었지만 이메일로 나의 상황과 배경, 목표 등을 설명하고 1 대 1 대화를 이어나가며 회사 앞으로 찾아갈 테니 딱 15~30분만 시간을 내달라고 부탁했다. 심지어 뉴욕에서 마케팅을 하신다는 친구의 이모께 연락을 드릴 정도였다. 이런 나의 노력이 통했는지 나는 연고 없는 미국에서 하루 5~8명의 사람들을 만나 인맥을 쌓고, 진로 상담도 할 수 있었다. 미국이나 영국의 '네트워크Network', 소위 말하는 인맥의 범위가 한국보다 훨씬 관대한 편이라 그런지 긍정적인 첫인상을 심어주면 생각보다 많은 사람들이 쉽게 '친구의 친구'를 위해 시간을 내주었다. 뿐만 아니라 적극적으로 업계와 회사 분위기 및 현재 트렌드, 구직과 관련된 팁Tip을 알려주는 것은 물론이고 가끔은 본인들이 재직 중인 회사에 나를 추천해주기도 했다.

발에 불이 나도록 사람들을 만나고 다닌 덕분에 도착 일주일 후부터 매일 2건 이상의 인터뷰를 볼 수 있었고, 결국 나는 업계 내부자만 누릴 수 있다는 80%의 취업 시장을 뚫고 입사에 성공했다. 내가 지금 다니고 있는 회사는 마케팅, 광고, PR 분야 세계 Big3 그룹인 IPG 산하의 유니버설 맥켄이다. 현재 회사와의 인터뷰 기회는 LBS 동기가 소개해준 친구의 친구의 친구, 즉 '전혀 모르는 사람'의 추천으로 이루어졌다. 그는 나를 알지 못했지만 아무 것도 없이 맨손으로 뉴욕에 온 나의 열정에 좋은 인상을 받았는지 매우 유능한 사람이라며 나를 회사에 소개해주었다. 현재 나는 유니버설 맥켄 뉴욕 본사에서 존슨 앤 존슨Johnson & Johnson의 아비노Aveeno와 클린 앤 클리어 Clean&Clear 등 뷰티 브랜드 마케팅 미디어 전략을 맡고 있다. 20대 초반부터 꿈꿔왔지만, 무모하게만 느껴졌던 '글로벌 마케터로서의 뉴욕 입성'에 성공한 것이다. 비행기에서 내린 지 불과 2주 만의 일이었다.

IPG
Interpublic Group
뉴욕을 거점으로 한 미국의 글로벌 광고 지주회사. 전 세계 90개국 이상에 진출해있다. 마케팅, 광고, PR 분야 세계 Big3 그룹 중 하나로 WPP, 퍼블리시스 옴니콤Publicis Omnicom 그룹과 어깨를 나란히 하고 있다.

유니버설 맥켄
Universal McCann
IPG 산하의 글로벌 에이전시로 마케팅 계획 수립 및 집행을 담당한다. 주 고객사로 존슨 앤 존슨, 코카콜라, 로레알, 마이크로소프트, 소니, 마스터 카드 등이 있다.

professional advice

유학생들 중 동료 학생이나 교수, 동문 추천 등을 통해 현지 취업을 하는 경우가 있는데, 인적 네트워크를 통한 구직이 상당히 효과적임을 의미한다. 유학생들과 상담할 때 공부도 중요하지만 현지 사람들과 적극적인 교류를 할 것을 권하는 이유이다. 학생회나 클럽활동은 학과 행사를 주최하고, 교수와 학생 간의 가교 역할을 하면서 인적 네트워크를 자연스럽게 형성할 수 있다. 또 한국 기업의 현지 법인들도 구인시 학생회와 접촉하는 경우가 많으므로 한인 학생회활동을 하는 것도 취업에 도움이 된다. 교수와 유대관계를 갖는 것도 좋다. 기업, 연구소와 연구 또는 자문활동을 활발히 하기 때문이다. 미국에서 공부하던 한국인 유학생이 교수의 추천을 받아 유럽의 연구소에서 일하게 된 경우도 있다.

한 기업의 인사 담당자가 이런 말을 한 적이 있다. "우리는 유능한 인재 한 명을 얻는 것이 아니라, 그 사람이 졸업한 학교의 네트워크도 함께 얻는 것이다"라고. 예를 들면, 국내 기업이 해외 신규 사업 투자를 결정할 때 현지에 있는 동문 네트워크가 큰 힘을 발휘할 수 있는 것처럼 말이다.

해고를 걱정하던 나날들에서 정착까지

꿈꾸던 곳에서 일할 수 있다는 기대와 흥분도 있었지만 한편으로 잘 적응할 수 있을지 걱정이 되기도 했다. 예상대로 미국의 사회생활은 한국과는 전혀 달랐고, 적응하는 것도 쉽지 않았다. 특히 사고방식과 문화에 대한 깊은 이해가 필요한 마케팅 분야에서 외국인이 성공하는 것은 거의 불가능에 가까워 보였다. 한국에서 자란 나에게 미국인들의 사고와 문화를 깊이 이해하는 것은 쉬운 일이 아니었고, 이것은 마케팅의 기본 중의 기본이라는 소비자를 이해하지 못하는 것과 같았다. 자연스럽게 업무 전반에 걸쳐 자신 있게 의견을 제시하기가 조심스러웠는데, 자신감의 부재와 긴장감은 아주 기본적인 것도 실수하게 만드는 원인이었다.

작은 실수라도 한 날이면 농담 반 진담 반으로 한국에 있는 친구들에게 "이러다가 해고될 수도 있어… 그럼 당장 집세는 어떻게 내지?"라며 걱정을 털어놓곤 했는데 친구들은 그럴 리가 없다며 웃어넘겼지만, 정말 진지한 고민이었다. '멍청해서 말귀를 못 알아들으니 더이상 가르칠 가치가 없다'는 이유로 전임자가 2개월 만에 해고된 상황에서 나에게 '해고'는 지극히 현실적인 고민이었고, 종종 상상을 초월하는 위기감을 느끼기도 했다.

그럴수록 어떻게든 살아남고 싶었다. 나는 미국인들에 비해 내가 더 잘할 수 있는 부분이 무엇인지, 외국인이라는 약점을 극복하려면 어떻게 해야 하는지 고민했다. 미국인은 미국 중심적인 환경과 사고에 익숙하지만, 한국에서 자라, 영국 유학을 거쳐, 뉴욕에서 일하고 있는 나는 그들보다 글로벌 트렌드에 훨씬 밝았다. 또 같은 사안을 보더라도 아시아, 유럽, 북미의 관점 모두를 적용하고 생각할 줄 아는 창의성이 있었다. 나는 스스로 이런 장점이 있다고 되새기며 자신감을 갖기 위해 노력했다. 겸손이 미덕인 한국에서 온 나에게 내 장점과 성과를 내세우는 것은 참 어색한 일이었지만, 기회가 있을 때면 놓치지 않고 최대한 내 장점을 부각시키려고 노력했다. 매 회의마다 적어도 세 번 의견을 내놓으려 했고, 남들보다 더 나은 비전을 제시하기 위해 늘 최신 정보에 관심을 가지려 노력했다. 동시에 외국인이라는 약점을 극복하기 위해서 회사 데이터베이스에 있는 타깃Target 정보부터 시작해서 관련 잡지를 하루 10권씩 읽으며 부족한 지식과 감각을 채우려 노력했다. 뿐만 아니라 모두 귀찮아하는 일이나 수습해야 하는 큰일이 터지면 늘 자진해서 일을 맡았고, 항상 긍정적인 태도로 나에게 주어진 업무 이상의 결과를 내기 위해 노력했다.

예를 들어, 상사나 고객사가 경쟁사 정보를 요구했다고 하자. 예전의 나는 단순히 경쟁사의 정보를 검색하고 요약하는 것에 그쳤었다. 하지만 지금은 이 정보가 왜 필요할까? 궁극적으로 그들이 필요로 하는 것은 무엇일까?를 먼저 생각한 다음 일을 시작한다. 만약 내년 사업 계획을 위해 필요한 자료라면 올해 자료뿐만 아니라 내년의 데이터도 함께 첨부하고, 내년 전망을 봤을 때 우리에게는 어떤 기회가 있을 것이며, 어떤 전략으로 접근해야 경쟁에서 우위를 차지할 수 있을지까지 분석해서 제공하는 식으로 업무를 처리한다. 또 누가 시키지 않았지만 디지털 마케팅이나 영업 실적처럼 변동이 많은 일은 남들보다 일찍 출근해 지금까지의 성과를 분석하고 주기적으로 보고했다.

노력하는 사람은 당할 자가 없다는 말이 정말 맞는지 나는 입사 10개월이 채 되지 않아 같은 시기에 입사한 미국인 동료들보다 빠르게 승진했다. 나의 직급에선 흔치 않게 클린 앤 클리어라는 대형 브랜드를 전담하게 된 것이다. 또 최근에는 아비노라는 브랜드도 함께 맡게 되어 더 다양한 일을 접하고 있다.

사실 낯선 업무 환경과 스타일은 노력으로 충분히 적응할 수 있었는데, 의외

professional advice

마케팅 직군은 유학생이 현지에서 취업하기 가장 어려운 분야 중 하나이다. 현지 소비자를 이해하고, 제품이나 브랜드의 정체성을 만드는 일은 해당 국가의 사회, 문화, 역사, 정치 등 모든 것에 폭넓은 이해가 뒷받침되어야 가능하기 때문이다. 언어도 다른 직종에 비해 상대적으로 높은 수준을 요구한다. 원어민이 아닌 사람이 현지 언어로 마케팅 슬로건이나 카피를 현지 소비자에게 어필할 수 있도록 만든다는 것은 쉬운 일이 아니기 때문이다.

하지만 국내 시장을 고려했을 때, 글로벌 마케팅 업무 경력을 가진 인력에 대한 수요는 점차 증가할 전망이다. 내수 시장은 점점 줄어드는 반면, 해외에서 경쟁할 만한 제품들은 점점 늘어나고 있기 때문이다. 실제로 식음료, 화장품 등 국내 소비재 브랜드가 해외에서 좋은 반응을 얻고 있으며, 이러한 시장 상황에 맞춰 기업들은 해외 사업을 적극적으로 확장하고 있다.

로 생소하고 어려웠던 것은 한국과는 완전히 다른 기업 문화였다. 회사가 직원에게 기대하는 점, 직원들끼리의 커뮤니케이션 방식, 복지 등 모든 분야에 걸쳐 생각했던 것 이상으로 한국과 다른 점이 많았기 때문이다.

자유롭고도 합리적인 미국의 기업 문화

가장 큰 차이는 상상을 초월할 정도의 자율성 부여였다. 우리나라에서는 너무 당연한 9시 출근, 6시 퇴근, 12~1시 점심시간, 7~8월 여름휴가 같은 '정해진 시간'은 아예 존재하지 않았다. 모든 선택은 개인의 자율에 맡겨졌다.

본인 업무가 끝나면 2시건 5시건 언제든 퇴근이 가능하고, 점심도 본인이 배고플 때 알아서 해결한다. 현재 회사 사람들도 빠르게 업무를 처리하고 제 시간에 퇴근하기 위해 주로 사무실 자리에서 본인이 원하는 시간에 식사를 하는데, 실제로 미국 직장인의 67%는 사무실 책상에서 업무를 처리하며 식사를 해결한다고 한다. 컨디션이 좋지 않을 때는 재택 근무를 할 수 있고, 개인 사정이 있을 때는 몇 시간 자리를 비우는 것도 가능하다.

업무나 근무 지역도 마찬가지다. 본인이 하고 싶고 배우고 싶은 일이 무엇인지, 지금 하고 있는 일이 잘 맞는지에 대해서 지속적으로 회사와 상담하고 피드백을 받는 것이 시스템화되어 있다. 이런 시스템을 통해서 회사는 직원의 능력과 희망사항을 최대한 고려해 업무를 배치한다. 이렇게 원하는 일을 할 수 있는 기회를 주고 심지어 원하면 다른 도시나 나라로 발령을 내주기도 한다.

물론 주어진 자유만큼 책임이 따른다. 미국은 언제든 일방적으로 고용 계약을 해지할 수 있기 때문에 업무 성과가 떨어질 경우 짐 정리를 할 시간조차 주지 않고 일방적으로 해고를 통보하기도 한다. 이런 문화를 단적으로 보여주는 예가 경제위기 때 금융 기업들이 구조 조정을 단행한 케이스이다. 회사 출입 카드가 작동하지 않은 것에서 본인이 해고당했다는 사실을 알게 된 경우, 상사가 커피 한 잔하자고 불러내서는 해고 사실을 통보하고 출입 카드를 빼앗아 간 경우 등 우리나라에서는 상상도 할 수 없는 다양한 일들이 벌어진다. 물론 원만하게 처리되는 경우가 더 많지만 위와 같은 사례가 심심찮게 들린다.

모든 자유를 존중해줄 테니 모든 책임도 본인이 져야 된다는 굉장히 합리적이면서도 조금은 비인간적인 문화인데 이렇게 유연한 고용 문화를 처음 접한 나로서는 이를 민감하게 받아들일 수밖에 없었고, 특히 입사 초기에는 많은 스트레스를 받았다. 하지만 이런 문화는 치열하게 업무를 습득하고, 빨리 적응하게 만드는 큰 자극제가 되었기 때문에 나쁜 것만은 아니었다.

두번째 차이점은 100% 열린 커뮤니케이션 방식이었다. 직급과 경력을 떠나 그 누구도 본인의 의견을 내놓는 데 있어서 눈치를 보지 않았고, 현실과 동떨어진 아이디어라도 논리만 있다면 생각의 우열을 가리지 않고 열린 자세로 받아들였다. 모두의 생각이 동등하게 존중되다보니 신입 사원이 전사 회의에서 임원들의 의견에 반박하는 것도 종종 볼 수 있다. 한국이라면 '토를 다는 것'으로 여겨지거나, 개념 없는 신입 사원으로 낙인찍힐 만한 일이 여기에서는 흔히 일어난다. 당연히 모든 의사 결정은 직급이나 나이를 떠나 아이디어 자체에 대한 평가만으로 이루어진다.

게다가 이런 열린 커뮤니케이션은 지속적인 상호 피드백으로 이어져 아랫사람이 윗사람의 일하는 방식이나 생각에 대해 코멘트하는 것도 너무나 일상적이다. 예를 들어, 상사에게 "현재 하고 있는 A업무는 우선순위에서 밀리는 일이니, 더 중요한 B업무부터 처리하는 게 어떨까요?"라고 제안하거나, "저도 생각해봤는데, 이러이러한 이유로 지시하신 방법보다 이 방법이 더 나은 것 같아요. 어떻게 생각하시나요?" "전 그건 영 아닌 것 같은데 왜 그렇게 생각하시나요?"라고 질문하는 것이 전혀 어색하지 않다. 오히려 상사의 의견에 아무런 반박도 하지 않는 직원은 자기 생각은 하나도 없는 무능한 사람으로 판단되기도 할 정도다.

그럼에도 불구하고 말을 꺼내기 민감한 사안은 '해피아워Happy Hour'를 통해 해소할 수 있다. 해피아워는 매주 목요일 5시, 사무실 내에 있는 카페테리아에 마련된 바Bar에서 간단한 술과 안주거리를 먹으며 사원들끼리 소통하고, 인맥을 다지는 시간이다. 격식 없이 대화할 수 있는 시간을 마련하고 장려함으로써 소통할 수 있는 기회를 주고, 문제가 생기더라도 원활하게 해결될 수 있도록 돕는 것이다.

세번째 차이점은 관대한 직원 복지와 교육 정책이다. 미국에서의 직업은 평생 직장이라기보다 잦은 이직을 통해 다양한 경력을 쌓는 것이 일반적이다. 그래서 회사는 유능한 직원들을 오랫동안 근무하게 하기 위해서 복지와 교육에 많은 노력을 기울인다. 넉넉한 휴가 일수와 출산 휴가는 물론이고, 심지어 출산 후 사무실로 복귀한 다음에도 본인이 원하면 일주일에 2~3번만 출근하고 나머지는 재택근무를 할 수 있다. 이런 제도를 이용해서 회사를 다니면서도 다른 사람 손에 아이를 맡기지 않고 부부가 번갈아가며 재택근무를 하면서 직접 아이를 키우는 경우도 많다.

회사에서 제공하는 교육 프로그램이나 개인 능력 향상의 기회도 한국과는 많이 다르다. 한국의 직무 교육 연수가 담당 업무에 필요한 스킬Skill을 교육하는 성격이 강하다면, 미국의 직원 교육 프로그램은 다양한 분야의 지식을 두루 접하게 해주는 기회 제공의 측면이 강하다. 업무 수행과 무관한 분야라 하더라도 직

원들의 지적 호기심을 충족시켜줄 수 있는 것이라면 무엇이든 교육한다. 예를 들면, 우리 회사에서는 매주 수요일 런치&런Lunch & Learn이라는 프로그램을 진행하는데 대회의실에서 점심식사와 함께 최신 트렌드, 새로운 기술 및 리서치 툴Tool, 타깃 정보 등 다양한 분야에 대한 강의를 개최한다. 직원들이 지속적으로 새로운 지식에 노출될 수 있는 기회를 만들어주는 것이다. 강의 수준도 높아 참석률도 높은 편인데, 참여 역시 100% 자율이어서 개인적으로 관심 있는 주제라면 등록 절차 없이 바로 참석할 수 있다.

한국에서 직장생활을 하고 있는 친구들에게 미국의 기업 문화에 대해 이야기하면 마치 미국에서의 직장생활을 절대적으로 좋은 것처럼 여기는 경우가 많은데, 한국의 기업 문화에 좋은 점이 있는 것처럼 미국의 기업 문화에도 분명히 어려운 점이 있다. 개인에게 더 많은 기회와 결정권을 주는 것은 사실이지만, 그만

큰 승진을 하지 않으면 퇴사를 (당)해야 하는 살아남기 힘든 구조이기 때문이다. 그래도 내가 이곳 생활에 애착을 가지고 재미있게 지내고 있는 이유는 해볼 수 있는 것도, 배울 수 있는 점도 많기 때문이다.

"To make it count."
매 순간을 소중히! '시간'이라는 소중한 선물을 낭비하지 말자.

인도에서 싱가포르까지, 아시아를 정복하다

송대현

2012~현재	스미토모 그룹 아시아Sumitomo Corporation Asia 총괄 싱가포르 지사 인베스트먼트 매니저
1997~2005	연세 대학교 교육학, 경영학 복수 전공
2003	미국 공인회계사USCPA 합격
2004	국제리더십학생단체AIESEC 트레이니Trainee 인도 시너지 인포테크Synergy Infotech 인턴십, 한국 프로젝트 마케팅/세일즈 담당
2005~2006	NHN 회계팀, 네이버&한게임 지식쇼핑 결산 담당
2006~2007	NHN 재무팀, 네이버&한게임 지식쇼핑 재무 분석 및 보고
2007~2010	NHN재팬 재무팀, 재무/회계 시스템 개선, 일본 법인 재무 분석 및 보고
2010	NHN 재무팀, 네이버&한게임 지식쇼핑 재무 분석 및 보고
2011~2012	호주 멜버른 비즈니스 스쿨 MBA 졸업Melbourne Business School, University of Melbourne

"미래의 나는 어떤 모습으로 살고 있을까?"

1999년 군복무를 마칠 무렵 나는 IMF를 기점으로 한국사회가 많이 변했다는 것을 직감했다. 입대 전에 누렸던 대학생활의 여유는 사라지고 '글로벌 경제' '글로벌 경쟁력' 같은 단어들만 들려올 뿐이었다. 제대 직후, 부모님께서 '제대 기념 선물'이라고 하시며 유럽행 비행기 티켓을 건네주셨다. 아들이 더 큰 세상을 보길 바란다는 말씀을 덧붙이시며 많은 것을 보고 오라고 하셨다. 3주간 배낭을 짊어지고 유럽을 돌아다녔는데, 처음 접한 신세계의 풍경과 여행지에서 만난 현지인들이 신기하게만 느껴졌다. 세상은 참 넓고 내가 모르는 세계도 참 많았다. 지금 돌이켜보면 이때부터 '해외에서 생활해보면 어떨까' 하는 막연한 생각을 했던 것 같다.

대학을 졸업한 후 6년 동안 직장생활을 했다. NHN재팬Japan 주재원생활을 끝내고 다시 한국으로 돌아오면서 그동안의 직장생활을 뒤돌아봤다. 이 정도면 나름 좋았다고 스스로 평가했지만 앞으로는 어떨지 솔직히 자신이 없었다. 내가 가진 지식과 전문성은 활용가치가 점점 떨어져가고, 내 열정은 줄어들고 있음을 느꼈다. 새로운 도전을 할 것인지 결정하는 과정에서 먼저 커리어 골Career Goal을 정했다. 내 목표는 '글로벌 기업의 CEO'였다. 정해진 목표를 달성하기 위해서는 경영 전반의 폭넓은 지식, 커뮤니케이션 능력, 인적 네트워크가 필요하다고 생각했다.

며칠 동안 고민 끝에 내린 결론은 'MBA 스쿨' 진학이었다. 내가 쌓아온 커리어의 장점은 인도, 한국, 일본 등 아시아 지역에 집중된 것이라 판단했고, 아시아 지역에 있는 MBA 졸업 후, 아시아 지역의 리더가 되는 것을 목표로 삼는 것이 경쟁력 있을 것이라는 믿음이 생겼다.

글로벌 리더로서의 첫 걸음을 떼다

군 제대 후 유럽여행에서 돌아온 후에도 그곳에서의 경험과 느낌이 쉽사리 잊혀지지 않았다. 그리고 '도전'이라는 것을 하고 싶어졌다. 동시에 인생에서 처음으로 '앞으로 어떻게 살아야 할 것인가?'에 대해 고민했다. 교육자이신 부모님의 영향으로 자연스레 교육학을 전공으로 선택했지만, 교육학 전공으로 졸업한다면 내가 원하는 '도전하는 삶'을 살기는 힘들어 보였다. 며칠 동안 잠을 설치며 고민하고 조사하고, 특히 사회에 나간 선배들을 많이 만났다. 선배들은 한결같이 "IMF 이후 사회 시스템이 완전히 변했고, 명문대 졸업장이 취업과 성공을 절대 보장하지 않는다. 너만의 무기가 필요하다."고 말했다. 구체적으로는 "기업에서 재무/회계 쪽 인재를 많이 필요로 하고, 글로벌 시대에 맞춰 영어 실력이 중요하다."는 조언을 해주었다. 나는 선배들의 말을 새겨듣고 경영학과를 복수 전공하기로 결심했다. 또 미국 공인회계사(이하 USCPA)에 도전하기로 했다.

하지만 갓 제대한 복학생에게 USCPA 준비과정은 만만치 않았다. 학교 수업 후와 주말 시간을 이용하여 학원에서 약 20과목 정도의 강의를 들었다. 대부분의 수업을 영어로 된 교재로 진행했는데, 처음에는 회계 공부인지 영어 공부인지 헷갈릴 정도로 영어 사전을 끼고 살았다. 자습만으로는 부족해서 스터디 그룹을 만들었고 약 1년간 준비한 끝에 시험에 합격할 수 있었다.

처음에는 미국을 중심으로 한 글로벌 경제에서 회계 전문가로 성장하는 데 USCPA가 좋은 밑거름이 되지 않을까 하는 막연한 생각으로 시작했지만, 결과적으로 USCPA에 도전하길 잘했다고 생각한다. 재무와 회계에 대해 폭넓게 배울 수 있었고 커리어도 재무/회계 분야로 정하는 데 결정적인 역할을 했다. 그리고 무엇보다도 한국에서 벗어나 세계로 한 발짝 더 나아갈 수 있는 기회를 제공해주었다. 해외 취업 지원과정에서 기업들에게 내가 회계에 대한 지식을 갖고 있고, 이 분야에 열의가 있다는 것을 보여줄 수 있었기 때문이다.

  참고로 나는 대학교 3학년 때 USCPA에 합격했는데, 회사를 다니면서 USCPA를 준비하는 사람들을 보면 학생 때 미리 자격증을 따놓은 것이 다행이라는 생각이 든다. 학생 신분으로 실무에 가까운 회계 지식을 쌓을 수 있었고, 무엇보다 회사에 다니면서 준비하려면 시간 확보가 쉽지 않은데 학생 때는 비교적 수월하기 때문이다.

professional advice

CPA, CFA 자격증이 해외 취업에 반드시 필요한 기본 요건은 아니다. 미국 회계법인의 경우, 자격증을 취득하고 입사하는 경우보다는 입사 후 회사에서 제공하는 CPA 프로그램을 수강하며 자격증을 준비하는 경우가 대부분이다. 하지만 경영, 경제 비전공자들, 외국인들이 해당 분야로 진출하는 데는 입사 전에 자격증을 취득하는 게 도움이 될 수 있다. 자격증이 관련 지식과 열정을 갖고 있다는 사실을 증명하는 도구가 될 수 있기 때문이다.

  대학교 4학년이 되고 취업을 위해서는 인턴 경험이 필요하다고 생각했다. 몇몇 인턴십에 지원했지만 결과가 좋지 않아 낙담하고 있을 찰나, 우연히 교내 학생회관에서 'AIESEC 주최 해외 인턴' 안내 포스터를 보게 되었다. 해외 인턴은 인턴과 해외 경험을 동시에 얻을 수 있는 좋은 기회라는 생각이 들었고 망설임 없이 지원했다.

무사히 서류 전형을 통과하고 면접 준비를 하면서 AIESEC에 대해 인터넷으로 조사하는 것뿐만 아니라 AIESEC을 아는 지인들에게 일일이 문의하며 최대한 많은 정보를 수집했다. 또 담당자에게 AIESEC의 활동에 대해 수시로 많은 질문을 했다. 그래서 다른 지원자들에 비해 단체의 특성과 비전에 대해 더 잘 이해할 수 있었다. 면접에서는 비록 어눌한 영어 실력이었지만 준비한 것을 차분히 이야기했고, 무엇보다 꼭 가고 싶다는 열정을 보여주려고 노력했다. 이런 노력이 면접관들에게 통했는지 최종 합격 통보를 받았다. 사실 면접 직후, 함께 면접을 본 친구들 대부분이 해외에서 거주한 경험이 있거나 그렇지 않으면 최소한 어학연수나 교환학생으로 해외 경험이 있는 친구들이라는 것을 알게 되었다. 그래서 내가 이런 치열한 경쟁을 뚫고 최종 합격하리라고는 전혀 생각하지 못했다. 나는 소위 말하는 한국 '토종'에, 영어 실력은 토익 점수로 말하면 중상위권 정도였기 때문이다. 나중에 알고 보니 내가 다른 친구들에 비해 영어 실력은 뒤처졌지만, 인턴십에 대한 강한 열정과 의지를 보인 것이 합격의 이유였다.

나는 연세대학교 AIESEC 지부 트레이니(Trainee: 교육받는 사람이라는 의미로 AIESEC에서는 인턴을 의미한다.)가 되었다. 트레이니가 되면 2개월 동안 나에게 맞는 회사를 찾는 작업을 먼저 진행한 다음, 적합하다고 판단된 회사와 면접을 거쳐 인턴십을 하게 된다. 나 역시 이런 과정을 거쳐 인도 방갈로르Bangalore에 위치한 IT 아웃소싱 회사인 시너지 인포테크Synergy Infotech에서 일하게 되었다. 당시 전 세계에는 신(新) 성장 동력으로 브릭스 열풍이 불었고 동

> **국제리더십 학생단체 AIESEC/아이섹**
> 전 세계 최대 비영리 학생 조직으로 2012년 기준 전 세계 113개국에 8만 8천 명의 회원을 두고 있다. 리더십 프로그램, 해외 인턴십 프로그램이 유명하다. AIESEC에서 연결해주는 기업들은 글로벌 기업, 해당 국가의 대기업 또는 비영리 기구이고, 업무도 단순 보조 역할이 아니라 마케팅, 재무 등 경영 분야에서 리더십을 발휘할 수 있는 직무 경험의 기회를 제공하는 것이 큰 장점이다.
> www.aiesec.org

브릭스
BRICs
세계 경제를 주도하는 가장 강력한 나라들로 브라질Brazil, 러시아Russia, 인도India, 중국China의 앞 글자를 따서 만든 용어로 골드만삭스가 처음으로 쓰기 시작했다. 현재 이들은 세계 인구의 40% 이상을 차지하고 있다.

시에 IT 산업은 가장 발전 가능성이 높은 산업으로 주목받고 있었다. 그런 시기에 인도 현지에 있는 IT 회사에서의 인턴 경험은 이머징 마켓(Emerging Market: 경제적으로 급성장하고 있는 떠오르는 시장)과 IT 산업을 동시에 경험할 수 있는 흔치 않은 기회였다.

2004년 3월, 설렘 반 걱정 반인 마음으로 미지의 나라인 인도행 비행기에 올랐다. 약 16시간의 비행 끝에 방갈로르 공항에 도착했는데, 인도의 실리콘밸리라 불리는 방갈로르의 첫인상은 신기함과 흥미로움 그 자체였다. 시내 거리에는 제대로 된 신호등도 없이 릭샤(인력거와 유사한 인도의 대중적인 교통수단), 자동차, 상인, 보행자들이 한데 섞여 있었고, 우리나라의 재래시장을 연상케 하는 전통시장은 수많은 사람들로 붐볐다. 시장 한편에는 불가촉천민이라 불리는 빈민들이 모여 살고 있는 반면, 바로 그 옆에는 마이크로소프트Microsoft, 구글 같은 글로벌 IT 기업들의 세련된 건물들이 즐비해 있어 묘한 대조를 이루고 있었다.

시너지 인포테크에서 내가 맡은 업무는 한국 시장 담당 영업/마케팅이었다. 즉, 한국의 기업들에게 시너지 인포테크가 가진 기술 특성에 대해 소개하고 신규 계약을 이끌어내는 일이었다. 먼저 한국어로 회사를 소개하는 도구가 필요하다는 생각에 인도인 개발자와 함께 한국어 버전 웹 사이트를 개발했고, 한국어 브로슈어도 제작했다. 그후 이메일과 전화로 한국 기업에 연락하기 시작했고, 관심을 보인 기업과는 화상 회의 등을 통해 적극적으로 마케팅활동을 했다. 사실 대학생이 영업을 하기란 쉬운 일이 아니다. 상대를 설득할 수 있는 커뮤니케이션 능력이 필수인데, 이것은 회사에서 어느 정도 경력과 연륜이 쌓여야 생기는

것이기 때문이다. 하지만 나는 '인도에 있는 이 회사에서 이 일은 한국인인 나만이 할 수 있다'는 책임감과 '할 수 있다'는 긍정적 마인드로 임했다.

물론 쉽지 않았지만 맡은 일을 열심히 한 결과 인턴이 끝날 무렵, 통신기기 관련한 한국의 모 공기업과 MOU(Memorandum of Understanding: 상호간 협력에 대한 합의로 법적인 효력은 없지만 정식 계약의 이전 단계에서 행하는 문서)를 체결하는 큰 성과를 냈다. 지금 생각해보면 많이 어설펐지만 혼자 힘으로 시장 조사부터 마케팅 전략 수립, 콜드콜(Cold-call: 마케팅 영업 방식 중 하나로 임의의 잠재 고객에게 연락하여 관심 여부를 물어보는 것) 등의 영업활동까지 전부 주도했던 흔치 않은 경험이었고, IT 기술이 얼마나 많은 부가 가치를 창출할 수 있는지 눈으로 보고 느낀 소중한 경험이었다.

업무 외적으로는 인도 사람들과 인도 문화를 이해하기 위해 열린 마음을 가지려고 노력했다. 출근 첫날 점심을 먹으러 회사 식당에 갔더니 인도 사람들은 모두 손으로 밥을 먹고 있었다. 회사에서는 외국인인 나를 배려해서 포크와 숟가락을 제공해주었지만 나는 동료들과 똑같이 손으로 카레를 먹었다. 물론 태어나서 손으로 밥을 먹은 건 그때가 처음이었다. 그리고 일주일에 두 번 이상은 반드시 인도 전통 의상을 입고 출근했다. 이런 나의 노력이 통했는지 어느 순간부터 인도인 동료들이 자신들의 문화에 대해 먼저 이야기해주기 시작했고, 한국 문화에 대해서도 관심을 갖고 물어봤다. 여행을 좋아하는 나를 위해 지역 주민들만 아는 숨은 관광지를 소개시켜주고, 지인이 운영하는 호텔에서 무료로 묵을 수 있게 해주었다. 퇴사하는 날에는 십시일반 돈을 모아서 고급 인도 전통 의상을 선물해주기도 했다. 퇴사 후에는 한 달 동안 인도 북부를 여행하며 인도 특유의 문화를 더 가깝게 체험했다.

흥미진진했던 6개월간의 인도 생활을 마치고 한국으로 돌아왔다. 인도라는 나라가 주는 매력, 그리고 눈으로 확인한 잠재된 성장 가능성을 두고 돌아오기 아쉬웠지만, 남은 학업을 마치는 것이 더 중요했다. 그리고 나에게 대학생활의 마무리는 본격적인 취업 전쟁의 시작을 의미했다.

첫 직장 NHN을 만나다

명문대 졸업 예정자, USCPA 합격, 해외 인턴 경험, 여기에 900점대 토익 점수. 나는 스스로 소위 말하는 '고스펙'이라고 생각했고, 그래서 취업에는 어느 정도 자신이 있었다. 하지만 결과는 기대 이하, 아니 처참한 수준이었다. 총 20곳에 원서를 냈지만 모두 서류 심사조차 통과하지 못했다. 냉정하게 무엇이 문제인지 분석해야 했다. 내가 찾은 나의 문제점은 우선 회사에 대한 연구가 부족했다는 것, 그리고 무엇보다 지원서에 열정이 보이지 않았다는 것이다. 한마디로 자신감이 과해 '나를 뽑아라'라는 식이었던 것이다. 이후 단순히 하나의 지원서를 복사해서 제출하는 것은 그만두고, 회사에 대해 철저하게 공부하고 정성을 들여 지원서를 작성했다. 서서히 서류 심사를 통과하기 시작했고, 총 10곳의 면접 기회를 잡았다. 그리고 대기업, 은행, 외국계 기업 등을 포함해 총 7곳에서 최종 합격 통지를 받았다.

나는 첫 직장으로 L그룹 계열사의 회계팀을 선택했다. 그 회사의 회계팀이 업계에서 유명한 트레이닝 코스Training Course로 알려져 있었기 때문이다. 새로운 출발을 앞두고, 설레는 마음과 열정을 갖고 신입 사원생활을 시작했다. 하지만 얼마 지나지 않아 뜨거운 열정은 사라졌다. 대기업의 수직적인 기업 문화와 하나의 업무를 오랫동안 시키는 트레이닝 시스템은 나에게 맞지 않았다. 또 전통 산업을 주력으로 하는 회사에서 일을 하면 할수록, 인도에서 매료되었던 IT 산업에서 일하고 싶다는 생각이 점점 커졌다.

회사생활이 만족스럽지 않아 계속 고민하던 중, NHN의 공채 모집 공고를 보게 됐다. 나는 IT 산업으로 갈 수 있는 마지막 기회라 생각하고 지원을 결심했다. 동시에 이런 결정은 안정적인 대기업에서의 커리어를 포기하는 것을 의미했다. 지금은 NHN이 대한민국을 대표하는 인터넷 기업이지만, 내가 입사한 2005년 이전의 NHN 인지도는 그다지 높지 않았다. 심지어 한 어르신은 NHN을 일본 방송국 NHK로 착각하시고 일본 방송국 PD로 들어갔느냐고 묻기도 하셨다. 기업의 불확실한 미래 때문에 솔직히 최종 합격 통보를 받은 후에도 이직을 결정하기가 쉽지 않았다. 하지만 나는 IT 산업, 인터넷 산업, NHN의 성장 가능성에 대한 믿음 그리고 수평적 기업 문화와 젊고 활기찬 업무 환경에 대한 기대가 있었기 때문에 과감히 NHN에서 새로운 회사생활을 시작하기로 결정했다.

2005년 2월, 나의 두번째 신입 사원생활이 시작되었다. 기대대로 NHN은 전에 다녔던 대기업과는 달리 자유로운 분위기였다. 캐주얼한 복장뿐만 아니라 동료, 상사와의 자유로운 커뮤니케이션에 이르기까지 대기업과는 많은 부분이 달랐다. 업무에 있어서는 경력이 많지 않은 직원에게도 기회와 책임을 부여하는 문화였다. 신입 사원에게 무조건 기존의 조직 문화를 주입하는 것이 아니라, 반대로 신입 사원의 신선한 생각을 받아들였다.

입사 직후에는 회계팀에 배치되어 NHN의 주요 상품인 네이버와 한게임의 회계 처리와 결산을 맡았고, 1년 6개월 후에는 경영 관리팀으로 옮겨 재무제표(일정 기간 동안의 경제적 사건과 그 기간 말의 경제적 상태를 나타내기 위한 회계보고서)와 데이터를 분석하고 이것을 보고서로 만들어 경영진과 이사회에 보고하고 예산을 관리하는 업무를 맡았다. 입사한 지 3년 6개월 만에 재무와 회계의 주요 영역을 모두 경험한 것이다. 대기업에는 쉽게 얻을 수 없는 기회였다. NHN처럼 빠르게 성장하는 기업에서는 비교적 짧은 시간 안에 다양한 경험을 쌓을 수 있다는 것이 가장 큰 장점이다.

나는 '첫 직장과 첫 직무가 향후 커리어의 80% 이상을 결정한다'는 말이 과언이 아닐 정도로 첫 직장과 첫 직무가 중요하다고 생각한다. 주변 지인들만 보더라도 한 분야에 2~3년 이상의 업무 경력을 갖고 있으면 이후 다른 분야로 업종을 변경하기 힘든 경우가 많다. 예전에는 MBA 스쿨을 졸업하면 업종 변경의 기회가 주어지곤 했지만 지금은 상황이 다르다. 나 역시 MBA 스쿨 졸업 후 전략이나 신규 사업 개발 분야의 업무를 하고 싶었지만 생각만큼 쉽지 않았다.

첫 직장과 첫 직무는 커리어에서 평생 꼬리표처럼 붙어다니는 것 같다. 취업을 준비하는 학생들은 당장의 취업이 어렵더라도 가고자 하는 산업, 회사 그리고 하고자 하는 일이 무엇인지 또 본인에게 그것이 잘 맞는지 곰곰이 생각해보고 신중히 판단하기를 바란다.

> **professional advice**
>
> 취업 후, 기대와 현실의 차이가 클수록 업종 변경에 대한 욕구는 커진다. 하지만 송대현님이 언급한 것처럼 업종 변경은 절대 쉽지 않다. 다행히 원하는 분야로 전환을 했다고 해도 본인의 기대치만큼 만족하지 못하는 경우도 많이 봤다. 따라서 학부 때부터 어떤 커리어를 밟을 것인지에 대해 진지하게 생각해보기를 권한다. 인턴십을 통해 생각하는 분야가 나와 잘 맞는지 미리 체험해보거나, 관심이 있는 분야의 모임에 참석해 인맥을 쌓고, 그 분야의 실무자와 직접 이야기를 나눠보는 것이 기대와 현실의 차이를 줄일 수 있는 효과적인 방법이다.

더 큰 무대로 진출하다

NHN에서 근무한 지 약 3년 반이 되었을 무렵 팀장님으로부터 NHN재팬에 가서 주재원으로 일해보면 어떻겠느냐는 제안을 받았다. 갑작스러웠지만 회사, 상사, 동료들이 나의 열정과 성과를 인정해준 것과 다름없었기 때문에 매우 기쁘고 고마웠다. 짧은 경력에도 불구하고 일본 주재원으로 일할 수 있었던 이유는 무엇보다 재무와 회계 업무를 두루 경험했다는 점이 크게 작용했다. 또 늘 최선을 다하는 업무 태도와 그 태도에서 나오는 업무 성과가 상사에게 좋은 인상을 남겼고, 팀 분위기의 윤활유 역할을 하면서 스스로 팀에 잘 융화되는 적응력이 높은 점수를 받았다고 한다. 나는 인도에 이어 세계 경제 대국 중 하나인 일본에서 경험을 쌓을 수 있다는 생각에 무척 설레고 기대됐다.

    2007년 12월, NHN재팬 재무팀에서 주재원생활을 시작했다. 일반적으로 주재원은 한국에서 일할 때보다 많은 권한과 책임을 부여받는다. 나는 주로 재무 및 회계 시스템 프로세스 개발과 개선 업무를 담당했는데, 재무와 회계 업무를 전체적으로 이해하지 못하면 프로젝트를 이끌 수 없는 자리였다. 또 2008년 당시에는 금융 위기로 인해 기업들이 앞다투어 '위기 관리Risk Management' 기능을 강화했는데 NHN재팬의 위기 관리 시스템 구축과 개선을 주도하는 것도 내가 맡은 업무 중 하나였다.

    해외 근무는 현지 문화를 생생히 느낄 수 있는 기회가 된다. 일본인이 업무상 커뮤니케이션을 중시하고, 매사에 신중하고 문서화하는 성향이 있다는 것을 책이나 매체를 통해 이미 알고 있었는데도 현지인들과 직접 부딪히고 경험해보니

'아, 실제로는 이런 느낌이구나!' 라는 생각이 들면서 표면적으로 알고 있는 것과는 또다른 의미와 느낌으로 다가왔다. 또 해외 근무는 현지 언어를 배울 수 있는 매우 좋은 기회이기도 하다. 특히 나의 경우 일본어를 전혀 모르는 상태에서 일을 시작했기 때문에 언어 습득의 필요성이 더 간절했다. 드라마, 뉴스 등 다양한 도구를 이용해 최대한 많이 일본어에 노출될 수 있는 환경을 만들었고, 퇴근 후 시간과 주말을 이용해 일본어 개인 과외도 1년 넘게 받았다. 그 결과 일본에 온 지 1년 반 만에 일본어능력시험JLPT 1급에 합격할 수 있었다. 언어가 능숙해지니 일본 현지인들과 훨씬 가깝게 지낼 수 있었다.

일본 주재원생활은 MBA 스쿨에 지원할 때 큰 도움이 되었을 뿐만 아니라, MBA 졸업 후 일본계 선도 기업의 아시아 본부에 취업할 수 있는 결정적인 무기가 되었다. 또한 세계 경제 대국 일본에서 글로벌 경제를 경험하면서 또다른 해외 무대에서 다양한 경력을 쌓고 싶다는 생각을 갖게 된 계기가 되었다. 물론 일본생활에 적응하는 것은 생각만큼 쉽지 않았다. 무엇보다 일본어를 전혀 모르는 상태에서 일을 시작했고 그 와중에 까다로운 일본 현지 직원들과 함께 일을 해야 했기 때문에 스트레스가 상당히 컸다. 한국으로 돌아가고 싶다는 생각도 많이 했다. 하지만 그럴 때마다 긍정적인 마음으로 여러 고비를 넘겼고, 덕분에 주재원생활을 무사히 마칠 수 있었다. 스스로를 다독이며 힘든 상황을 극복했던 경험은 이후 호주와 싱가포르에서도 잘 적응할 수 있도록 해준 큰 자산이 되었다.

호주 톱 MBA에서 공부하다

MBA 스쿨 진학을 결심했지만 솔직히 회사 업무를 하면서 동시에 MBA를 준비한다는 것은 말처럼 쉬운 일이 아니었다. 잠을 줄여가며 출근 전, 점심시간, 퇴근 후, 주말 등 시간이 나는대로 GMAT을 공부했다. 늦게까지 야근한 날에도 간단히 샌드위치로 저녁을 때우고, 퇴근 후에도 도서관에 가서 새벽까지 책과 씨름했다. 중도에 포기하고 싶은 적도 많았지만 격려해주는 아내와 가족들을 보며 마음을 다잡았고, 총 세 번의 도전 끝에 원하는 점수를 얻을 수 있었다. 그 다음으로 영어 시험 점수가 필요했다. 토플이 아니라 IELTS를 공부했는데 개인적으로는 IELTS에서 원하는 점수를 얻는 것이 GMAT만큼 힘들었다. 특히 소위 말하는 한국 토종으로서 말하기와 쓰기 점수를 끌어올리기란 쉬운 일이 아니었다.

> **IELTS**
> International English Language Testing System
>
> 영국에서 만든 시험으로 토플과 같이 영어권 국가 유학생들의 영어 커뮤니케이션 능력을 측정한다. 과거에는 영국, 호주 등 영연방 국가 중심으로 채택했으나, 최근 들어 이 시험을 채택하는 미국 대학들이 늘어나고 있다.

GMAT 준비에서부터 에세이 작업까지 약 8개월의 시간이 걸렸다. 모든 준비를 마친 후, 목표로 한 아시아 MBA 스쿨에 지원했고 모든 학교로부터 인터뷰 인비테이션을 받았다.

인터뷰를 위해 인터넷에서 해당 학교들의 과거 인터뷰 질문들을 검색한 후 내 경험과 생각을 넣어 나만의 답변을 작성했다. 작성한 답변을 큰 소리로 계속 반복해서 읽으며 영어 발음을 교정하고 목소리 톤도 체크했다. 또 한 달간 전화 영어도 수강했는데, 실전 감각을 유지하고 전화로 영어를 주고받는 것에 대한 자신감을 갖는 데 많은 도움이 되었다.

MBA 스쿨 입학을 위한 인터뷰는 약 1~2시간 정도 진행되는데 동문과 교수가 지원서 내용, 커뮤니케이션 능력, 언어 능력 등을 다면적으로 평가한다. 인터뷰 질문은 학교별로 큰 차이는 없다. 일반적으로 '왜 우리 학교에 지원했는가' '당

TIP

회사에 다니면서 MBA 준비하기

많은 사람들이 회사를 다니면서 어떻게 MBA 준비를 했냐고 물어보는데, 거기에 대한 나의 대답은 '단 하루도 공부를 거르지 말고, 하루 10분이라도 공부할 시간을 만들라는 것'이다. 위에서도 살짝 언급했지만 나는 야근 후, 회식 후, 심지어 출장가서도 영어책을 보며 언어에 대한 감각과 공부에 대한 긴장감을 잃지 않으려고 노력했다. 그리고 절대적인 시간을 최대한 많이 확보하는 것도 중요하다. 남들처럼 자기 생활을 모두 즐기다보면 성과 없이 시간만 질질 끌게 되기 때문이다.

구체적으로 나만의 영어 공부 방법을 소개하자면 '큰 소리로 읽기'이다. 고등학교 때 영어선생님께서 '읽는 속도가 듣는 속도보다 빠를 수는 없다'고 말씀하셨던 걸 떠올리고 독해 속도와 듣기 속도를 동시에 높이기 위해 한 페이지 정도의 영어 신문 기사를 출력해서 큰 소리로 읽고 이것을 통째로 암기했다.

나를 포함한 많은 MBA 준비생들이 GMAT과 영어 점수를 만드는 데 많은 시간과 노력을 들인다. 그런데 지금 돌아보면 이 두 점수는 학교가 발표하는 평균 점수 정도만 확보해도 충분하다. 오히려 합격을 좌우하는 것은 에세이와 면접이다. 특히 면접으로 가기 위해서는 에세이를 잘 쓰는 것이 중요하다. 나는 관련 서적과 인터넷 사이트에서 정보를 찾는 것은 물론이고, 먼저 MBA에 진학한 친구들에게 도움을 구해 순차례 수정을 거쳐 완성했다.

먼저 경력을 요약한 영문 이력서를 먼저 작성한 다음 영문 에세이를 써내려갔다. 이렇게 하면 에세이를 쓸 때 내 경력을 한눈에 확인할 수 있고, 주요 포인트를 잘 잡아낼

TIP

수 있다. 에세이는 주어진 글자수가 있기 때문에 먼저 이력서를 보면서 내 경력의 셀링 포인트*를 뽑아내는 것이 먼저이고, 이와 관련된 내용을 진솔하고 멋스럽게 풀어내는 스토리텔링Storytelliing을 가미하는 것이 생명이다.

나는 아시아 지역에 집중된 경력과 아시아 시장에 대한 관심, 향후 아시아 시장에서 리더가 되고자 하는 목표를 나의 셀링 포인트로 부각시켰고, 내가 MBA를 공부하면서 그리고 졸업하고 난 다음 학교와 사회에 어떤 공헌을 할 것인지 설명하는 데 많은 부분을 할애했다.

●
셀링 포인트 Selling Point
상품판매 계획을 세울 때 특히 강조하는 점으로 제품이 지니고 있는 특성 중 소비자가 가장 큰 만족감을 느끼는 것을 의미한다. 여기서는 구직시 회사에 내세울 만한 자신의 특장점을 의미한다.

신의 커리어 골은 무엇인가' '당신의 커리어 골에 우리 학교의 어떤 점이 부합하는가' '당신이 학교에 공헌할 수 있는 것은 무엇인가' 등이다. 가장 중요한 것은 내가 왜 MBA를 가고자 하는지에 대한 이유를 커리어 골과 연결하여 논리적으로 전개하는 것이다. 그래야 막힘없이, 자신감 있게 답변할 수 있다.

최종적으로 3곳의 아시아 MBA 스쿨에서 입학 허가를 받았고, 고심 끝에 호주 멜버른 대학교University of Melbourne의 MBA 과정인 멜버른 비즈니스 스쿨Melbourne Business School을 선택했다. 선택의 기준은 이코노미스트* 기준 아시아 MBA 랭킹 1위, 아시아 중심의 커리큘럼, 1년 6개월이라는 짧은 학업 기간, 호주의 경기 호황에 따른 커리어 기회 가능성 등이었다. 무엇보다 학교에서 꽤 큰 금액의 장학금을 제안한 것이 결정적인 영향을 미쳤다. 아내도 함께 공부하기로 계획되어 있어서 경제적인 부담을 조금이나마 줄이는 것도 학교 선택의 중요한 기준이었기 때문이다.

> **이코노미스트**
> The Economist
> 1843년에 영국의 런던에서 창간된 경제 주간지. 오랜 전통과 권위를 가졌으며, 중후한 논조와 격조 높은 문장으로 높이 평가되고 있다. 발행부수는 전 세계적으로 약 130만 부이고 그 절반은 해외의 구독자가 구매한다.

2011년 1월, 드디어 바라던 MBA 공부를 시작했다. 하지만 거의 7년 만에 다시 시작한 학교 공부는 쉽지 않았다. 무엇보다 영어로 수업을 따라가야 한다는 것이 가장 힘들었다. 내가 받은 GMAT과 IELTS 점수가 멜버른 비즈니스 스쿨의 평균 점수보다 높았지만 수업의 절반도 알아듣지 못하는 수준이었다. MBA 과정은 하루에 영어로 된 사례를 여러 개 읽고 수업에서 진행되는 토론에 참여해야 하는데 영어 읽기 능력이 부족하니 읽는 데만도 많은 시간이 소요됐다. 설령 다 읽었다 하더라도 기억나는 것이 별로 없는 상황이 반복됐다. 다행히 시간이 지나면서 영어 수업에 적응했고, 자료 준비에도 익숙해졌다. 또 학교 공부와는

별개로 영어 공부를 시작하며 자신감을 서서히 되찾을 수 있었다.

　해외 유학과 취업에 있어서 높은 수준의 영어 실력은 '필수'라는 것을 절실히 깨달았다. 해외 유학을 하면서 영어가 뒤쳐진다는 생각이 들기 시작하면 자신감이 떨어지면서 본인도 모르게 수동적인 성향으로 바뀐다. 이럴 때 하루라도 빨리 자신감을 회복하는 방법은 영어 공부에 더 많은 시간을 할애하는 것밖에 없다. 솔직히 유학 오기 전에는 유학생활을 하다보면 자연스럽게 영어가 늘 것이라고 생각했는데 이것은 큰 오산이었다. 시험용 영어가 아닌 현지에서 많이 쓰이는 영어를 공부하는 데 시간을 보다 많이 투자할 걸 하는 아쉬움을 많이 느꼈다.

　멜버른 비즈니스 스쿨의 장점은 우수한 교수진과 높은 수준의 수업, 그리고 잘 짜인 커리큘럼 등이다. 내 바람대로 아시아 최고의 교수진과 함께 경영학 전반을 짧은 시간 내에 효과적으로 공부할 수 있었다. 경쟁보다는 학생 간의 협력과 그룹활동을 강조하는 문화로 MBA과정을 마친 후에도 취업 정보를 교환하는 등 서로 돕는 분위기가 이어진다. 영어가 뒤처지는 학생도 일정 부분은 반드시 수업에 참여할 수 있도록 프로그램이 구성되어 있다는 점도 영어가 모국어가 아닌 유학생들에게 커다란 장점이다. 특히 아시아 톱Top 스쿨인 만큼 아시아 지역 학생들과 동문들을 많이 사귈 수 있는데, 훗날 싱가포르에서 새로운 커리어를 시작하는 나에게 소중한 인적 자산이 되었다. 아시아권 기업에서 인지도가 높은 것 또한 장점이다. 한국에서는 호주 MBA과정이 미국이나 유럽의 비즈니스 스쿨 대비 인지도가 낮은 것이 사실이지만, 싱가포르 취업을 준비하면서 싱가포르나 홍콩, 중국 등 아시아의 주요 지역에서는 호주 MBA 스쿨들이 미국 학교들 못지않게 인정받고 있다.

1년 반 동안의 유학생활은 내가 걸어온 길을 돌아볼 수 있는 좋은 기회였다. 유학 오기 전까지는 한국에서 나름 잘나가고 있다는 착각을 했던 것 같다. 그런데 막상 MBA과정을 밟아보니 한국에서의 타이틀은 말 그대로 타이틀에 불과하다는 사실을 깨달았다. 특히 단순히 정답을 외우는 게 아니라, 끊임없이 질문하며 다양한 해결책을 찾으려 노력하는 외국 친구들을 보면서 나는 실력을 쌓기 위해 공부하는 것이 아니라 눈에 보이는 간판이나 타이틀을 따기 위해 공부하는 것 같아 부끄러웠다. 지난날을 반성하고 실력이 탄탄한 비즈니스 전문가가 되자고 마음을 다잡는 계기가 되었다.

TIP

결혼 이후 유학생활에 대해서

유학생활은 정말 만만치 않다. 나의 경우 수업을 따라가기 힘들어서 스트레스를 많이 받았고 그로 인한 소화 장애로 생전 처음 응급실 신세를 지기도 했다. 취업활동을 본격적으로 시작한 후 몇 달간은 어지럼증에 시달리기도 했다. 해외생활의 외로움도 보이지 않는 장애물이었다. 하지만 '이대로 포기할 수는 없다'는 의지와 아내의 도움으로 어려움을 극복할 수 있었다. 지나고 보니 낯선 환경에서 스트레스와 어려움을 극복하는 훈련을 제대로 했다는 생각이 든다. 이제는 어떤 환경에서도 잘 적응할 수 있다는 자신감이 생겼다.

무엇보다 함께 대학원 공부를 마친 아내에게 큰 고마움을 느낀다. 우리 부부는 결혼 전부터 유학과 해외 취업을 공동의 목표로 정했다. 유학 자금을 마련하기 위해 결혼할 때 혼수도 거의 하지 않았다. 작은 오피스텔에서 신혼생활을 시작했고, 각자 사용하던 생활용품들을 그대로 가지고 와서 사용했다. 대신 함께 유학 계획을 세우고 주말에는 영어 학원을 같이 다녔다. 유학을 하면서는 힘들 때 서로 의지하고 위로를 해주는 든든한 지원군이 되주었다. 별것 아니지만 캠퍼스 잔디밭에서 점심 도시락을 함께 나눠 먹던 기억은 평생 간직할 추억거리가 됐다. 지금은 아내와 나 모두 싱가포르에서 일하고 있다. 결혼 전부터 세웠던 공동의 목표를 실현한 지금 말로 표현할 수 없이 기쁘다. 아내는 내 인생의 베스트 프렌드이자 든든한 지원군, 그리고 가장 믿을 수 있는 조력자이다. 지금도 한국에서의 안정적인 결혼생활과 해외 유학 사이에서 고민하고 있는 커플들에게는 함께 공부하는 것을 강력하게 추천한다.

해외 취업은 나 자신과의 싸움이다

 2012년 6월, MBA 공부를 마치고 졸업장을 받는 순간 서른이 넘은 나이에 쉽지 않은 도전을 무사히 마쳤다고 생각하니 뿌듯함이 밀려왔다.

 멜버른 비즈니스 스쿨은 1년 반으로 짜여진 커리큘럼이 인턴 기간 없이 진행되기 때문에 졸업 바로 전 학기나 되야 본격적인 취업 준비를 할 수 있다. 호주 톱 MBA 스쿨이기 때문에 우선 호주 내 취업을 목표로 했다. 학교 취업 센터의 코디네이터와 함께 이력서와 모의 인터뷰를 준비하고 학교에서 주최한 기업 설명회와 네트워킹 세션Networking Session에도 적극적으로 참석했다. 취업 준비와는 별개로 유명 글로벌 기업과 한국, 일본 기업에 이력서와 커버레터Cover Letter를 종이로 출력해서 보내기도 했다. 하지만 호주 현지 취업은 생각보다 많이 힘들었다. 글로벌 기업과 컨설팅 회사 등의 MBA 공채를 포함해 50개 정도 회사에 지원했고, 면접을 보기도 했지만 좋은 소식은 들리지 않았다.

 현지 취업이 어려웠던 가장 큰 이유는 영어 실력 때문이라고 생각한다. 회사 업무를 하는 데는 무리가 없었지만, 원어민 수준은 아니었기 때문이다. 또한 호주의 경제 규모가 크지 않고, 국제적으로 교류하는 산업군이 적기 때문에 호주에서 MBA를 졸업한 외국인에게 적합한 일자리가 형성되지 않은 현지 상황도 한몫했다. 게다가 한국과 일본 기업의 호주 지사는 주로 영업 위주의 사업 전략을 가지고 있기 때문에 재무 경력이 있는 MBA 졸업생을 위한 자리가 거의 없었다. 엎친 데 덮친 격으로 유럽발 세계경제위기가 터지면서 기업들의 신규 채용 자체가 크게 줄어들었다.

 이런 상황에서 나의 일본 현지 근무 경험과 일본어 구사력을 아는 호주인 동문의 소개로 호주 현지 회사에서 프로젝트 계약직으로 일할 수 있는 기회를 얻게 되었다. 유럽계 일본 지사의 경력직 채용을 지원하는 업무로 적임자를 찾아 연락한 후 일본어로 인터뷰를 진행했다. 인터뷰를 하면서 지원자들의 지원 동기, 경력, 역량 등을 파악하고, 해당 업무에 맞는지 판단하는 것도 내 몫이었다. 내가 가진 일본어 능력과 비즈니스 매너를 활용할 수 있었고, 채용 업무이다보니 나 자신의 입사 지원서와 인터뷰 태도의 문제점도 파악할 수 있었다. 또 호주의 기업 문화를 이해할 수 있는 기회였다. 호주 회사들은 출퇴근 시간이 자유롭고, 개인적인 일로 출근이 늦거나 재택 근무를 하는 것은 전혀 문제가 되지 않는다. 그렇다고 직원들의 업무 태도가 느슨한 것은 절대 아니다. 시간 관리가 철저하고, 성과 위주로 평가받는다. 주어진 목표를 정해진 시간 안에 달성해야만 회사에서 살아남을 수 있는 구조이다.

호주를 비롯한 서구 지역에서 취업을 하기 위해서는 특히 인적 네트워크가 중요하다고 생각한다. 학교에서 주최한 네트워킹 세션에서 만난 호주인 동문의 도움으로 프로젝트 계약직을 잡았던 것만 봐도 알 수 있다. 공개적으로 채용하기보다는 주변 사람들을 통해 이미 검증된 사람들을 뽑는 경우가 많다. 이런 호주 취업 시장의 특징을 알았기 때문에 나는 동문 주소록에서 재무/회계 그리고 아시아 관련 업무를 하는 동문들을 추려서 그들에게 이메일을 보냈다. 간단하게 티타임Teatime을 갖자고 제안하고 내가 어떤 사람인지 알리려고 노력했다. 이런 노력 덕분에 호주 현지에서 프로젝트 계약직으로 일할 수 있었던 것이다. 가볍게 동문을 만나서 나를 소개하는 것은 서양 문화권에서, 특히 MBA 동문들끼리는 아주 자연스러운 일이다. 동문으로서 당연히 해야 할 일 중 하나라고 여긴다. 이런 자리에서 동문들이 자연스럽게 이력서를 보내달라고 하거나, 회사의 인사 담당자를 소개해주는 일이 비일비재하다. 영어에 대한 부담이 있고 현지 문화에 익숙하지 않은 한국 유학생들에게 인적 네트워크를 쌓는 것은 쉽지는 않지만, 자신감을 가지고 적극적으로 다가간다면 생각지도 못한 좋은 기회를 얻을 수도 있다.

싱가포르에서 제 2의 인생을 시작하다

졸업 후 호주 현지 취업을 위해 고군분투를 하고 있던 어느 날, 싱가포르에 있는 헤드헌터로부터 전화 한 통을 받았다. 링크드인에 올려놓은 내 프로필과 이력서를 보고 연락한 것이다. 그는 싱가포르에 다국적 기업들의 아시아 총괄 본부가 모여 있고, 그 기업들이 나와 같은 CPA 자격증 소지자, MBA 졸업자, 영어 외 한국어, 일본어에 능통한 인재들을 찾고 있다고 했다. 처음에는 호주 취업을 목표로 한 상태였기 때문에 관심이 가지 않았지만, 시간이 지날수록 싱가포르에 있는 헤드헌터들의 연락이 잦아졌고 개인적으로도 알아보니 싱가포르라면 내 커리어 목표인 아시아 리더로 성장할 수 있는 최적의 장소라는 생각이 들었다.

본격적으로 싱가포르에서의 취업을 알아보기 시작했지만 싱가포르도 구직 상황이 마냥 좋은 것은 아니었다. 일단 기업들은 호주에 거주하고 있는 나보다는 현재 싱가포르에 거주하고 있는 지원자들을 선호했다. 하지만 싱가포르에 나의 이력에 관심을 보인 회사들이 많았기 때문에 자신감이 있었다. 헤드헌터들과 적극적으로 의사소통을 하면서 내가 원하는 직무에 지원을 이어나갔다.

호주에 있었던 나는 싱가포르에 있는 회사와 인터뷰를 할 때 1~2차 인터뷰는 스카이프Skype 등 원격 화상 프로그램을 통해 진행했고, 최종 인터뷰는 회사가 비행기 티켓과 호텔을 제공해주는 초청 형식으로 싱가포르 현지에서 진행했다.

싱가포르 기업들의 인터뷰 질문은 주로 '왜 싱가포르에서 일하고 싶은가?' '왜 우리 회사, 그리고 해당 직무를 원하는가' '당신의 커리어 골은 무엇인가?' '업무 스타일이 어떤가?' '이전 직장에서의 업무 성과는 어떤 것들이 있는가' 등이었다. 실무와 업무 스킬에 관한 질문은 생각보다 훨씬 구체적이었는데 단순히 재무 공식과 같은 지식을 물어보는 것이 아니라 구체적인 상황을 제시하고 실제 나의 사례를 들어 답변하기를 요구했다. 예를 들면, '재무분석가Financial Analyst가 한 달 동안 하는 일을 쭉 설명해봐라' 같은 해당 직무의 전문가가 아니면 답변하기 어려운 것들이었다.

나의 경우, 실제 면접에서 가장 어려움을 느꼈던 것이 바로 자기소개였다. 보통 첫 질문으로 나오기 때문에 아직 긴장이 덜 풀렸을 때이기도 하고, 나의 첫인상을 좌우하는 질문이기도 하기 때문에 자기소개를 잘해야 앞으로의 면접 분위기가 좋기 때문이다. 그래서 자기소개에 공을 들였는데 나의 경력 중에서 내세울 만한 키워드 즉, CPA, MBA, 다양한 언어 구사 능력, 해외 경험, 한국 내 유명 인터넷 기업 경력 등을 간략하지만 강렬하게 느낄 수 있도록 수정을 거듭했다. 그리고 면접의 마지막을 장식하는 Q&A를 많은 구직자들이 쉽게 생각하는 경향이 있기 때문에 그들과 차별점을 두기 위해서 이 부분에 많은 신경을 썼다. Q&A는 단순히 '질문 있으면 해봐라'라는 것에 대한 예의상 답변이 아니라 마지막으로 나의 열정을 보여줄 수 있고 동시에 나라는 지원자를 오랫동안 기억에 남도록 만드는 기회라고 생각했기 때문이다. 나는 내 질문에 대한 답변을 하는 면접관이 신나게 말을 많이 하게 만드는 것이 중요 포인트라고 생각했다. 내가 주로 던진 질문은 "당신이 지금 다니는 이 회사를 선택한 이유는 무엇입니까?"였는데 면접관들의 호응이 정말 좋았다. 어떤 면접관은 신나는 표정으로 5분 이상 답변을 하기도 했다. 특히 가치나 문화를 중요하게 생각하는 회사의 면접에서는 더욱 좋은 반응을 얻었다.

이런 과정 끝에 나는 최종적으로 싱가포르에 있는 기업 세 곳에서 오퍼를 받았다. 내 선택은 일본 최대 기업 중 하나인 스미토모 코퍼레이션●(이하 스미토모)의 아시아 총괄본부였다. 그리고 현재 인베스트먼트 매니저(Investment Manager: 투자 분석가)로서 동남아시아 지역의 M&A나 지분 투자 건에 대한 분석, 실사, 가치 평가, 그리고 투자 승인을 하는 업무를 맡고 있다. 스미토모를 비롯하여 많은 일본 회사들이 오래 전부터 동남아시아에 막대한 투자를 해왔고 가시적인 성과를 거두었다. 나는 투자에 대한 노하우와

스미토모 코퍼레이션
Sumitomo Corporation
1919년 오사카에 설립된 종합상사로 금속, 기계, 화학제품, 연료, 식료품, 섬유 등 다양한 제품의 수출입 사업을 하고 있다. 이외 부동산, 건설, 해운, 보험, 금융, 임대업으로도 사업을 넓혔다. 일본 내 26개의 지사와 미국, 아시아, 유럽 등 세계 65개 나라에서 122개의 지사를 운영하고 있다.

동남아시아 지역에서의 경험을 배우고 싶었다. 그리고 인베스트먼트 매니저는 재무/회계 경력과 스킬을 살리면서도 내가 해보지 못했던 투자 관련 업무를 경험할 수 있는 직책이었다. 뿐만 아니라 영어와 일본어를 모두 사용할 수 있고, 장기적으로는 인도에서의 인턴십 경험도 활용할 수 있겠다는 생각이 들었다.

스미토모의 오퍼를 수락한 후, 가벼운 마음으로 인사 담당자와 전화 통화를 하면서 내가 채용된 이유에 대해 물어봤다. 그는 다양한 글로벌 경험을 첫번째로 꼽았다. 새로운 환경에 적응할 수 있는 능력을 갖고 있으며, 리더 역할을 맡길 수 있겠다는 판단을 들었다고 했다. 그리고 영어 외 일본어 구사 능력을 꼽았다. 투자 관련 업무는 일본 본사와의 커뮤니케이션이 많기 때문에 일본어 능력이 필수였는데 내가 그 기준에 부합한다고 했다. 또 인터뷰에서의 적극적인 자세도 언급했다. 인터뷰가 하루종일 진행되었음에도 집중력을 잃지 않았고, 진지함과 열의가 묻어났다고 했다. 회계에 대한 탄탄한 지식도 합격 요인 중 하나였다. 투자를 포함한 재무 쪽 직책을 맡으려면 회계 지식은 기본 요건이라는 설명이었다. 마지막으로 객관적인 프로필, 예를 들면 한국과 일본에서 성공한 기업인 NHN 출신이라는 점과 USCPA 자격증, MBA 졸업장을 소유하고 있다는 점도 의사 결

professional advice

일본인은 일본이 세계 경제에서 차지하는 위상 덕분에 한국인에 비해 현지 취업이 비교적 쉽다. 하지만 일본인은, 특히 MBA 등의 비즈니스 석사과정에 재학 중인 학생들은 회사의 지원을 받아 온 경우가 많아 학업을 마치면 자국으로 돌아가는 경우가 많다. 따라서 일본어 구사 능력을 갖췄다면, 해외에서 일본과 연관된 업무를 하는 직책이나 회사에 취업을 알아보는 것도 하나의 방법이다. 실제로 일본 대학원에서 회계학 석사를 마친 한국 학생이 일본 제철 회사의 회계 파트에서 경력을 쌓은 후, 일본 고객사가 많은 미국 회계법인에 취업한 사례도 있다.

정에 작용했다고 한다. 싱가포르의 다국적 회사들이 소위 말하는 스펙을 꽤 중요하게 본다는 것이다.

유학 후 해외에 취업하기를 원한다면 유학 지역을 전략적으로 선택하는 것도 중요하다. 현지 취업은 해당 지역의 학교를 나오는 것이 훨씬 유리하기 때문이다. 개인적으로는 아시아 지역을 추천한다. 세계의 파워는 미국과 유럽에서 아시아 지역으로 옮겨지고 있고, 한국의 경제 발전으로 인해 싱가포르 비롯한 중국, 홍콩, 일본 등에서 한국인 채용이 꾸준히 늘고 있기 때문이다. 서양권 국가보다 비교적 친숙한 아시아 지역에서 전 세계에서 모인 동료들과 함께 글로벌 감각을 기를 수 있고, 부수적으로는 중국어, 일본어 등 제2외국어도 배울 수 있는 기회를 더 많은 사람들이 누렸으면 한다.

싱가포르에 와서 일을 시작한 지 어느덧 10개월이 지났다. 아직도 싱가포르생활에 적응 중이고, 업무에 익숙해지기 위해 노력하는 단계이지만 싱가포르가 아시아의 경제 중심지로 성장하고 있다는 것이 느껴진다. 세계 유수의 기업들이 싱가포르에 아시아 총괄 본부를 두고 있을 뿐 아니라 투자 측면에서는 호황이라고 말할 수 있을 정도로 붐이다. 유수 기관들이 포스트 브릭스*의 대안으로 미얀마, 베트남, 태국, 인도네시아, 말레이시아 등의 아세안(ASEAN: Association of South-East Asian Nations, 동남아시아국가연합) 국가를 꼽는데, 해당 국가들을 타깃으로 일본계 자본, 유럽계 자본 그리고 미국계 자본까지 아세안 경제 중심인 싱가포르로 몰려들고 있다. 나는 스미토모에서 아세안 지역의 투자 전문가로서 쌓은 경험은 앞으로 커리어를 발전시키는 과정에서 큰 자산

포스트 브릭스
Post-BRICs
브릭스의 경제 규모가 커지면서 기존의 선진국과 같은 패턴으로 경기가 주춤해지자 포스트 브릭스가 새로운 경제 부흥국으로 주목 받았다. 주로 동남아시아, 남아메리카, 아프리카 국가들이다.

이 될 것이라고 확신한다. 또한 싱가포르는 우리 가족에게 새로운 인생의 출발지이기도 하다. 아내도 멜버른 대학원에서 회계 석사를 졸업한 후, 싱가포르에 있는 Big 4 회계법인 중 한 곳에서 감사인으로 커리어를 시작했다. 앞으로 싱가포르에서 나와 우리 가족에게 어떤 일들이 벌어질지, 어떤 도전이 기다리고 있을지 기대된다.

"인생에서 성공하려거든 끈기를 가장 친한 친구로, 경험을 현명한 조언자로, 희망을 수호신으로 삼아라."

긍정의 힘으로
전 세계를 매료시키다

이지은

2010~2012 ○ **IMF**International Monetary Fund 재무/회계 부서
2012~2013 ○ 삼성 SNS 미국 법인 재무/회계팀
2013~**현재** ○ 킹 스트리트 와이어리스King Street Wirelss 회계팀

1998~2002 ○ 이화여자대학교 과학교육과
2001~2002 ○ 일본 나고야 대학교 교환학생
2003~2007 ○ 고려 대학교 국제 대학원
2004~2006 ○ 리먼 브라더스Lehman Brothers 코리아 재무/회계팀
2007~2008 ○ 메릴린치Merrill Lynch 코리아 개인 자산 관리 부서Global Wealth
　　　　　　 Management
2008~2010 ○ 미국 로스 앤 몬큐어Ross and Moncure 지원팀

"괜찮아. 매일 조금이라도, 1%라도 나아지면 되는 거니까."

내 삶을 가장 나답게 만들어 준 것은 101%라는 나의 가치관 덕분이다. 매일 똑같은 일상이지만 그래도 나는 보이지 않게 내 스스로가 늘 발전하고 있기를 의식적으로 바랬다. 남이 보기에 멋진 목표일 필요도 없다. 학과 공부, 영어 실력, 대인관계, 좋은 습관, 자신감 키우기, 두려움 지우기 등등 목표도 다양하다. 있는 그대로의 내 모습을 보고 그 모습이 무엇이라 할지라도 꿋꿋하게 내 삶에 책임을 지는 것, 매일 긍정적인 발전과 변화를 만들어 나가는 것 그래서 평생 매일 1%라도 성장하는 사람이 되는 것이 내 삶의 소망이다.

언제부턴가 나는 내 자신을 객관적으로 알고 싶다는 생각을 했다. '남들은 다 알지만 나만 모르는 나의 모습' 그게 무엇인지 궁금했다. 가끔은 냉철하게 나 자신을 바라보는 연습을 하기도 했다. 서운한 말일지언정, 나를 객관적인 시각에서 인식할 수 있도록 도와주는 친구들의 말이 참 고마웠다.

나의 이런 성향은 대학교 졸업 후 어느 곳에도 소속되지 않았던 6개월이라는 시간 동안 더 '발전'했다. 내 이력서에 무언가 매력적인 것이 없어서 뽑히지 않는다는 것을 받아들였다. 마음이 시렸지만 나는 실망하지 않았다. 나에게는 진주가 있는데 다만 아직 세상이 원하는 순서대로 배열하지 못한 것뿐이라고 생각했다.

'괜찮아 지은! 나의 지금 상황을 100%로 다시 리셋Reset하고 여기에서부터 다시 또 1%씩 나아지면 되는 거니까. 느리면 어때. 천천히 방향을 잡고 제대로 가면 되는 거지.'

있는 그대로의 나를 받아들이기

　선생님이 되기를 원하시는 부모님의 뜻에 따라 이화여자대학교 과학교육과에 입학했지만, 호기심이 많고 변화를 좋아하는 나에게 선생님이라는 직업은 차선책일 뿐이었다. 나는 이미 수년간 다닌 학교라는 곳보다는 아직 가보지 못한 곳에서 일하고 싶은 마음이 간절했다. 당연히 과학 교사를 꿈꾸고 있는 학과 친구들과는 다른 활동을 하며 대학생활을 보냈는데, 특히 영어를 좋아해서 영어 토론 모임과 미국 영화 대본으로 영어를 공부하는 학원에 꾸준히 나갔다. 고등학교 때 〈장학퀴즈〉에 나갔던 인연으로 만난 친구, 선배들과 일주일에 한 번씩 토론 모임을 갖기도 했다. 영문학과, 생물학과, 경영학과, 경제학과 등 다른 전공의 사람들과 어울리면서 많은 간접 경험을 했고, 세상에 재미있어 보이는 일이 너무 많았다. 또 다른 친구들의 고민을 들으면서 나의 길에 대한 진지한 고민도 시작됐다. '나는 과연 어떤 일을 잘 할 수 있을까? 내 인생에 교사라는 직업 말고도 분명히 무언가 있을 텐데… 그게 무엇일까…' 라는 생각이 머릿속을 떠나지 않았다.

　대학교 4학년, 일본으로 교환학생을 가겠다고 했을 때 부모님께서는 내가 하고 싶은 것을 한번 해보면 돌아와서 졸업을 하고 임용고시를 볼 것이라고 생각하셨던 것 같다. 2001년 봄/가을 학기를 일본의 나고야 대학교에서 공부했다. 일본어도 많이 배웠지만, 전 세계에서 온 교환학생들과 같이 영어로 수업을 하며 영어 실력도 함께 키울 수 있었다. 낯선 곳에서 익숙지 않은 언어로 공부한다는

부담감도 있었지만, 새롭게 도전할 수 있는 기회가 가득했고 무언가에 도전해서 이뤄냈을 때의 성취감이 나를 기쁘게 했다.

2002년 봄, 한국으로 돌아와서 나는 부모님께 솔직한 심정을 털어놓았다. 교사라는 안정적인 직업도 좋지만, 조금 부담이 되더라도 내가 하고 싶은 일을 직업으로 삼고 싶다고 말씀드렸다. 결국 진로를 바꾸기로 결정하고, 다른 친구들은 벌써 오래전에 시작했을 취업 준비를 뒤늦게 시작했다. 당연히 이력서를 먼저 작성했다. 1년간의 일본 교환학생 경험과 평균보다 조금 높은 토익 점수, 꽤 규모 있는 동아리의 부회장 경험, 그리고 몇 가지 봉사활동과 인턴 경험이 있는 평범한 이력서가 나왔다.

그후 내가 원하는 일, 잘할 수 있는 일이라고 생각되는 자리를 찾아 여기저기 열심히 두드려보았다. 하지만 무엇이 문제인지 나는 취업을 하지 못했다. 마치 블

랙홀 속에 빠져 있는 것 같은 느낌이었지만 마냥 좌절하고만 있을 수는 없었다. 그때 내 상황에서 1%의 목표를 찾아내기 위해 먼저 해야 할 것은 상황 정리라고 생각했다. 나의 강점과 보완해야 할 점이 무엇인지 적어보고, '이 재료들을 어떻게 써서 요리해야 맛있는 음식이 나올까?' 고민했다.

교육이 아닌 다른 분야의 일을 한다면 인사나 재무 분야가 나에게 맞을 것이라는 생각이 들었다. 사람의 잠재력을 알아보고 키워준다는 점에서 교육과 인사는 일맥상통하는 부분이 있었고, 이과 출신으로 숫자와 꽤 친했기 때문에 재무쪽 일을 한다면 나의 강점을 잘 활용할 수 있을 것 같았다. 다만 인사 분야는 어떻게 시작해야 할지 막막했던 반면, 재무 분야는 관련 자격증이 많다는 점에서 나에게 가시적인 목표를 줬다.

여러 고민 끝에 나는 일단 공부를 계속 하기로 마음먹고, 고려 대학교 국제 대학원에 입학했다. 꾸준히 공부해온 영어도 사용하고 학위도 준비하면서 취업이든 유학이든 다음 단계의 방향을 잡으려고 했다. 그러면서도 '정말 내가 잘하고 있는 걸까? 그 누군가가 답을 알려준다면 얼마나 좋을까…'라는 생각이 머릿속을 떠나지 않았다.

나는 영어와 숫자에 익숙한 내 강점을 가장 잘 살릴 수 있는 국제통상학을 전공으로 선택했다. 학부 때와 다른 전공이었기 때문에 다른 친구들을 따라잡기 위해 정말 열심히 공부했다. 학교 수업과 함께 학원에 등록해서 관련 CFA 자격증 공부도 병행했다. 미래는 불안하고 막막했지만 '한번 도전은 해봐야겠다'고 굳게 마음먹었다. 무식하게 들릴지 모르겠지만 젊었을 때는 돌도 씹어 먹는다는 말을 되새기며 힘든 일을 힘들다고 받아들이지 않았다. 나에게 없는 것도 많았지만 그것을 탓하기보다는 나에게 있는 것에 더 감사하는 마음으로 하루하루를 보냈다.

우연을 기회로 만들어주는 힘, 열정

CFA 자격증을 준비하려고 등록한 학원에서 기회는 예기치 않게 찾아왔다. 수업 시간에 혼자 뻘쭘하게 앉아있으려니 좋은 친구가 한 명 있으면 얼마나 좋을까 하는 생각이 절로 들었다. 나는 주로 앞에서 세네번째 줄에 앉곤 했는데 항상 나보다 더 앞줄에 앉아 열심히 공부하는 여자분이 한분 계셨다. 그분도 늘 혼자 온다는 것을 알고 나니 갑자기 용기를 내야겠다는 생각이 들었다. 그분에게 먼저 말을 걸었다. 나보다 10살이나 많은 선배였지만 우리는 결국 친해졌다.

준법감시
Compliance

금융 기관 및 해당 기관의 종사자가 각종 정책이나 규정 등을 철저히 지키도록 내부적으로 감시하는 제도. 일반적으로 회사에 준법감시팀을 둬서 직원들이 자산이나 위험 관리 등과 관련하여 규정을 이행하는지를 사전적, 상시적으로 점검한다.

언니는 네덜란드 은행인 ABN암로ABN Amro의 준법감시•팀에서 일하고 있었다. 사실 당시에는 언니가 일하는 회사도, 언니가 하는 일도 정확히 몰랐다. 지금 와서 생각해보면 나는 경영학을 전공하지 않았고, 주변에 경영학 출신의 지인도 많지 않아 경영, 경제 분야의 회사나 업무에 대한 정보가 부족했던 것 같다. 비록 늦었지만 학원에서 만난 언니에게 귀한 조언과 정보를 얻을 수 있었다. 특히 경영학 전공이 아니더라도 금융 기관에서 일하는 사람들이 많다는 사실을 알고 약간의 안도감과 희망을 가졌다. 막상 실무를 접하면 학교에서 배우는 지식과 많이 다르기 때문에 의사소통을 잘하고, 업무 습득 능력이 빠르고 꼼꼼한 성격이라면 충분히 해낼 수 있다는 것이었다. 나에게 따뜻한 조언을 아끼지 않는 언니를 보며 나도 누군가에게 힘을 줄 수 있는 선배가 되면 좋겠다고 다짐했다.

어느 날, 언니는 평소 알고 지내던 리먼 브라더스•의 COO(Chief Operating Officer: 기업 내 경영 지원 부서에서 업무를 원활하게 추진하기 위한 의사 결정을 총괄하는 최고 운영책임자)가 인턴을 구한다는 것을 알려주었다. 나는 꼭 해보고 싶은 마음에 이력서를 보내드렸다. 그 COO는 도쿄에서 오랫동안 근무한 미국인이었는데 마침 내가 일본어에 능숙했기 때문에 관심을 끌 수 있었다. 그분은 내가 도쿄에 있는 아시아 본사와 의사소통이 가능하다는 점과 재무와 관련해 많은 공부를 했다는 점 그리고 열정을 가졌다는 점을 좋게 봐주셨다. 얼마 후 오퍼레이션 부서Operation Division에서 모집하는 인턴십에 정식으로 인터뷰를 봤고, 다행히 좋은 결과를 얻었다.

> **리먼 브라더스**
> **Lehman Brothers**
> 150년 역사를 가진 미국 월가Wall Street에서 가장 오래된 투자 은행이자 미국 4위의 투자 은행이었으나, 2008년 서브프라임 모기지 사태로 파산했다.

내가 일을 시작했던 오퍼레이션 부서는 주식이나 채권 등 모든 거래를 실질적으로 수행하고 결제하는 지원 업무팀이었다. 원래 리먼 브라더스에서의 인턴 기간은 2개월이었는데, 나는 2개월의 인턴 기간이 끝난 후 다시 한번 인턴으로 일할 수 있었다. 나에 대한 사람들의 평가가 좋았고, 마침 회사에 일도 많았기에 가능한 일이었다.

다시 인턴생활을 시작한 뒤 얼마 지나지 않아 또다른 기회가 찾아왔다. 재무/회계팀 대리님께서 나에게 정규직 제안을 하신 것이다. "지은씨, 우리 팀에서 막내 직원을 뽑아야 할 것 같아. AP부터 하는 건데 할 수 있겠어?" 당장 머릿속에 AP가 무슨 뜻인지 떠오르지 않았다. 그럼에도 나는 'AP가 뭐지?'라고 1초 고민하고 바로 대답했다. "네! 대리님. 그럼요, 할 수 있어요!" 이제 와서 생각해보면 AP는 비교적 간단한 회계 업무이기 때문에 꼼꼼하고 차분한 성격이라면 누구나 충분히 할 수 있는 일이어서, 재무/회계팀에서는 평소 나의 성격과 근무 태도를 보고 적임자라고 생각했던 것 같다. 나는 정식으로 인터뷰를 봤고, 결국 정규

> **AP**
> **Account Payable**
> 회계용어로 외상 매입금 계정, 즉 상품을 매입하고 지불하지 않은 대금을 의미한다. 일반적으로 회계팀에서 이것을 관리하는 직책을 AP라고 부른다.

직 오퍼를 받았다.

리먼 브라더스의 한국 지사는 적은 인원으로 운영되고 있었기 때문에 AP 업무뿐만 아니라 그외 다양한 회계 업무를 익힐 수 있었다. 다양한 업무를 하면서 앞으로의 진로에 대한 두 가지 소득을 얻었다. 먼저 재무/회계 업무가 야근도 많고 지루할 때도 있지만 내가 잘할 수 있는 분야라는 확신이 들었다. 또하나는 CFA 자격증이 아닌 CPA 자격증이 있어야 회계 분야에서 성장할 수 있는 기반이 될 것이라는 점이었다. 이후 나는 미국 CPA 학원에 등록해서 밤과 주말을 이용해 공부하기 시작했다.

미국에서 첫 직장을 구하다

2006년, 나는 리먼 브라더스를 아쉬운 마음으로 떠나야만 했다. 미국에 있는 남자친구와 결혼 이야기가 나오면서 한 학기만 남은 석사 학위를 마무리해야 했기 때문이다. 하지만 대학원을 졸업하고 예상치 못하게 결혼 일정이 미뤄졌고, 한국에서 조금 더 직장생활을 하기로 했다. 누구든 인륜지대사라는 결혼을 앞두고 많은 고민을 한다는데 당시 나도 결혼과 직장, 그리고 미국이라는 세 개의 퍼즐이 맞춰지지 않아 참 힘든 시기였다. 내 상황을 냉정하게 바라보고 무엇을 다시 시작할 수 있을까, 어떻게 하면 가장 최선의 방법으로 이 시간을 보낼 수 있을까에 집중했다.

감사하게도 예전 동료의 추천으로 메릴린치•와 인터뷰할 기회가 생겼고, 다행히 오퍼를 받았다. 이번에는 회계 쪽이 아닌 개인 자산 관리팀Global Wealth Management에서의 기회였다. 1년이라는 짧은 기간이었지만 프라이빗 뱅킹

메릴린치
Merrill Lynch
세계 3대 금융 투자 회사 중 하나였으나, 2008년 뱅크 오브 아메리카Bank of America에 매각 되었다.

Private Banking영역에서 거래를 결제하고 수행하는 클라이언트 서비스 어소시에이트Client Service Associate로 근무하면서 금융 시장을 폭넓게 보는 능력을 갖출 수 있었던 좋은 경험이었다.

 2008년 늦가을, 더 넓은 세상을 꿈꾸던 나는 드디어 미국에서의 첫번째 커리어를 시작했다. 미국 버지니아 주에 있는 로스 앤 몬큐어(Ross and Moncure, 이하 R&M)라는 작은 회계 사무소의 직원이 된 것이다. 결혼을 앞두고 고민했지만 결국 남자친구를 따라 미국에서의 생활을 선택했다. 사실 미국에서 회사생활을 하지 못할 것이라고 생각했고, 이것이 미국생활을 고민한 이유 중 하나였다. 미국에서 살아본 경험이 있는 것도 아니고, 나이가 어린 것도 아니었기 때문이다. 한국에서의 경력은 모두 버리고 다시 학교부터 다녀야 미국에서 직장생활을 할 수 있을 것이라 생각했다. 하지만 미국에 와보니 내가 일했던 회계 분야에 작은 규모의 회사들이 많다는 것을 알게 되었다. 갑자기 알 수 없는 용기가 생기면서 '혹시 바로 일을 할 수 있지는 않을까? 한번 시도해보기나 하지 뭐.' 하는 생각이 들었다. 큰 기대 없이 크레이그스리스트에 가서 재무/회계 분야의 구직 정보를 한번 훑어봤다. 크레이그스리스트는 구직 전문 사이트가 아니라 정말 잡다한 생활 정보를 얻을 수 있는 곳이었고, 나는 가까운 곳으로 아르바이트처럼 다닐 만한 곳을 찾아본 것뿐이었다. 그렇게 R&M의 구인 광고를 보게 됐고, 예상치 못했던 나의 첫 미국 직장생활이 시작되었다.

R&M은 규모는 작았지만 1943년에 설립된 이후 계속 사업을 이어올 정도로 내공이 탄탄한 회계 사무소였다. 세무 관련 업무에 차별화된 서비스를 제공하고, 다양한 국적을 가진 고객의 세무 관련 사안을 다뤄왔다. 그래서 고객들 중에는 워싱턴 D.C에 파견 나와 있는 기자나 주재원들이 많았다.
파일 정리, 전화, 고객과의 약속 확인 및 응대 등 여러 가지 쉽고 간단한 일부터 주어지는 대로 맡았다. 사소한 일이라고 생각할지도 모르겠지만 나는 지금부터 다시 시작이라는 생각으로 열심히 일했다. 또 회사가 작았기 때문에 '지은'이라는, 발음하기 어려운 이름을 가진 새 동료의 적응에 모두 관심을 기울여줘서 고마운 마음으로 즐겁게 일했다. 이런 나의 노력이 통했는지 얼마 지나지 않아 회계 업무를 맡을 수 있었다. 비록 영어는 완벽하지 않았지만 손이 빠르다는 칭찬을 많이 받았고, 조금이라도 다른 분야의 일들을 맡겨주어 다양한 업무 경험을 할 수 있었다. 또 퀵북Quickbook이라는 미국에서 많이 사용하는 회계 프로그램도 배울 수 있었다.
물론 감사하는 마음으로 열심히 일했지만 자존심이 상하는 순간도 적지 않았

TIP

'영어 공포증' 극복하기

R&M에서 회사생활을 시작하면서 가장 기대했던 것은 미국의 직장 문화, 일하는 방식, 의사소통하는 방식 등을 직접 경험하며 배워나가는 것이었다.

가장 먼저 깨달은 사실은 원활한 의사소통을 하기에는 나의 영어 실력이 많이 부족하다는 것이었다. 우편물을 많이 보내야 해서 라벨을 내가 만들겠다고 얘기를 하는데, 'Label'의 발음을 '레이블'이 아닌 '라벨'로 해서 아무도 못 알아들었던 기억이 난다. 또 하루는 파트너가 너무 예쁜 코발트색의 셔츠를 입고 와서 "I like the color of your shirt!"라고 얘기했는데, 그분이 어리둥절한 표정으로 거울을 보며 셔츠의 깃을 만지작거리셨다. '아~ 나는 Color라고 말했는데 Collar로 들렸구나… 저 평범한 셔츠 깃을 좋아한다고 말했으니 좀 이상하게 들렸겠네.' 라고 뒤늦게 눈치 챘다.

이런 실수를 할 때마다 일단 '크게 웃어넘기고', '남들은 아무도 기억하지 못할 테니 신경쓰지 말자'고 '세 번 이상 생각하면서 차분히 넘기자'는 나만의 '영어 실수 극복 매뉴얼'을 만들기도 했다. 그리고 틀렸던 영어 발음은 반드시 기억해서 같은 실수는 하지 않았다. Color/Collar 같은 비슷하게 발음되는 단어들도 한번 실수를 하고나니 오히려 정확한 발음으로 고칠 수 있었다. 지금 당장 영어를 잘하지 않더라도, 실수를 하더라도 그 실수가 앞으로 영어를 잘할 수 있게 해주는 밑거름이 된다는 것을 깨달았다. 나의 경우, 실수를 통해 정말 많이 배웠기 때문에 나중에는 실수조차 참 소중하게 여겨졌다.

이지은

다. 사무실의 파트너 부부는 회계 사무소와 자메이카Jamaica에 리조트를 함께 운영할 정도로 부유했지만 에어컨 온도를 조절하는 것도 동의를 구해야 할 정도로 인색한 면이 있었다. 상처가 되는 순간들도 참 많았지만 그때마다 나는 스스로에게 말했다. '사람을 보고 일하지 말자. 지금 현재 나에게 주어진 일을 최대한 열심히 하자. 눈을 크게 뜨고 내가 만들 수 있는 1%의 진전을 만들자.' 속상한 일이 있어도 밝고 열심히 일할 수 있는 동기를 내 안에 충분히 갖고 있었다.

professional advice

> 미국 현지 회계법인의 인력 수요는 꾸준하다. 특히 도시 주변에 위치한 회계법인 위주로 조금만 알아보면 인턴 기회는 얼마든지 잡을 수 있다. 다만, 정규직 취업은 항상 취업 비자 문제가 있다. Big4가 아닌 중견 규모의 회사는 취업 비자를 지원해주는 경우가 많지 않기 때문이다. 취업 비자도 좀 더 수월하게 받고, 경력도 쌓고 싶다면 한국계 회계법인에서 일하는 것이 하나의 방법이다. 규모가 있는 회사는 일이 많기는 하지만 감사나 세무 컨설팅 기회도 많이 주어지고, 단기간에 일을 많이 배울 수 있다.

미국의 세무 보고 기간은 4월 15일까지이기 때문에 나는 2009년 4월 중순까지 R&M에서 일하고, 예전부터 준비해왔던 미국 CPA 시험을 같은 해 남은 기간에 모두 통과했다. 그리고 시험이 끝난 직후, 다시 R&M에서 일을 하기 시작했다. 미국에서 일반적으로 택스 시즌Tax Season라고 하는 세무 보고 기간은 회계 서비스 회사들이 가장 바쁜 시기이기 때문에, 이 기간에만 일을 할 직원들을 많이 찾는다. 나 역시 택스 시즌에 R&M에서 근무했던 것이다.

R&M에서 다시 근무하면서 나는 CPA 시험을 통과했다는 사실을 소문내고 다녀야 했다. 좋은 기회가 있으면 잡고 싶었기 때문이다. 회사에는 러시아 출신의 키릴Kirill이라는 회계사가 파트타임으로 가끔 일하러 나오곤 했다. 사무실에는

가끔 나오는 분이라 내가 구직중이라는 얘기를 해야 하나 말아야 하나 고민했다. 그래도 한번 부탁해보기로 결심하고, 용기를 내 그의 사무실에 들어갔다. 내가 현재 구직중이고, 나를 아는 사람에 소개해줄 수 있는지 그리고 혹시라도 추천해줄 곳이 생길 때를 대비해 내 이력서를 키릴에게 보내도 되는지를 물어봤다. 그는 흔쾌히 자기 이메일 주소를 줬는데, 이메일 주소를 본 나는 '어…?' 하고 혼자 의아해했다. 이메일 주소가 IMF(International Monetary Fund: 국제통화기금)였기 때문이었다. 나중에 다른 친구에게 물어봤더니 그분이 R&M에서 일하다가 IMF로 옮겼다는 얘기를 들었다.

운이 따랐던 것일까? 물론 운도 있었겠지만 사실 나는 키릴의 이메일을 알기 전까지는 그가 현재 어디에서 일하는 줄 몰랐다. 그저 내가 있는 곳에서 긍정적이고 감사하는 마음으로 열심히 일했던 것뿐이다. 나와 몇 번 얘기해보지도 않았는데 흔쾌히 이메일을 준 것은 나의 평판이 좋았기 때문이다. 보이지 않는 기회가 분명히 어디엔가 있고, 보이지 않지만 나를 평가하는 눈이 있다. 그렇기에 좁은 시야로 모든 일에 일희일비하지 말고, 어디에서 어떤 일을 하든지 스스로 떳떳할 수 있도록 정직하고 열심히 일하고, 밝고 행복하게 지내려고 노력해야 한다. 일을 잘하고, 밝은 사람을 싫어하는 사람은 없기 때문이다.

일단 키릴에게 이력서는 보냈지만 그것은 나의 구직활동 중 아주 일부일 뿐이라고 생각하고 다른 곳을 계속 알아봤다. 그렇지만 '혹시' 하는 기대감은 어쩔 수 없었다. 아직 미국생활에 완전히 적응하지 못했던 나는 미국 사람들만 모인 곳이 아닌 나처럼 다른 배경을 가진 사람들이 모인 곳에서 일할 수 있다면 얼마나 좋을까?라는 생각을 했다. 또 대학원 시절 국제기구 취업 관련 책들을 친구들과 함께 읽으며 국제기구에서 일하는 것을 꿈꾸던 내 모습을 떠올리면, IMF라는

TIP

국제기구에서 일하는 것의 장점

미국 내의 일반 사기업보다 국제기구에 취업하는 것의 장점은 두 가지 정도이다. 첫번째는 사기업 대비 국제기구는 다른 나라에서 학위를 받은 것에 대해 인정을 해준다는 점이다. 두번째는 해외 취업에 있어서 가장 어려움을 겪게 되는 비자 문제에 있어서도 G4라는 국제기구 비자가 있기 때문에 비자에 대한 고민을 하지 않아도 된다는 점이다.

매년 말, 한국에서도 채용 관련 행사가 열리는데 2012년에 네번째 국제기구 채용박람회가 있었다. 참석 기구는 IMF외에도 세계은행그룹*, 아시아개발은행, 아프리카개발은행, 유럽부흥개발은행, 미주개발은행, 경제협력개발기구 등이다. IMF에서 일하는 동안 한국에서 열리는 채용박람회를 통해 입사하신 분들을 만날 수 있었다. 이런 행사 외에도 학교 내 취업 지원실에 있는 공고를 보고 들어온 사람들, 또 흔하지는 않지만 IMF 홈페이지 내 채용 페이지에 이력서를 올려서 입사한 사람도 있다.

TIP

세계은행그룹 WB / World Bank Group
국제부흥개발은행(IBRD: International Bank for Reconstruction and Development), 국제개발협회(IDA: International Development Association), 국제금융공사(International Financial Corporation), 국제투자보증기구(Multilateral Investment Guarantee Agency), 국제투자분쟁해결본부(International Center for Settlement of Investment Disputes) 등을 합쳐 세계은행그룹이라고 한다. 그리고 IBRD와 IDA를 합쳐 흔히 세계은행(WB: World Bank)이라 부른다.

아시아개발은행 ADB / Asian Development Bank
아시아 태평양 지역의 경제 성장 및 경제 협력의 활성화, 아시아 개도국의 경제 개발 지원 등을 목적으로 설립된 기구

아프리카개발은행 AfDB / African Development Bank
아프리카 지역의 안정적인 경제 개발을 위해 설립된 기구

유럽부흥개발은행 EBRD / European Bank for Reconstruction and Development
동유럽권의 경제 개발을 지원할 목적으로 세워진 국제 금융 기관

미주개발은행 IDB / InterAmerican Development Bank
라틴 아메리카 국가의 경제 발전을 촉진시키기 위한 융자를 목적으로 설립된 은행으로 가맹국은 라틴 아메리카의 27개국을 포함, 미국, 캐나다, 영국, 일본 등이다.

경제협력개발기구 OECD / Organization for Economic Cooperation and Development
상호 회원국의 경제와 사회 발전을 공동으로 모색하고 나아가 세계 경제 문제에 공동으로 대처할 수 있는 방안을 모색하는 정부 간 협력 기구

이지은

국제기구는 여전히 멀게만 느껴졌지만 인터뷰라도 한번 볼 수 있었으면 하는 마음이 간절했다.

IMF에서 '진짜' 커리어가 시작되다

키릴이 내 이력서를 받았을 무렵 그의 팀에 새로운 잡 오프닝(Job Opening: 회사에 새로운 일자리가 생김을 의미한다.)이 있었다는 것은 참으로 기가 막힌 타이밍이었다. 약 1주일 후, 나는 워싱턴 D.C에 위치한 IMF 본사 두번째 건물 12층에서 인터뷰를 했다. 진지하면서도 밝고 에너지가 넘치는 대화가 오고갔다. 나는 과거에 내가 했던 업무에 대해 자세히 설명했는데, 업무를 하면서 어떤 시스템을 사용해봤는지부터 어떤 일이 힘들었는지 그리고 힘든 상황에서는 어떻게 대처했는지 이야기했다. 또 왜 미국에 오게 되었는지에 대한 질문에 간단하게만 대답하려고 했는데 관심을 보여서 조금 더 자세하고 재미있게 이야기를 풀어나갔다. 무겁다기보다는 진지함 속에서 따뜻하고 즐거운 대화가 이어졌다. 마지막으로 나에게 질문하고 싶은 것이 있는지 물어봤다. 나는 직원을 어떻게 교육하는지, 같이 일하는 팀의 조직 구성과 분위기는 어떤지, 일과 삶의 균형을 잘 맞출 수 있는 환경인지 등을 물어봤다.

약 두 달 후, 나는 IMF로 출근했다. 재무/회계 부서의 지원팀에 해당하는 어드미니스트레티브 앤 컨트롤Administrative and Control팀에서 근무하게 되었는데, 각국의 중앙은행과 IMF 간의 거래를 제외한 모든 거래를 담당하는 곳이었다. 즉, 임직원 급여, 세금을 포함한 모든 대금 지급을 총괄하는 팀이었다. 이 업무를 통해 미국 내의 은행 시스템 및 거래 방법, 미국과 미국이 아닌 다른 국가 간의 거래 방법에 대해서 많은 경험을 쌓을 수 있었다.

국제기구 입사에 가장 중요한 것은 내 분야에서 탄탄하게 경력 관리를 해놓는 것이다. 그리고 보수적인 국제기구의 특성상 보수적인 시각에서 신뢰할 수 있는 기관의 이름을 이력서에 올릴 수 있으면 좋다. 나도 미국 회사의 한국 지사에서 일한 경험과 CPA 시험을 통과한 것이 입사에 큰 도움이 되었다. 참고로 내가 일했던 재무/회계 부서의 경우, MBA, CPA, CFA 자격증과 Big4 회계법인의 경험이 있으면 훨씬 더 인정받는다. 세계은행그룹이나 IMF의 경우, 보통 경제학이나 국제 개발 전공에게 많은 기회를 준다. 하지만 이런 전공 외에도 회계, 인사, 홍보, 예산, 총무, 구매 등 도전해볼 만한 분야가 매우 많다. 처음부터 국제기구만을 목표로 삼는 것보다는 우선 자신의 분야에서 최선을 다해 경력 관리를 해서 기반을 잡아놓고 기회가 왔을 때 도전하는 것이 좀 더 현실적이다.

IMF는 처음부터 정규직으로 채용하지는 않는다. 보통 4년이 지나면 정규직으로 전환될 수 있는 기회가 생기는데, 업무 성과도 좋고 그해의 예산도 있어야 한다. 하지만 정규직이 아니라 1년이나 그 이하의 기간으로 계약을 연장하면서 일을 할 때도 사기업 대비 무척 좋은 복리 후생을 제공한다.

IMF에서 일하다보니 이곳에 입사하는 목적은 개인마다 조금씩 다르다는 생각이 들었다. 어떤 동료는 4년 후에 정규직이 되는 것을 목표로 했고 그것을 이루었다. 학부 졸업 후 IMF에서 RA로 경험을 쌓고 그것을 바탕으로 다음 단계, 그것이 학위이든 직장이든 또다른 목표를 향해 떠나는 사람들도 많았다. 나는 후자에 속한다. 2년 4개월간의 IMF에서의 생활을 뒤로 하고 새로운 도전에 나서기로 했다. 이 결정을 하기까지 정말로 많은 고민을 했다. 많은 사람들이 인정해주는 직장의 이름, 우수한 복리 후생, 좋은 휴가 제도와 유동적인 업무 시간을 통한 일과 삶의 균형에 대한 만족. 이런 직장에 입사했는데 왜 나는 또다른 고민을 하게 된 걸까?

국제기구 안에는 이런 만족스러운 복지 수준 덕분에 수십 년 동안 장기 근무를 하시고 은퇴하시는 분들이 대부분이다. 따라서 새로 입사하는 젊은 세대들은 새로운 기회나 업무를 접하기가 상대적으로 어려울 수밖에 없다. 특정한 한 가지 일을 아주 오랫동안 하는데다가 그것이 국제기구에서만 다루는 특유의 케이스이기 때문에 점점 더 좁은 분야의 업무를 반복적으로 하게 되면서 조금 갑갑한 느낌도 들었다. 예를 들면, 아프리카나 중동에 있는 작은 은행과 거래를 하면서 배우는 것들은 국제기구 안에서는 유용하게 쓰일 것이다. 하지만 국제기구가 아닌 일반 회사에서 이런 거래를 하는 경우는 드물기 때문에 한 가지 일에만 고착되는 것이 아닌가 하는 걱정이 들었다. 아직 나는 30대 초반이고 나의 커리어에서 아직 조금 더 많이 배우고 도전을 해야 하는 시기가 아닌지 심각하게 고민되기 시작했다. 내가 현재 하는 일이 장기적인 관점에서 볼 때, 고용 시장에서 나라는 사람의 상품성을 높여주는 일이 되어야 하는데 과연 그런가 하는 생각이 들었다.

　나는 내 스스로에게 아주 솔직한 대답을 들었다. 지금 당장 IMF에 계속 있고 싶은 이유는 남들에게 인정받는 멋진 직장 이름과 안정성이지만, 내가 '진정'으

professional advice

미국의 뉴욕이나 워싱턴 D.C와 같은 대도시에는 알려지지 않은 작은 국제기구에서부터 싱크탱크(Think Tank: 정책 연구기관을 의미한다.), 비정부기관 및 비영리기관들이 많이 있다. 의외로 비영리기관에서 H1B 비자를 받은 케이스도 종종 있다. 일단 현지 취업의 첫 걸음으로 작은 기관에서 일을 시작하고, 그곳에서 인맥을 적극적으로 늘려 다음 기회를 찾아보는 것이 매우 중요하다. 미국의 대학생들은 경험과 인맥을 얻기 위해 무급으로라도 인턴을 하는데 그만큼 자신의 원하는 분야에 진출하는 것이 미국 사회에서 매우 어려우면서도 중요하다는 의미로 해석할 수 있다.

로 원하는 삶은 조금 더 배우고 도전을 하는 삶이라는 것을. 미국이라는 나라에서는 대부분 아주 오랫동안 현역으로 일을 한다. 알차고 실속 있는 개인 사업을 하는 사람들도 참 많다. 나 역시 앞으로 최소 30년은 더 일하고 싶은데 그리고 언젠가 나만의 탄탄한 사업도 해보고 싶은 꿈도 있는데 그대로 안주하면 안될 것 같았다. 결국 장기적인 관점으로 다양한 업무 경험을 선택하자고 결심했다.

필요한 건 열린 자세뿐!

188개 회원 국가의 사람들이 모여 근무하는 IMF 안에서 다양성은 정말 중요한 요소이다. 이곳에서 근무하면서 개인적으로 얻은 가장 커다란 교훈이 있다면 바로 내 안에 있는 편견과 선입견에 대한 반성과 고민이었다. 내가 갖고 있는 '나와 다름'에 대한 편견과 많이 마주쳤다. 또한 이 세상에는 나를 향한 편견도 많이 있음을 다시 한번 깨달았고 강해지기로 마음먹었다. 즉, 세상에는 너무나 많은 '다름'이 있다는 것을 보았고, 나의 문화는 그 '다름' 속의 하나일 뿐이라는 것을 머리로만 이해한 것이 아니라 몸과 마음으로 겪었다. 진심으로 다른 문화를 존중할 줄 아는 자세를 조금씩 배워나갔고 앞으로 평생 배워나가기로 결심했다.

당연한 이야기인지 모르지만, 나에게도 한국 사람 특유의 필요 이상의 겸손함과 부끄러움이 있었다. 이 때문에 손해를 보는 것 같은 상황을 몇 번 겪은 후에는 의식적으로 내 자신을 고치고자 노력했다. 한국적인 겸손함을 내 안에서 지키되, 그것이 굳이 필요 없는 상황에서는 고수하지 않았다. 자신감 있는 모습에서 나오는 당당한 태도가 미국사회에서도, 다양한 인종과 문화가 공존하는 국제기구라는 환경 안에서도 가장 중요한 것이 아닐까라고 생각했다. IMF에서 한국인으로서 얻게 된 커다란 깨달음이 하나 있다. 한국인은 자신이 100을 할 줄 알면 80 정도 할 줄 안다고 겸손한 말투로 이야기하지만 한국 사람이 아닌 다른 내 동료들은 80 정도만 할 줄 알면서도 120은 할 줄 한다고 아주 당당하게 이야기한다. 미국사회는 조금 더 개방적이고 솔직해서 자신의 말이 실제로 이미지에 직접적인 영향을 끼친다. 국제기구에서 한 사람이 다른 나라 사람의 문화를 100% 이해하는 것은 불가능에 가깝다. 188개의 수많은 문화 중의 하나인 '겸손한 문화'를 이해할 수 있는 사람은 정말 오로지 한국인뿐이었다. 국제사회에서는 있는 그대로의 말과 행동이 그대로 나 자신의 이미지와 연결될 수밖에 없다는 것을 깨달았다. 결론적으로, 한국이 아닌 미국에서 직장생활을 할 때는 나에게 도움이 되지 않는 한국적인 가치는 과감히 버려야 한다고 생각한다. 내 삶 속에서 버리라는 것이 아니라 새로운 규칙이 존재하는 미국의 직장생활에서 경쟁에 이길 수 있도록 '연기'라도 해서 손해를 보는 상황을 피하라는 것이다. 미국에서 겸손함 속에 있는 능력을 알아봐주는 상사는 만나본 적이 없다. 조용하거나 겸손한 사람은 조용히 혼자 있기를 원하는 사람 아니면 자신감이 없고 소심한 사람이라고 생각하는 것 같다. 당당하고 자신감 있는 사람이 주목을 받는다. 나는 가만히 있는데 다른 누군가가 당당하게 앞으로 치고 나가면 상대적으로 나는 더 뒤로 물러나게 될 수밖에 없다. 조용히 불만 없이 일하는 아시아 사람이 되고 싶지 않다고 마음먹었다.

 같은 아시아 사람들 사이에서는 겸손하지 않은 내 모습이 어색하기도 했지만, 결국 자신이 원하는 모습을 그리고 그 모습대로 사는 것이 중요하다고 생각했다. 그래서 나는 내 안에 있는 적극적이고 붙임성 있는 모습을 극대화시키고, 한국이 아닌 미국, 국제사회 속에서 적극적이고 활발한 아시아 여성으로 지내고자 부단히 노력했다. 많은 친구들을 사귀었고, 당당한 표정과 자신감 있는 태도로 밝게 회사생활을 했다. 심지어 나에게 소셜 버터플라이(Social Butterfly: 사회성

있는 나비로 해석할 수 있으며, 일반적으로 사교적인 사람을 의미한다.)라는 별명을 지어주신 분도 있었다. 나는 사회생활을 하는 데 필수적인 대인관계 능력과 의사소통 능력을 키우기 위해서 내가 일하는 곳에서 나 자신을 훈련시키는 것이라고 생각했다.

또한 세계의 여러 나라, 방글라데시, 루마니아, 불가리아, 중국, 필리핀, 러시아, 태국, 알바니아, 체코, 우크라이나, 이집트, 페루, 콜롬비아, 리비아, 일본, 중국, 하이티, 벨기에, 엘살바도르, 가나 등에서 온 동료들과 일을 할 때 내가 스스로에게 놀란 점은 내가 그들에 대해서 너무나 모른다는 것이었다. 차라리 모를지언정 여기저기서 들은 말들로 내 안에 선입견이 있다는 것을 알았을 때 내가 생각만으로 참 많은 죄를 짓는다는 반성을 하게 되었다. 나를 포함하여 사람은 누구나 편견의 피해자인 동시에 가해자임을 깨달았다. 내가 아는 것이 전부가 아니라는 것, 내가 틀릴 수 있다는 것을 솔직하게 받아들이는 것이 나의 마음을 유연하게 해주는 첫 걸음이 되었다. 많은 나라 사람들이 한국이라는 나라에 대해 잘 알지 못하듯, 한국이라는 나라에서 받은 교육만으로는 진정으로 다른 나라의 문화를 이해하지 못한다. 그런데 나는 내가 '모른다'라고 생각하고 '모르니까 0에서부터 배워야지'라는 마음으로 다른 문화를 대했는가? 대답은 'NO'였다. 나는 어디에서 들었는지 기억조차 할 수 없는 많은 선입견을 갖고 있었다. 나에 대한 편견은 싫어하면서 왜 나는 똑같은 아집과 편견으로 남을 대하는가. 달라 보이지만 의외로 비슷하기도 한 각기 다른 모습의 문화와 가치관 속에서 가장 필요한 것은 '있는 그대로'를 존중하고 사랑할 수 있는 마음이라고 생각한다. 항상 다름을 인정하고, 선입견을 최대한 버리고, 열린 마음으로 변화와 다름을 받아들일 줄 아는 사람으로 성장하고 싶다.

professional advice

해외에서 경력을 쌓고 싶은 사람이라면 다른 문화에 대해 선입견을 갖지 않는 자세가 매우 중요하다. 또 때로는 한국식 사고와 태도를 현지 상황에 맞게 고쳐야 한다. 태어나고 자란 곳과는 전혀 다른 문화를 가진 곳에서 일하면서 해당 국가의 문화와 다양성을 이해하는 것은 기본이기 때문이다. 또 외국인 신분으로 해외에서 성장을 지속하지 않으면 도태될 수밖에 없는 것이 현실이다. 국내 대기업에서 해외 기업 경력자에게 좋은 대우를 해주는 것도 다양성을 이해하는 자세가 갖춰져 있고, 민감한 사안에 대해서도 다른 사람들과 원만하게 일을 해결할 것이라는 믿음이 있기 때문이다.

IMF가 나에게 준 것

많은 깨달음과 자기 성찰의 기회를 준 IMF에서의 소중한 시간들을 뒤로 한 채 2012년 10월 19일, 나는 작은 송별회를 맞이했다. 몇몇 소중한 친구들이 함께했다. 나름 나의 입사 동기라고 할 수 있는 제프Jeff를 보니 첫 출근 날의 오리엔테이션이 떠올랐다. 쉬는 시간에 제프와 짧은 대화를 하면서 내 마음 속에는 '좋은 이미지로 빨리 친구들을 만들어야지' 하는 조급한 마음과 '분명 나의 행동이나 억양을 듣고 내가 미국에서 자라지 않은 사람인 줄 알 텐데…' 하는 답답한 마음이 있었다. 조금 더 내가 미국사회의 기준에서 봤을 때 매력적이라면, 조금 더 내가 영어를 잘한다면, 조금 더 내가 미국식 유머에 능숙해서 인기 많은 사람이 될 수 있다면이라는 생각은 사람들과의 관계에 욕심이 많은 나에게 정복하고

픈 목표이자 떨칠 수 없는 콤플렉스였다.

　나는 초등학교 2학년 때부터 영어를 배웠는데, 몇 명의 친구들과 같이 비디오를 보면서 영어를 배우는 그룹에 엄마가 나와 오빠를 보내면서 시작하게 됐다. 꽤 어린 나이에 배운 편이라서 내가 영어를 말하는 것이 매우 자연스럽게 들린다는 칭찬을 들을 때도 있지만, 한국에서만 영어를 공부했던 내가 스스로 느끼는 어색함은 나혼자 극복해야만 하는 과제였고, 영어에 대한 부담감을 떨쳐버리는 것은 생각보다 쉽지 않았다. 내가 한국인 특유의 쓸 데 없는 겸손함이나 남의 시선을 의식하는 경향이 의외로 참 강했던 것 같다. 남들이 나를 어떻게 생각할지에 대한 고민을 늘 떠안고 살았기 때문이다.

　그래서 나는 나에게 얘기하곤 했다. '괜찮아 지은. 지금부터 차근차근히 1%씩만 나아지자. 더도 말고 덜도 말고 아주 조금씩 발전하자.' 그렇게 두려움 버리기, 자신감 갖기, 자신감을 갖기 위해서 남의 눈을 의식하지 말기, 내가 떳떳하다면 남이 혹시 나를 오해하더라도 상처받지 말고 끝까지 최선을 다하기 등 매일매일의 삶 속에서 발전하고 싶은 부분을 찾고 작은 목표를 세웠다. 그리고 내가 남의 눈을 의식하지 않고 당당할수록 미국이라는 사회, 국제기구라는 곳에서 점점 더 인정받고 있다는 것을 깨달을 수 있었다. 자신감과 내 마음이 단단해진 것, 그것은 아마 내가 IMF를 떠나면서 받은 가장 큰 선물이 아니었을까.

"매순간 내가 행하는 작은 진심과 열정은 나의 예상을 뛰어넘는 멋진 곳으로 나를 인도할 것이다."

거침없이
새로운 환경에 도전하다

김진우

2005~현재 ○ 텔레콤 뉴질랜드Telecom NZ 네트워크 디자이너

1998~2001 ○ 캘리포니아 대학교, 버클리University of California, Berkeley
　　　　　　건축학 전공
2001~2002 ○ 건축 설계 사무실 윌리엄스 아키텍츠Williams Architects
2003~2004 ○ 보더폰 뉴질랜드Vodafone NZ, 인사 개발 및 지원 담당

"일단 부딪쳐 보는거야."

고등학교 3학년 새학기 직후, 많다면 많은 나이에 계획된 유학이 아닌 아버지의 갑작스러운 해외 발령으로 아무런 준비 없이 캘리포니아California의 샌프란시스코San Francisco로 가게 되었다. 영어로 모든 것을 새롭게 시작해야 했기에 나에겐 사소한 것 하나하나가 모두 도전이었다. 하지만 한국에서는 학업에 크게 두각을 나타내지 못했던 나를 재정비할 수 있는 기회가 되었다. 공부 자체에 큰 흥미를 느끼지 못했고, 암기 과목을 싫어했기 때문에 늘 중위권 성적을 맴돌던 나에게 도미는 로또 당첨이라 할 수 있을 정도로 내 인생을 바꿔주었다.

대학 졸업 후 나는 다시 한번 낯선 곳에 준비 없이 정착하게 되었다. 대학교 졸업여행 삼아 떠난 뉴질랜드에서 새로운 삶을 개척하기로 한 것이다. 사실 건축을 전공한 나에게는 샌프란시스코에서 취업해 2년간 건축 실무 경험을 쌓고, 건축설계사 자격증 시험에 응시하는 것이 정석이었다. 하지만 당시에는 뉴질랜드에서 취업 후 건축 실무 경험을 쌓으면서 여행도 하고 젊음을 즐기는 게 더 옳은 길, 아니 더 쉬운 길 같았다. 내 결정에 더 확신을 갖기 위해 고등학교 졸업 후 CC로 진학했던 경험을 떠올리며 뉴질랜드에서도 내 생각대로 순조롭게 취업할 수 있을 것이라 믿었다. 또 외국에서 건축 실무 경험을 한다면 앞으로의 커리어에 도움이 되면 되었지 손해가 되지는 않을 것이라고 생각했다. 또 다양한 디자인을 몸소 접할 수 있다는 것도 강점이었다. 결국 나는 뉴질랜드에서 취업을 하기로 결정했다.

미국에서의 새출발

친구들과의 가슴 아픈 이별도 잠시였다. 미국에 도착했을 때는 현지 고등학교 학기 시작이 2개월 정도 남아있었는데, 가족들과 관광도 다니고 쇼핑도 다니면서 내가 느낀 것은 나의 영어 실력이 한참 부족하다는 것이었다. 말하기 좋아하는 내가 기본적인 의사소통이 안되니 영어라는 언어부터 정복해야겠다는 생존 본능이 나를 심하게 자극했다. 다행히 영어를 좋아했던 나는 취미생활을 통해 영어와 친해지려고 노력했다.

야심차게 시작한 영어 공부와 학교생활에 적응하려는 꾸준한 노력 덕분에 첫 학기부터 기대 이상의 성적을 받을 수 있었고, GPA 유지를 위해 부지런히 학교생활을 해나갔다. 자신감을 되찾은 나에게 공부는 더이상 두려운 존재가 아니었고, 공부 외에도 생활지도 카운슬러Guidance Counselor의 조언에 따라 대학 진학을 위한 고등학교 클럽활동도 열심히 했다. 친구가 별로 없었던 나에게 클럽활동은 친구들을 사귈 수 있는 좋은 매개체가 되었다. 축구, 토론, 봉사활동, 동양인 학생회 등 다양한 클럽활동을 통해 책으로는 배울 수 없는 '사회'라는 세상을 공부할 수 있었다. 특히 주택건축 봉사활동을 통해 건축이라는 분야에 관심을 갖게 되면서 명문대에서 건축을 전공하겠다는 뚜렷한 목표가 생겼다.

하지만 미국에서의 새출발이 탄탄대로만은 아니었다. 1년 반이라는 짧은 시간 동안 미국 고등학교를 다니며 4.0 이상의 GPA로 졸업했지만 원하는 대학 진학에 실패했기 때문이다. 원인은 SAT 점수와 한국에서의 낮은 성적이었다. 사실

SAT 점수는 준비 기간에 비하면 기대 이상이었지만 원하는 대학에 가기에는 역부족이었다. 결정적으로 한국에서의 성적이 발목을 잡았다. 미국에서 고등학교를 1년 반만 다녔기 때문에 나머지 기간에 대한 성적은 한국 고등학교 시절의 성적을 공증해서 보냈는데, 아마 그때의 전교 석차를 확인하고 많이 놀랐을 것이다. 가고 싶은 대학에 떨어져 깊은 절망감에 빠졌지만 지난 1년 반 동안 노력한 것에 대한 결실을 맺어야겠다는 생각이 들었다. CC로 진학해서 원래 내가 세운 목표를 이루기 위해 재도전하기로 결심했다.

나는 목표 달성을 위해 CC에서의 생활에 충실했다. 비록 목표했던 대학은 아니었지만 다양한 활동을 하면서 무척 즐거운 나날을 보냈다. 한인 학생회를 직접 만들어 진학 정보를 교환하기도 하고, 다른 친구들처럼 다양한 아르바이트도 경험했다. 내가 목표하는 대학에서 공부하고 싶은 건축 관련 지식과 경험을 쌓기 위해 주택 건축 현장도 찾아다녔다. 중요한 사실은 많은 과외활동을 했지만 절대 주객이 전도되는 경우는 없었다는 것이다. 시험 기간에는 좋은 성적을 받기 위해 과외활동은 잠시 쉬고 공부에만 집중했고, 스터디 그룹을 만들어 노트를 교환해서 보고, 예상 시험문제도 내며 성적 향상을 위해 노력했다. 목표하는 대학에 다니는 선배들을 만나서 끊임없이 자문을 구하고, 직접 캠퍼스에 방문해서 학교 분위기를 느껴보면서 내가 그리고 있는 학교생활이 어떨지 간접적으로 체험해보기도 했다. 심지어 선배에게 부탁해서 교수님께 먼저 양해를 구한 뒤 강의를 직접 들어보기도 했다. 꿈꾸는 생활을 잠시나마 경험해볼 수 있는 방법이었고, 나를 더욱더 채찍질하는 계기가 되었다.

TIP
돈 들이지 않고 영어 공부하기

미국에 도착해서 처음 두 달은 영화와 TV를 보며 대사들을 쉴 새 없이 따라했고, 가사가 잘 들리는 클래식 팝송을 들으며 노래를 따라 불렀다. 단어를 외운 것이 아니라 문장을 외웠기 때문에 단어들은 저절로 암기가 됐다. 또 문장을 외우면 단어 한두 개 정도는 뜻을 몰라도 문맥을 통해 그 의미를 유추할 수 있었고, 기억에도 오래 남았다. 평소 좋아하는 영화와 노래였기 때문에 더욱 효과가 있었던 것 같다.

물론 회화 실력을 향상시키는 데 있어서 현지인들과의 대화만큼 좋은 방법은 없겠지만, 학기 시작 전 영어를 할 줄 아는 친구가 없었던 나에겐 가장 효과적인 영어 공부 방법이었다. 문법보다는 구어체 위주로 많이 사용하는 표현들은 무조건 외웠고, 상대방과 대화를 하려면 일단 듣는 것이 먼저였기 때문에 알아들을 때까지 반복해서 듣고, 발음도 따라했다. 덕분에 짧은 시간 동안 빠르게 영어 실력을 향상시킬 수 있었고, 처음 학교에 갔을 때 현지 친구들과 빨리 가까워지고 난생 처음 듣는 영어 수업을 이해하는 데도 큰 도움이 되었다.

이 방법은 많은 돈과 긴 시간을 들여 외국에 나가지 않아도 충분히 영어 실력을 다질 수 있는 학습법이기 때문에 주변 사람들에게 적극 추천하는 영어 공부법이다. 이 방법으로 공부한 지 반년도 채 되지 않았을 때, 학교생활 정도는 무리 없이 할 수 있을 정도의 영어 실력을 갖추고 있었기 때문이다.

김진우

대학이 결승점이 아니었다

　CC에서 2년간 노력한 끝에 원하는 대학 두 곳에서 편입 합격 통보를 받게 되었다. 나는 샌프란시스코 지역에서 많은 유명 건축사들을 배출한 캘리포니아 대학교 버클리캠퍼스(University of California, Berkeley, 이하 UC Berkley)를 선택했다. 건축 프로그램은 공립대 중 최상위였기 때문에 결정하는 데 그리 어렵지 않았다. 또 다소 우습게 들릴지도 모르지만 집에서 가깝다는 점도 작용했다. 고등학교와 CC를 다니며 학교에서의 생활 방법을 제대로 익힌 나는 비교적 수월하게 UC Berkley에 적응했다. 물론 고된 건축 공부로 인해 스튜디오에서 밤샘 작업을 하는 날도 많았지만, 원하는 대학에서 하고 싶은 공부를 하고 있다는 사실만으로 즐거웠다.

　오히려 목표했던 대학에서 큰 걱정 없이 학교생활을 하다보니 몸도 마음도 점점 느슨해져갔다. 거의 모든 선배들이 너무나도 쉽게 취업을 했는데, 회사가 학생을 뽑는 것이 아니라 반대로 학생이 회사를 선택할 정도로 좋은 직장의 공급이 많았다. 취업에 대한 걱정 하나 없이 학교생활을 했고, 졸업을 앞두고는 취업 준비 대신 해보고 싶은 게 너무 많았다. 방학 때마다 멋진 건축물을 찾아 유럽이나 이집트 등으로 여행을 떠나던 선후배와 동기들이 내심 부러웠었는데, 마침 친하게 지내던 뉴질랜드 친구가 졸업여행을 뉴질랜드로 가자는 제안을 했다. 비행기 표를 제외하고는 그리 많은 경비가 필요한 것도 아니어서 바로 뉴질랜드 여행을 떠나기로 결정했다. 사실 졸업 기념으로 여행을 다녀와서 열심히 취업 준비를 해야겠다는 생각보다는 그냥 해외여행이라는 것을 해보고 싶은 마음이 컸다. 철이 없었던 것인지, 기고만장의 끝을 달렸던 것인지 아무런 계획 없이 해외를 다니며 힘들었던 학업에 대한 보상을 받고, 쉬고 싶은 마음뿐이었다.

뉴질랜드에서 취업을 결심하다

주변의 만류에도 불구하고 나는 졸업여행 삼아 찾은 뉴질랜드에서 취업을 하기로 결심했다. 완벽한 한국어를 구사하는 한국인도 한국에서의 취업이 쉽지 않은 것처럼 원어민 못지않은 영어 실력을 갖춘 나도 뉴질랜드에서의 취업이 쉽지 않았다. 지금 돌이켜보면 세계 어느 곳에서든 대학 졸업장이 모든 것을 해결해 줄 거라 생각했던 사회 초년생의 무지함과 대책 없는 패기의 결과물이었다.

대학 시절, 취업에 대한 구체적인 계획이 전혀 없었기 때문에 현실로 닥쳐온 취업에 대처하는 것이 몹시 버거웠다. 대학 졸업장 외에는 제대로 된 인턴십 경험 하나 없었고, 1학년이 끝나면 2학년이 되듯 '졸업을 하면 취업이 되겠지'라는 근거 없는 믿음으로 현실을 직시하지 못하고 있었다.

무조건 전공을 살려야 한다는 강박 관념이 있었는지 아니면 전공이니까 비교적 쉽게 취직할 수 있을 것이라는 생각 때문이었는지 모르겠지만 건축 회사 및 관련 업종에 무작위로 이력서를 30통 가까이 보냈다. 그중 대부분이 도면을 그리는 일이었는데 생각보다 꽤 많은 곳에서 면접을 보러 오라는 연락이 왔다. 하지만 면접에서 말문이 막히기 일쑤였다. 회사에 대한 제대로 된 사전 조사 하나 없이 건축 관련 업종으로 보이면 무조건 이력서를 보냈기 때문이다. 심지어 어떤 회사가 주거용 건물 전문 회사인지, 상업용 건물 전문 회사인지도 모를 정도였다. "왜 우리 회사에서 일하고 싶은가?" "우리 회사의 어떤 점이 마음에 들었나?" 같은 기본적인 질문에 대한 답변도 제대로 못했다. 몇 번씩이나 면접을 망치고 나서야 면접에서 어떤 질문이 나올지 예상할 수 있었고 다행히도 몇몇 곳에서 최종 합격 통지를 받았다. 나는 연봉과 근무환경만을 고려해서 한 곳을 선택했고, 뉴질랜드에서 취업에 성공했다는 사실이 기쁘기만 했다.

하지만 얼마 지나지 않아 회사생활에 위기가 찾아왔다. 건축사 자격증이 없었기 때문에 디자인이 아니라 단순히 설계 도면을 그리는 일이 전부였고, 당시 환율이 미화의 절반 수준이었던 뉴질랜드 달러로 받는 보수는 가장 좋은 대우였음에도 기대에 미치지 못했다. 현지 사정과 내 능력을 고려하면 당연한 것이었지만 '미국에서 취업했더라면…' 하는 생각이 자꾸 고개를 들었다. 또 면접 때엔 디자인에도 참여할 기회가 있을 거라는 얘기를 들었지만 그런 기회는 좀처럼 찾아오지 않았다. 건축에 대한 열정은 그대로였지만 '창의'라는 단어가 배재된 건축은 내가 그리던 일이 아니었다. 한번 틀어진 생각은 계속 미국에서의 생활과 현재를 비교하게 만들었다. '미국에선 작은 프로젝트의 디자인에 참여한 적도 있었는데…' '미국에서 도면작업하면 돈을 더 많이 벌 수 있을 텐데…' 부정적인 생각이 들수록 일을 더 힘들어져 갔다. 일에 대한 능률도 떨어졌고, 자부심이나 성취감도 없었다.

건축 말고 내가 할 수 있는 것은 무엇일까?

어떻게 해서든 지금 상황을 개선해야겠다는 생각에 뉴질랜드에서 건축가가 될 수 있는 방법을 알아보기 시작했다. 하지만 결과는 절망적이었다. 뉴질랜드에서는 미국에서 공부한 것을 거의 인정해주지 않기 때문에 현지에서 대학교에 입학해 다시 4~5년 공부해야만 했다. 결국 나는 다른 분야의 일을 알아보기로 결심했다. 건축가라는 직업은 정말 매력적이었지만 이미 알고 있는 것을 다시 시간, 돈, 열정을 들여 공부한다는 것은 낭비라는 생각이 들었다. 4~5년 투자해서 다시 원위치로 돌아가는 것과 다름없었다. 자만과 오만에 취해 노력 없이 성과를 바랬던 결과는 이렇게 쓰디썼다.

하지만 언제까지고 좌절해 있을 수만은 없었다. 뉴질랜드에 발을 들인 이상 작은 것이라도 이루고 떠나야겠다는 오기가 생겼다. 하룻강아지 범 무서운 줄 모른다고 과감히 첫 직장을 박차고 나왔다. 누군가는 호되게 시련을 겪었음에도 여전히 책임감 없고, 계획성 없는 행동을 했다고 생각할 수도 있다. 그러나 '위기는 곧 기회다'라는 말처럼 그때가 나에겐 인생을 바꿀 수 있는 기회였다. 하루 3분의 1 이상을, 수면 시간을 제외하면 하루의 반 이상을, '어떤 일을 하면 좋을까?'라는 질문에 대한 답을 찾는 일에 투자했다. 신문도 열심히 읽고, 인터넷으로 미국과 한국의 경제 관련 소식들도 챙겨 보고, 사무실이 밀집되어 있는 지역도 배회해보고, 지인들과 대화도 많이 나누었다. 직장에 다니지 않았지만 지금보다 더 바쁜 시절이었다.

사실 대학 시절까지만 해도 나에게 전부라고 생각했던 건축이 아닌 다른 일을 찾는다는 것은 정말 어려운 일이었다. 한 달 가까이 무직으로 지내다보니 급기야 은행 잔고도 떨어져갔고, 마음은 조급해지기 시작했다. 1년에 5~6주가량을 휴가로 보내는 지금에 비하면 취업에 투자했던 한 달이라는 시간은 정말 짧은 기간임에도 불구하고 당시에는 한없이 길게만 느껴졌다. 또 취업에 대해 조언을 구할 만한 사람도 한정되어 있었다. 뉴질랜드에 있는 지인들도 많지 않은데다가 있다하더라도 매일 그들과 만날 수는 없는 노릇이었다. 미국에 있는 부모님, 학교 선배들, 이미 취직을 한 친구들에게 전화로 조언을 구하기도 했지만 같은 영어권 국가라고 해도 지역이 다르다보니 도움이 되는 정보는 거의 얻을 수 없었다.

그러던 중 기적처럼 지인의 소개로 현지 대기업에 다니는 한 선배님을 만나게 되었다. 그분은 일단 대기업에 취직을 한 후, 적성에 맞는 부서로 옮기는 방법도 나쁘지 않다는 조언을 해주셨다. 직접 경험해보기 전까지는 어떤 일이 내 적성에 맞을지 가늠하기 힘들다는, 그분 자신의 경험에 바탕을 둔 말씀이 너무나도 가슴에 와 닿았다. 물론 이것이 취업의 정답은 아니지만 뉴질랜드 대기업에서는 부서를 옮기는 일이 비교적 쉬운 편이니 여러 분야의 일을 직간접적으로 경험해볼 수 있고, 내 적성이 무엇인지 확인할 수 있을 거란 확신이 들었다. 길을 헤매고 있던 나에게 비로소 목적지와 지도가 생겼고, 아직 취직이 된 것도 아니었지만 목표가 생기니 해야 할 일도 분명해졌다.

TIP
합격을 부르는 이력서 쓰기

나는 건축 분야 외 실무 경험이 전혀 없었지만 나름 테마를 정해 이력서를 세 가지 종류로 만들었다. 또 자기소개서도 회사 특성에 맞게 작성했다.

이력서는 굉장히 간략하게 작성했는데, 경력직보다 상대적으로 지원자가 많은 신입 채용은 내세울 점만 최대한 부각시키는 것이 효과가 있을 것이라 생각했다. 두 장으로 작성하되 색상을 적절하게 사용해서 학력과 경력이 한눈에 들어오도록 만들었다. 자기소개서는 지원하는 업무에 부합되는 나의 경력이나 장점을 강조하고, 근면성, 책임감, 다문화 경험 등 모든 면접관이 좋아할만한 요소들을 부각시켰다. 지성이면 감천이라고 신입 사원 모집에서 서류전형은 대부분 합격을 하는 결과를 얻었다. 심지어 1~2년의 경력을 필요로 했던 무역 회사나 은행에서도 면접을 보러 오라고 하니 이미 취업이 된 것처럼 기분이 좋았다.

물론 면접이라는 훨씬 더 어려운 관문이 기다리고 있었지만 여러 곳의 서류 전형에 합격하면서 생긴 자신감이 든든하게 나를 뒷받침해주었다. 이미 면접 경험이 있었기 때문에 무엇을 준비해야 할지도 잘 알고 있어서 준비 자체는 처음 구직할 때보다 다소 수월했다. 다만, 내 전공 분야에서 만족스러운 직책을 구하지 못했다는 트라우마와 스스로 너무나 길게 느꼈던 공백기 때문에 두려움도 컸다. 두려움을 이기기 위해서 예상 질문에 대한 답을 미리 준비하고, 거울을 보며 혼자 큰 소리로 답변을 얘기하는 등 모의 면접 형식으로 연습을 많이 했다. 또 답변을 녹음해서 여러 번 반복해 들으며 연습하기도 했다.

당장 인터넷으로 뉴질랜드에 있는 대기업에 대한 정보를 수집하기 시작했다. 당시에는 지금처럼 인터넷이 발달되지 않았기 때문에 자료를 찾기가 쉽지 않았지만, 주요 산업과 업무 현황 등의 정보를 손에 넣을 수 있었다. 기본 정보를 바탕으로 기업들의 장단점을 나만의 관점으로 정리한 후, 입사하고 싶은 기업 순위 리스트를 만들었다. 예를 들면, 글로벌 대기업은 많은 장점을 갖고 있었지만 뉴질랜드 현지 대기업도 오세아니아 지역에서는 명성이 좋았기 때문에 기업의 인지도보다는 고유의 특성에 주목했다. 예전에는 잘 알지도 못하는 수백 개의 회사 중에서 어디에 지원할지 고민하다가 잘못된 선택을 했다면, 이제는 내 관점으로 정리한 리스트를 가지고 훨씬 수월하게 지원을 결정할 수 있게 되었다.

다시 시작하다

계속해서 구직활동을 하던 중 우연히 뉴질랜드의 다국적 통신 회사의 구인 광고를 보게 되었다. 당시 뉴질랜드에는 통신 회사가 두 곳밖에 없었는데, 한 회사는 웬만한 사람들은 모두 다 아는 다국적 통신 회사였고, 또다른 회사는 정부에서 운영하는 공기업이었다. 두 회사 모두 사업 전망도 좋고, 인지도도 높았고, 휴대전화, 일반전화, ADSL(Asymmetric Digital Subscriber Line: 기존의 전화선을 이용하여 컴퓨터가 데이터 통신을 할 수 있게 하는 통신수단) 그리고 IT 관련 사업을 폭넓게 하고 있었기 때문에 회사 내에서 다양한 경험을 쌓을 수 있었다.

나는 회사 자체에 큰 매력을 느꼈다. 급여나 업무에 관해 자세히 알 수 없었지만 IT, 통신 분야라는 점이 관심을 끌었다. 회사 업무도 무역, 보험, 금융 관련 회사들에 비해 훨씬 재미있을 것 같았다. 당시 IT나 통신 산업에 대해 아는 것이라고는 학부 때 사용했던 설계 관련 소프트웨어 및 휴대폰에 관한 짧은 지식

이 전부였지만, 대학 시절부터 컴퓨터를 직접 조립해서 사용할 만큼 관심이 많았기 때문에 기대 반 두려움 반으로 심혈을 기울여 이력서와 자기소개서를 작성했다. 관련 분야에 초점을 맞추기 위해 컴퓨터를 이용해 작업했던 업무 경험과 개인적으로 여가 시간에 최신 기술을 가까이 하는 점을 부각시키려 노력했다. 또한 회사에 대한 남다른 관심을 표시하기 위해 회사가 추진하는 제품과 비즈니스를 나름대로 분석해서 자기소개서에 더했다. 예를 들면, 지원하는 회사의 핸드폰 사업 계획과 경쟁사의 계획을 사회 초년생의 관점에서 비교 분석하는 것이었다.

열정과 성의를 담았던 만큼 결과도 좋았다. 얼마 지나지 않아 면접을 보러 오라는 연락을 받았고, 면접 준비에 심혈을 기울였다. 뉴질랜드 회사와의 면접에서 받은 주된 질문들 중 중복되는 몇 가지를 간추려 보면 다음과 같다.

- 왜 우리 회사를 선택했는가?
- 우리가 당신을 뽑아야 하는 이유를 설명하라.
- 자신의 장단점은 무엇인가?
- 상사 또는 동료와 갈등이 생긴다면 어떻게 해결하겠는가?

'왜 우리 회사를 선택했는가?'라는 질문에 대한 답변은 지원자가 회사에 대한 사전 지식이 있는지 없는지를 가늠하기 위한 기본 질문이다. 반드시 나오는 질문이라고 생각하고 면접 전 약간의 조사만 한다면 충분히 좋은 답변을 할 수 있다. '우리가 당신을 뽑아야 하는 이유를 설명하라'에 대해서는 근면성과 잠재력을 강조했다. 절실하되 자신감 있는 모습으로 임했다. '자신의 장단점은 무엇인가?'라는 질문에 대해서는 단점이긴 하지만 장점으로도 해석될 수 있는 점을 꼽았다. 나의 경우, '남의 부탁을 쉽게 거절하지 못하는 성격'을 들었다. 갈등 해소에 관련된 질문에 대해서는 개인 간의 갈등도 사적으로 생각하는 것이 아니라 조직적인 차원에서 생각하고 행동한다는 답변을 했다.

다른 업종이지만 이미 면접 경험이 있다는 것이 큰 도움이 됐고, 또다른 회사 2곳의 1차 면접에 합격한 상태여서 마음이 편했기 때문에 면접에서 나의 모든 것을 끌어낼 수 있었다. 게다가 준비도 철저하게 했기 때문에 생소하거나 당황스러운 질문도 없었다. 면접은 예상했던 대로 술술 잘 풀렸고, 나중에 면접관으로부터 나의 태도에 좋은 인상을 받았다는 피드백을 받았을 때는 고진감래라는 말의 참뜻을 느낄 수 있었다. 특히 통신 산업과 IT 업무에 초점을 맞춘 이력서와 자기소개서를 높이 평가해주었다.

2차 면접은 사무적으로 컴퓨터를 다루는 시험과 적성 검사가 포함되어 있었다. 연봉과 내가 하게 될 업무에 대해 구체적인 이야기를 나누기도 했다. 2차 면접 후, 직원들과 만나는 시간을 가졌는데 지원자로서 굉장히 특별한 경험이었다. 면접관은 나를 사무실로 안내해 직원들에게 내 소개를 했고, 직원들은 업무에 대한 나의 이런저런 질문들에 친절히 설명해주었다. 면접관은 나와 직원들이 나누는 대화도 세심히 경청했다. 면접이 끝나고 면접관의 배웅을 받으며 집에 돌아갈 때는 '여기는 꼭 합격하겠구나' 하는 생각이 들었다.

결국 면접 후 일주일이 채 지나지 않아서 같이 일을 해보자는 제안을 받았다. 그때의 기분은 지금도 이루 말할 수 없을 정도다. 초봉은 내가 생각했던 것보다는 다소 적은 편이었지만, 대기업에서 새로운 경험을 할 수 있다는 기대감으로 하루 만에 계약서에 사인을 했다. 또한 연간 3주의 유급휴가, 2주의 병가휴가와 좋은 교육 조건 그리고 무엇보다도 회사와 통신 및 IT 산업의 미래 때문에 기대보다 낮은 연봉은 아무 문제도 아니었다.

professional advice

김진우님의 경우, 경력이 없음에도 불구하고 1~2년의 경력을 요구하는 회사에 지원했다. 일반적으로 채용 공고를 보면 경력 연수, 직무 관련 스킬, 기타 능력 등 지원자가 반드시 갖추어야 할 사항이 명시되어 있다. 종종 기업이 요구하는 조건이 복잡하고 까다로워서 지원을 망설이거나 포기하는 구직자도 있는데, 외국계 기업의 경우 직무에 대한 이해가 확실하거나, 좋은 실적을 낸 경험이 있다면 경력 연수와 무관하게 채용되는 사례가 있다. 본인의 경력이 다소 부족하더라도 관심과 열정이 있는 분야라면 지원해보길 바란다.

새로운 분야에 진출하면서 나는 미래를 재설계하기 시작했고, 부푼 꿈을 안고 통신 전문 기업으로 첫 출근을 했다. 본격적인 업무를 시작하기 전에 4주간의 교육과정을 거쳤는데, 그동안 관심이 있었던 통신과 IT 분야에 대해 체계적으로 배울 수 있었고 매우 흥미로웠다. 그후에도 업무 시작 초반에는 매장 지원 교육과 핸드폰 기술 교육이 이어졌는데 나에겐 새로운 지식이었기 때문에 즐겁게 따라갈 수 있었다.

하지만 약 1년 후, 노력 대비 일에 대한 만족감은 떨어졌다. 매장을 지원하는 것이 주된 업무였는데, 기술적인 부분에서의 발전이 지금보다 더뎠기 때문에 업무가 일정한 틀 안에서 벗어나질 않았다. IT나 통신 산업에 대한 지식도 기대만큼 쌓이지 않았다. 1년이라면 짧다고 생각할 수 있겠지만 이미 회사 업무에는 많이 적응한 상태였기 때문에 변화를 시도하고 싶었다. 특히 하루가 다르게 발전하는 통신기기나 컴퓨터를 보면서 IT 공부를 해야겠다는 생각이 들었다.

네트워킹을 만나다

나는 우연히 회사 동료가 공부하는 것을 보고 네트워킹*이라는 생소한 분야에 관심을 갖게 되었다. 당시 회사에서는 직원들의 개발을 지원하는 의미로 방화벽(Firewall: 서로 다른 네트워크를 지나는 데이터를 허용 또는 거부하거나 검열, 수정하는 하드웨어나 소프트웨어 장치)이나 라우터(Router: 데이터를 형식화시킨 블록인 패킷Packet의 위치를 추출하여 그 위치에 대한 최상의 경로를 지정하고 그 경로를 따라 데이터 패킷을 다음 장치로 전향시키는 장치)같은 장치를 설치해 랩을 만들고 무료로 사용할 수 있게 해주었는데, 회사 동료가 노트북을 연결시켜 무언가를 조종하는 모습이 컴퓨터를 좋아하는 나에겐 너

네트워킹
Networking
여러 개의 컴퓨터를 연결하여 상호 간의 소통을 가능하게 하는 것. 작게는 가정 내의 컴퓨터기기들과 스마트폰 등을 연결하는 네트워크가 있고, 크게는 외국에서 호스팅하는 www로 시작하는 웹 페이지를 볼 수 있도록 하는 전 세계가 연결된 네트워크가 있다.

무나 멋져보였다. 그런 장비들을 처음 접해본데다가 상상 외의 많은 일들을 해내는 장비라는 동료의 설명까지 들으니 나도 공부를 해보고 싶다는 마음이 생겼다. 회사 내 컴퓨터에서 일어나는 모든 액세스Access를 제어하고 중요한 기밀을 보호하는 기술은 통신기술처럼 모든 기업에 꼭 필요한 기술이라는 생각이 들었고, 미래에는 더욱 중요하게 쓰일 것이라는 확신도 들었기 때문이다.

내가 처음 접한 장비는 시스코˙라는 회사에서 만든 것이었는데, 내가 살던 샌프란시스코를 기반으로 한 회사라고 하니 왠지 더 반가웠다. 우연한 기회에 시작한 네트워킹 공부는 정말 흥미로움 그 자체였다. 대학에서 주는 졸

시스코
CISCO
네트워킹 하드웨어, 보안 서비스 등을 제공하고 판매하는 다국적 기업. 샌프란시스코가 기반인 회사로 'San Francisco'의 마지막 다섯 글자를 따서 CISCO라고 불린다.

업장이 아니기 때문에 누구나 도전할 수 있다는 점에서 남들보다 그리 늦게 출발하는 것이 아니라고 느껴졌을 뿐더러 전문성을 가지고 자격증을 취득한다는 것이 매력적이었다. 책과 비디오 강의를 보며 독학을 시작했고, 회사 동료들과 함께 스터디 그룹을 만들어 정기적으로 정보를 교환했다. 특히 회사 내의 랩을 비교적 자유로이 이용할 수 있다는 점은 큰 행운이었다. 공부에 필요한 장비들이 워낙 고가여서 개인이 다양한 장비를 구입하는 것은 거의 불가능했기 때문이다. 최근에는 해외에 설치된 장비들을 시간 단위로 대여할 수 있는 사이트도 많이 생겨 공부하기가 훨씬 수월하다.

네트워킹 공부에 재미를 붙이고 나니 좀 더 실무와 가까운 일을 접해보고 싶었다. 시스코 자격증을 따고 회사 내에서의 기회를 엿보던 중에 경쟁사의 구인광고를 보게 되었다. 이미 경력자였지만 다시 새로운 분야에 도전하는 것이었기 때문에 처음 취직하는 것과 마찬가지였다. 물론 다니고 있던 회사 내에서 직책을 옮기는 방법도 있었지만 마냥 기다리기보다는 기회가 왔을 때 도전해보고 싶었다. 기술 지원(Technical Support: 고객에게 문제가 생겼을 때 기본적인 진단 및 문제 해결을 하기 위해 상시 대기하는 직책)이라는 직책에 맞게 그동안의 경력과 자격증을 강조해서 이력서와 자기소개서를 작성했다. 경쟁사에서 1년을 근무했다는 조건이 시너지 작용을 했는지 아주 수월하게 입사의 기회를 맞았다. 내가 원하는 일을 대기업에서 할 수 있다는 사실이 매우 만족스러웠다.

기술 지원이라는 업무는 광대한 IT 분야에서 고객에 대한 서비스를 하는 일로 작게는 액티브 디렉토리(Active Directory: 마이크로소프트가 개발한 기능으로 윈도우 기반의 컴퓨터를 위한 인증 서비스를 제공하는 것을 주목적으로 한다.) 비밀번호 변경부터 웹 호스팅(Web Hosting: 대형 통신 업체가 웹서버를 개인 또는 개별 업체에 제공하거나 임대해 주는 것) 및 네트워크 연결 문제를 진단하는 작업을 맡는다. 전문성이 특화된 업무는 아니었지만 다양한 분야에 대해 두루 알아야 하는 일이었다. 생각처럼 쉽지만은 않았지만 꾸준히 도전의 기회가 주어지는 환경이 나를 즐겁게 했다. 시스코 자격증을 취득하고 네트워킹 업무에 나름 자신감도 있었지만 IT 관련된 전반적인 지식이 필요했던 업무여서 하루하루 새로운 기술을 접하고 습득해야 했기 때문이다. 사실 나는 일을 한다기보다는 학교를 다닌다는 기분이 들었다. 더 많은 기술을 알게 되면서 큰 보람을 느꼈고, 시간이 날 때마다 자격증 공부도 게을리 하지 않았다. 땀은 배신하지 않는다고 회사 내에서 빠른 승진의 기회를 얻을 수 있었다.

professional advice

엔지니어 직종은 자격증이 많다. 김진우님이 취득한 시스코 자격증은 관련 업종의 국내 대기업에서도 인정하는 자격증이다.

과거 몇 년간 호주 등 오세아니아 국가의 영주권 취득을 통한 이민 지원자가 증가한 적이 있다. 그중 IT 분야로의 기술 이민도 적지 않았다. 영주권을 받으면 취업에 유리하기는 하지만, 영주권을 취득한다고 해서 취업이 쉬운 것만도 아닌 것이 호주 취업 시장의 특징이다. 특히 중국과 인도 등에서 값싼 노동력이 많이 공급되기 때문에 한국인으로서 그들과 차별화되기 위해서는 유창한 영어 구사 능력과 특출한 기술력이 요구된다.

또 호주에서 IT 분야 학위 취득 후, 싱가포르 등에 위치한 다국적 기업에 입사하는 사례를 종종 볼 수 있다. 그만큼 국제적으로 호주의 IT 교육 시스템이 인정받고 있다는 증거이다.

회사에서 자격증 취득을 적극 권장하고 지원해주었기 때문에 IT 관련 기술에 대한 공부에 전념할 수 있었다. 회사에서 제공하는 혜택은 교육이나 시험 비용을 대신 지불해주는 것이었는데, 교육 프로그램은 보통 일주일에 5천불 정도를 호가하고 시험 응시료도 300불 이상이기 때문에 이 기회를 최대한 활용해서 개인적인 부담을 많이 줄일 수 있었다. 1년에 두세 번 교육을 받으러 갈 때는 자격증 시험에 반드시 합격해야 한다는 부담이 있기도 하지만 교육일수를 월급에서 제하지 않기 때문에 마치 회사가 부모님처럼 감사하게 느껴진다. 결국 직원들의 기술력 향상은 회사에게 이익으로 돌아간다. 실력 있는 직원들이 회사의 경쟁력이 될 뿐만 아니라 자격증을 획득하면 장비 구입 시 할인 혜택을 받을 수 있기 때문이다. 물론 모든 IT 관련 회사들이 직원 교육을 적극 지원하는 것은 아니지만 대부분의 메이저 회사들은 직원 교육을 매우 중요하게 생각하고 권장하는 것으로 알고 있다.

IT 분야에서는 하루가 다르게 새로운 기기와 기술들이 개발되기 때문에 항상 트렌드에 관심을 갖고, 공부하고 이해해야 한다. 빠르게 변화하는 기술력이 항상 나를 긴장시켰고, 한때는 3교대로 일해야 할 정도로 힘들었지만 그만큼 일에서 얻는 만족감이 컸고, 많은 승진의 기회 등 충분한 보상이 촉매제가 되어 더 열심히 일할 수 있었다. 일을 하는 즐거움, 업무 환경과 연봉에 대한 만족감 그리고 여유로운 삶은 뉴질랜드에서의 거주 기간을 당초 계획했던 2년에서 3년으로 연장하게 했고, 미국이나 한국으로의 복귀도 잊을 수 있게 해주었다.

나는 네트워크 디자이너다

입사 동기들 보다 빠른 성장을 할 수 있었던 비결은 물론 열심히 일한 것도 있지만, 앞으로의 커리어에서 무엇을 목표로 삼을지 항상 2단계를 미리 생각한 것이다. 목표가 정해져야 더 쉽고 빠른 방법을 찾아 그 목표를 향해 달려갈 수 있기 때문이다. 예를 들면, 시스템 엔지니어(System Engineer: 고객의 장비를 관리하고, 문제 발생 시 해결을 담당하는 직책) 시절, 나에겐 두 가지 선택의 기회가 있었다. 같은 부서의 선임이 되는 시니어 시스템 엔지니어Senior System Engineer와 시스템 엔지니어와는 약간 다른 성격의 일을 하는 네트워크 스페셜리스트(Network Specialist: 네트워크만을 관리하는 직책으로 라우터, 스위치 및 네트워크상의 문제를 해결하고 관련 장비를 관리한다.)였다. 나는 그때부터 현재 내가 맡고 있는 직책인 네트워크 디자이너°가 되는 것을 목표로 삼고 있었기 때문에 지금의 자리로 승진하는 데 더 유리한 경험을 쌓을 수 있는 시니어 시스템 엔지니어를 선택했고 계획대로 목표를 달성할 수 있었다. 앞으로의 커리어에 대해 2단계 미리 내다보지 않았다면 근무 환경이나 연봉이 더 좋은 네트워크 스페셜리스트를 선택했을지도 모른다. 만약 당장의 이익 때문에 네트워크 스페셜리스트를 선택했는데 나중에 네트워크 디자이너가 되고 싶다는 마음이 들었다고 해도 다시 커리어를 되돌리기 쉽지 않았을 것이다.

> **네트워크 디자이너**
> Network Designer
> 네트워크를 사용 목적에 최적화되도록 디자인하는 직책. 도로 공사를 해서 교통을 원활히 하는 것처럼 네트워크를 디자인하여 길을 만들고, 도로를 넓혀 데이터 소통을 원활하게 한다.

당시 시스템 엔지니어의 주요 업무는 고객들의 네트워크 관리, 점검 및 고객의 요구 사항에 맞게 환경설정(Configuration: 각종 네트워크에 사용되는 장비들이 목적에 맞게 작동하도록 프로그래밍을 변경하는 것)을 하는 것이었다. 일반적으로 2~4년의 경력을 필요로 하는데 그 이유 중 하나가 고객의 네트워크 및 ISP(Internet Service Provider: 인터넷 서비스 제공자) 규모의 장비들을 다뤄야 하기 때문이다. 보통 시스코사의 스위치(Switch:네트워크 단위들을 연결하는 통신 장비), 방화벽, 라우터 그리고 체크포인트(Checkpoint: 이스라엘의 세계적 방화벽 기기/소프트웨어 전문 생산업체)의 방화벽, 주니퍼(Juniper: 미국의 정보기술과 컴퓨터 네트워크 관련 제품을 생산하는 다국적 기업)의 방화벽, F5(세계 최대의 로드 밸런서 공급업체)의 로드 밸런서(Load Balancer: 트래픽 분배기 역할을 하는 장비)및 간단한 서버도 다룰 수 있어야 한다.

평균적으로 네트워크 스페셜리스트나 시니어 시스템 엔지니어는 최소 5~7년의 네트워크 경력을 요구한다. 네트워크 스페셜리스트는 좀더 세분화되고 전문화된 자리로 보통 공유기와 스위치만 관리하지만 ISP 레벨의 장비들만을 관리하는 만큼 책임도 크다. 시니어 시스템 엔지니어는 시스템 엔지니어와 비슷한 업무를 하지만 시스템 엔지니어를 관리하고, 그들이 풀지 못하는 문제를 해결해야 하는 책임이 있다. 시니어 시스템 엔지니어는 네트워크 디자이너와 가깝게 일을 하는데, 네트워크 디자이너가 고객의 필요에 맞게 네트워크를 설계하고 구축하면, 지원하기 전에 세너티 체크(Sanity Check: 설계한 네트워크가 목적에 맞게 구동할 수 있는지 빠르게 평가하는 기본 테스트)하는 일을 시니어 시스템 엔지니어가 하기 때문이다. 또 디자인에 대해 궁금한 것은 네트워크 디자이너에게 문의해야 하기 때문에 디자인팀에 자신을 알리기 좋은 입지이다. 때문에 나는 시니어 시스템 엔지니어가 되는 것을 선택했고, 디자인팀과 협업하면서 디자이너들과 개인적 친분을 쌓았다. 덕분에 목표한 네트워크 디자이너라는 직책을 얻을 수 있었다.

지난 7년간 많은 노력 끝에 지금 네트워크 디자이너라는 직책을 맡고 있고, 하는 일에 큰 자부심과 보람을 느끼고 있다. 네트워크 디자이너가 하는 일을 간단하게 말하자면 '고객이 필요한 솔루션을 디자인하는 것'이다. 지금은 정보가 개인 및 기업에게 가장 중요한 자산인 시대이다. 과거에는 이런 정보를 종이 문서에 저장했지만 요즘은 컴퓨터를 매개체로 저장하고 접근한다. 요즘 인기 있는 페

페이스북Facebook, 트위터Twitter, 지메일Gmail, 위키피디아Wikipedia 등 방대한 정보를 저장해야 하는 회사들은 효율적인 정보 액세스를 할 수 있는 네트워크 개발에 힘쓴다. 개인이라면 외장 하드 디스크를 구비하여 자신의 데이터를 백업하고 액세스하면 되지만, 방대한 양의 데이터를 보관하고 보호해야 하는 기업에게는 결코 간단한 문제가 아니다. 그래서 내 기업에 꼭 맞는 네트워크 디자인을 필요로 하는 것이다.

나는 한 제약회사의 네트워크를 구축하는 프로젝트를 맡은 적이 있었다. 방대한 연구 자료와 결과물 그리고 그외 회사 업무에 기본적으로 필요한 정보들은 그 회사의 주요 자산인 동시에 본사 직원이나 지역 사업부 직원들이 자주 사용하는 접근성 높은 정보이기도 했다. 물론 외부 침입자를 최대한 방어하는 것도 중요했다. 회사에서 자체적으로 이런 작업을 하려면 자료 보관 공간 확보 및 내부 IT팀 구축에 많은 비용이 들기 때문에 IT 서비스 제공사인 우리 회사를 통해 나 같은 네트워크 디자이너에게 솔루션 구축 의뢰를 하는 것이다.

그렇다면 이 방대한 양의 자료를 어떻게 효율적으로 안전하게 보관할 수 있을까? 데이터는 사내 서버를 거쳐 회선을 통해 우리 회사 전산망으로 들어오는데 이때 외부 해커들의 침입을 막기 위해 여러 방화벽을 구축한다. 이 과정을 원활하게 진행하기 위해서 여러 네트워크 장비들을 선택하고, 데이터가 최종적으로 안전하게 저장되도록 서버 전문가와 함께 저장 매개체를 선택한다. 또 네트워크 설계도를 그리고, 각종 네트워크 장비에 환경설정을 하는 일도 포함된다. 환경설정은 각종 네트워킹 장비들을 고객의 목적에 맞게 활용할 수 있도록 하는 것으로 예를 들면, 사용자가 아이폰iPhone에 심SIM카드를 넣고 아이튠스iTunes에 연결해 필요한 앱App을 다운받는 것과 비슷하다고 할 수 있다. 물론 고객과 지속적인 의사소통을 하고, 고객이 제시한 마감 기한을 맞추기 위해 프로젝트 매니지먼트Project Management를 하는 것도 네트워크 디자이너의 업무 중 하나이다.

이외에도 수많은 솔루션을 설계하는 것, 그 솔루션의 이동경로를 설계하는 것, 회사 내부의 다른 전문가들의 업무 프로세스를 관리하고 지시하는 것 등 네트워크 디자이너의 업무는 한계가 없다. 기술적인 문제 해결만 하는 것이 아니라 영업, 프로젝트 매니지먼트 등 업무와 관련된 모든 것에 책임을 맡고 있기 때문에 지루할 틈이 없다.

네트워크 엔지니어는 급여가 아주 높지는 않지만 한 가정을 꾸려나가는 데 전혀 부족하지 않고, 업무 시간이 자유롭다는 것이 큰 장점이다. 물론 새로운 고객의 컷오버(Cutover: 고객이 인터넷 및 IT 서비스를 새로운 공급사로 옮길 때 데이터를 옮기는 작업)가 있을 때는 데이터를 다운로드받는 시간을 절약하고 비즈니스 시

간 손실을 최소화하기 위해 새벽이나 주말 밤 시간에 일해야 한다는 단점이 있기는 하지만, 재택근무도 가능하고 정해진 출근 시간이 없기 때문에 생활이 자유로운 편이다.

보통 내 직책에서 네트워크 아키텍트(Network Architect: 네트워크 디자이너와 비슷한 일을 하지만 더 높은 레벨의 네트워크를 디자인한다.)가 되거나 IT 매니저(IT Manager: 엔지니어들이나 특정 테크놀로지를 관리하는 직책) 쪽으로 빠지는 것이 보통이다. 나는 기술적인 업무가 좋고, 네트워크 관련 엔지니어가 기술 분야에서 얻을 수 있는 가장 높은 직책이라는 점에서 네트워크 아키텍트가 되기 위해 오늘도 노력하고 있다. 네트워크 디자이너가 고객의 네트워크를 구축한다면, 네트워크 아키텍트는 네트워크 디자이너가 솔루션을 구축할 백본 네트워크(Back-

김진우

bone Network: 소형 회선들로부터 데이터를 수집해 빠르게 전송시키는 대규모 전송회선)솔루션을 구축한다. 또한 네트워크 디자이너나 주니어 네트워크 아키텍트와 교류하면서 새로운 기술을 전달하고 교육하는 것도 업무 중 하나이다. 이후 나이가 더 들면 기술적인 배경을 바탕으로 IT 매니저가 되어 IT 부서의 우두머리가 되고 싶은 소망도 있다. IT 매니저는 보통 사람 관리가 아닌 기술 분야를 전반적으로 담당하고 변경 제어(Change Control: 변경의 제안, 평가, 승인, 불허, 일정, 계획, 추적 등을 행하는 과정) 등을 관리하는, 말 그대로 IT 기술을 관리하는 직책이다. 물론 내가 직접 실무를 하는 것이 버겁게 느껴질 때나 되어야 실행할 목표이지만 지금까지 그랬던 것처럼 미리 미래 모습을 설계도면에 그려두고 항상 그것을 생각하며 나아가고 있다.

"정상보다 정상으로 가는 길에 보물이 숨어 있다."

야구 스카우트의 해외 취업, 9회말 역전승!

이인영

2012~**현재**	○ 싱가포르 에이온 벤필드Aon Benfield 재보험 브로커
1998~2004	○ 한국외국어대학교 경영학과
2004~2009	○ 한화 이글스 프로야구단 스카우트
2010	○ 두산 베어스 프로야구단 스카우트
2011~2012	○ 런던 카스 비즈니스 스쿨Cass Business School 위험 관리 및 보험학 석사
2011	○ 삼성화재 해상보험 유럽 법인 언더라이터

"미국병은 불치병이다."

내가 다닌 한국외국어대학교는 좋은 점이 많았다. 그중에서도 가장 좋았던 것은 학생들이 교환학생으로 선발되어 해외 각지에서 공부할 수 있는 기회가 많다는 것이었다. 나는 3학년 2학기 때, 막연하게 미국 유학이라는 목표를 세우고 준비를 시작했다. 토플 점수를 우선 확보해야 했는데, 당시는 CBT(Computer Based TOEFL Test: 토플에서 응시자가 각각의 컴퓨터에 앉아 시험을 보는 방식. 300점 만점으로 듣기, 문법, 독해, 쓰기영역으로 구성되어 있다.) 방식으로 첫번째 본 시험에서 283점을 받았다. 거의 기적과 같은 점수였다. 그 와중 교환학생 선발에 대한 공지 메일을 받았는데, 자격 요건 중 하나가 바로 토플 점수였다. 정말 절묘한 타이밍이었다. 다른 학생들에 비해 비교적 늦은 시기였지만 기적 같은 토플 점수 덕분에 나는 교환학생으로 선발되었고 4학년을 미국에서 보낼 수 있게 되었다.

한번 걸리면 치료가 어려운 병, 그것을 흔히 불치병이라고 한다. 나는 불치병을 경험한 적이 있는데 그게 바로 '미국병'이다. 어릴 적 〈굿모닝팝스〉를 들으며 간접적으로 경험했던 미국에 대한 호기심은 교환학생 시절 정점에 달했다. 그때 내가 결심한 것은 미국에서 취업을 하는 것이었다. 미국에는 모든 것이 풍부했고, 좋아하는 미국 야구와 미국 농구를 매일 볼 수도 있었다. 하지만 무엇보다 내 마음을 사로잡았던 것은 인종에 관계없이 누구나 행복한 삶을 사는 모습이었다. 그런 모습을 보면서 미국에서 영원히 살고 싶다는 마음을 갖게 된 것이다.

굿모닝팝스 그리고 모닝스페셜

대전 엑스포가 한창이던 1993년 여름, 나는 그때까지 외국인과 한번도 대화를 나눠본 적이 없었고, 외국인을 직접 본 적도 없었다. 언제부턴가 어머니는 아침 6시가 되면 라디오를 크게 틀어주시곤 했는데, 처음에는 라디오 소리가 너무 커서 라디오를 끄고 다시 잠을 청했었다. 그래도 어머니는 계속해서 라디오를 틀어주셨는데 바로 오성식 선생님이 진행하던 KBS 〈굿모닝팝스〉라는 라디오 프로그램이었다. 어머니는 외국에 가보지 못한 아들에게 간접적으로라도 외국 문화를 체험하게 해주고 싶으셨던 것 같다. 당시 외웠던 2003년 7월의 첫번째 표현은 아직까지도 잊히지 않는다. "Do not be fooled by its appearance." 영화 〈알라딘〉의 한 장면에서 나왔던 표현인데 '겉모습만 보고 사람을 판단하지 말라'는 뜻이었다. 이렇게 〈굿모닝팝스〉를 통해 키운 미국에 대한 동경은 교환학생으로 미국에서 공부를 하고 일을 하는 데 소중한 발판이 되었다.

1997년 어느 날, 고등학교 3학년이었던 나에게 어머니는 EBS 〈모닝스페셜〉이라는 방송을 알려주셨다. 중학교 2학년부터 5년 동안 함께했던 오전 6시의 〈굿모닝팝스〉와 새로 알게 된 오전 8시의 〈모닝스페셜〉은 영어에 대한 친근감과 편안함을 가질 수 있게 해준 의미 있는 방송이었다. 대학에 진학한 후에도 EBS 교재를 활용해서 외국어 공부를 꾸준히 했는데, 이렇게 익힌 영어는 외국생활에 많은 도움이 되었다.

금융업에 마음을 빼앗긴 대학 시절

1997년 수학능력시험은 난이도와 관련해서 많은 논란이 있었다. 예년에 비해 평이하게 출제되었기 때문에 변별력이 낮아졌다는 것이 이유였다. 하지만 수험생이 느끼는 체감 난이도에는 별다른 차이가 없었다. 수학능력시험을 마치고 가채점한 결과는 평소 희망하던 학교와 학과에 입학이 가능한 점수였지만, 다음날 학교에 등교해보니 상황은 전혀 달랐다. 친구들의 수학능력시험의 결과를 듣고 나는 인생에서 첫번째 좌절을 경험했고, 대학 진학에 대한 불안감은 커져만 갔다.

결국, 나는 한국외국어대학교에 입학했다. 대학생이 된 이후, 다른 학생들과 마찬가지로 아르바이트에 관심이 많았다. 처음에는 과외나 학원 강의 같은 아르바이트를 주로 알아봤다. 대학생이 할 수 있는 아르바이트 중에서 비교적 쉽게 많은 돈을 벌 수 있었기 때문이다. 하지만 쉽게 번 돈은 쉽게 내 손에서 빠져나갔다.

군 제대 후, 학과 사무실의 추천으로 은행에서 국내 계좌를 보유한 외국인 고객들을 지원하는 업무를 담당하게 되었다. 학생이었기 때문에 저녁 시간을 이용해 계약직 형태로 근무했다. 처음으로 출퇴근 시간이 정해진 회사에서 한 달 근무 후 받은 급여는 이전에 아르바이트를 하고 받았던 급여와는 의미가 달랐다. 월급은 '책임에 따른 보상'이라는 것을 알게 되었기 때문이다. 재미없고 힘들어도 가족의 부양을 위해 견뎌내는 직장인들의 모습을 보면서 그 인고의 대가가 바로 월급이라는 것을 깨달았다.

은행에서 일하면서 금융업은 특히 고객과 금융 회사 간의 상호신뢰가 중요하다는 것을 알게 되었다. 숫자를 우선시되는 금융업이지만 그것보다 더 근본적인 것은 상호 간의 신뢰이자 믿음이었다. 하지만 신뢰는 사람과 사람 사이에서의 신뢰만큼이나 쉽게 형성되지 않는다는 사실도 함께 깨달았다. 평소 관계를 소중히 생각하는 성향이 강했던 나는 은행에서의 근무를 계기로 언젠가 기회가 된다면 금융 회사에 일해보고 싶다는 생각을 갖게 되었다.

미국병의 시작

대학교 4학년, 미국에서 교환학생을 마칠 무렵 채용 박람회 및 온라인을 통해서 100곳이 넘는 회사에 이력서를 보냈다. 경영학이라는 전공과 은행에서 계약직으로 일한 경험을 살려서 주로 금융권에 지원했다. 투자 은행에서부터 회계법인까지 다양한 직무를 두드렸지만 결과는 참담했다. 불행 중 다행히도 인터뷰 요청을 한 회사가 세 곳 있었고, 그중 한 곳에서 오퍼를 받았지만 취업 비자 스폰서가 발목을 잡았다. 입사가 확정되면 회사에서 취업 비자를 지원해주지 않을까 하고 기대했지만, 회사는 특별한 기술이 없었던 나에게 비자까지 지원해가면서 일자리를 제안할 생각은 없었다. 간절히 바라면 이루어진다고 했는데, 나의 미국병은 간절한 바람에도 이루어지지 않았고 그렇다고 회복되지도 않았다. 단순히 비자 때문이라고 스스로를 위안했지만 당시의 좌절감은 상상 이상으로 컸다.

반면 처음으로 그동안 내가 어떻게 살아왔는지 돌아보는 계기가 되기도 했다. 만약 다시 미국에서 취업을 준비할 수 있는 상황이 된다면, 남들과 비교했을 때 분명히 나은 점을 만들 것이라고 다짐했다. 예를 들면, 한국에서의 경험이나 한국적인 정서가 필요한 일들이 그것이다. 대체할 수 없는 능력을 가졌을 때 회사는 외국인에게 비자를 지원해줄 것이라는 생각이 든다. 당시의 나는 뚜렷한 목적 없이 그저 미국에서의 생활을 지속하기 위해 '되기만 하면 어디든 간다'는 생

각이 강했었다. 미국에서 일할 수만 있다면 그것이 무엇이든 할 수 있을 것 같았다. 실제로 나에게 오퍼를 했던 고마운 회사, 웰스 파고Wells Fargo은행은 시켜만 주면 무엇이든지 하겠다는, 미국인들에게서는 절대 찾아볼 수 없는 나의 태도에 높은 점수를 줬다고 생각한다. 그 시절의 나는 정말로 그랬다.

야구 스카우트가 되다

미국에서의 취업이 맘처럼 쉽지 않자 홍콩의 금융권으로 구직 목표를 재설정했다. 당시 홍콩의 금융 회사들은 상황이 매우 좋았기 때문에 엔트리 레벨(Entry Level: 일반적으로 경력이 없는 신입직을 의미한다.)의 일자리가 많이 있었다. 평소 관심이 있던 투자 은행들의 홈페이지를 즐겨찾기에 추가해두고 잡 오프닝 상황

을 계속 확인했다. 채용 공고가 나면 바로 지원을 했는데, 미국과 달리 피드백이 좋았다. 전화 인터뷰에 합격해서 회사 측에서 제공하는 항공권으로 현지를 방문해 인터뷰를 했는데, 많지는 않았지만 미국에서 본 인터뷰 경험이 큰 도움이 되었다. 결국, 홍콩의 한 금융 회사에 입사가 확정되었다.

업무를 시작하기 전까지는 약 5개월 정도 여유가 있었는데, 이때 시카고 화이트삭스Chicago Whitesocks라는 미국 프로야구단에서 짧게 아르바이트를 하게 되었다. 야구를 좋아해서 야구단 홈페이지에 자주 접속했는데, 마침 아르바이트 모집 공고가 올라온 것을 보고 지원해보았다. 짧은 기간이었지만 처음으로 미국에서 일을 할 수 있었던 기회였다. 얼마 후 어릴 적부터 좋아했던 한국 야구단과 우연한 기회에 연락이 닿았고, 한국에서 3개월 정도 단기 통역 아르바이트를 해보

> **스카우트**
> **Scout**
> 일반적으로 기업에서 필요한 인재를 전문적으로 찾는 사람을 의미한다. 야구단에서는 우수한 선수를 물색하고 발탁하는 일을 하는 사람을 지칭한다.

먼 어떻겠냐는 제안을 받았다. 나는 흔쾌히 수락했다. 물론 야구 시즌이 끝나는 가을까지 한국에서 아르바이트를 하고, 예정대로 홍콩으로 출국할 계획이었다. 하지만 국내 야구단에 통역 아르바이트로 출근한 바로 그 다음날, 구단에서는 정식 스카우트로 근무하는 것이 어떠냐는 제안했다. 순간 머뭇거렸지만 좋아하는 야구 선수들을 가까이에서 매일 볼 수 있다는 생각에 스카우트로 근무할 것을 결심했다. 아마도 야구에 대한 열정과 관심 그리고 당시만 해도 한국에 소개되지 않았던 분석적인 방법으로 야구에 접근하는 태도가 좋은 점수를 받았다는 생각이 든다.

그후 7년 동안 외국인 야구 선수 영입과 국제 업무를 담당하며 즐겁게 일했다. 스카우트로서 선수를 영입하는 것도 중요하지만, 사실 영입보다 더 중요한 것은 방출 관리이다. 가끔은 한국생활 적응에 실패한 외국인 선수를 시즌이 끝나기도 전에 고국으로 돌려보내야 하는 경우도 있다. 구단이 계약 해지를 원한

> **문화적 피로**
> **Cultural Fatigue**
> 장기간 이질적 문화를 접했을 때 원래 익숙했던 문화와 새로운 문화 사이에서 심각한 정체성의 혼란을 겪게 되는 현상. 두 문화의 차이점이 보이기 시작하면서 불편함을 느끼고 육체적, 정신적으로 지치게 된다.

다는 사실을 알리는 일부터 선수들을 고향으로 돌려보내기까지의 과정은 쉽지 않았다. 대부분의 외국인 선수들은 큰 환영을 받으면서 한국으로 들어오지만, 시즌 중 성적이 좋지 않으면 떠밀리다시피 고국으로 돌아가는 경우가 많다. 실패한 선수들에게서 발견되는 공통적인 특징은 바로 문화적 피로 현상이다. 문화적 이질감을 극복하고 현지에 적응하려 노력하다가 스스로 지쳐 결국 자신의 기량을 발휘하지도 못한 채 돌아가는 것이다. 쓸쓸히 귀국

길에 오르는 선수들을 보면서 인생의 의미가 무엇인지 조금이나마 배울 수 있었다.

이런 경험은 추후 외국인 신분으로 영국과 싱가포르에서 일할 때 어려움을 견딜 수 있게 해주었다. 조직에서 효용 가치가 떨어지면 언제든지 외면당할 수 있다는 사실을 명확히 인식하고 있었기 때문이다. 또 스카우트로 근무하는 동안 외국인 선수들과 계약을 진행하고 해외 구단과 업무 협의를 하면서 배웠던 글로벌 비즈니스 에티켓과 협상 기술이 재보험 중개인으로 근무하는 지금도 큰 도움이 되고 있다.

영국에서 취업하기

결혼 이후 피치 못할 사정으로 나는 한국에서, 아내는 영국에서 지내게 되었다. 아내는 줄곧 영국에서 일해왔고, 일과 석사 공부를 병행하고 있었기 때문에 계속 영국에 있을 수밖에 없었다. 재미있고 흥미진진한 야구단을 그만둔다는 것은 쉽지 않았지만 가장으로서의 책임감은 더이상 아내를 혼자 지내게 할 수 없었고, 결국 발걸음을 영국으로 옮기게 되었다.

영국에서 아내와 함께하니 마음도 안정되고 즐거웠지만, 가장으로서 경제적인 책임을 져야 한다는 생각이 항상 마음 한편에 자리잡고 있었다. 당장 런던에서 취업 준비를 시작했고, 목표는 역시 금융권이었다. 학창 시절부터 금융업에 대한 꿈이 있었고, 실제로 야구단에서 일하기 전 홍콩 금융 회사에 입사할 예정이었기 때문에 나로서는 당연한 선택이었다. 또 전공인 경영학, 학창시절 은행에서 아르바이트를 한 경험 그리고 금융업이 발달한 영국의 특성을 고려한 결정이기도 했다. 미국과 달리 영국에서는 시민권자인 아내의 도움으로 영주권을 취득

할 수 있었고, 합법적으로 일할 수 있는 자격을 갖췄기 때문에 취업 비자는 문제가 되지 않았다.

물론 홍콩 금융 기관에 입사가 확정된 적이 있긴 하지만 그것은 이미 오래 전 일이었다. 그로부터 7년이 지난 후에, 그것도 금융업과 관련된 커리어 없이 금융권으로 구직활동을 하는 것은 쉬운 일이 아니었다. 하지만 나는 포기하지 않았다. 일단 미국에서 있을 때 지원했던 웰스 파고, 워싱턴 뮤츄얼Washington Mutual 등과 같은 회사에 다시 입사 지원을 시도했다. 사실 과거와 비교했을 때 달라진 점은 거의 없었다. 그때는 내가 미국에 있었고, 지금은 영국에 있다는 지리적 차이가 있을 뿐이었다. 7년이라는 시간 동안 야구단에서 스카우트로 일했지만, 그 경험이 직접적으로 금융권 취업에 도움을 주지는 못했다. 재보험 중개인으로 근무하는 지금은 야구단에서 근무했던 경험이 큰 힘이 되지만, 영국에서 취업에 어려움을 겪던 시기에는 마치 그 시간이 '잃어버린 7년'처럼 느껴져서 후회가 되기도 했다. 또 7년 동안 국내 대기업에서 근무한 나로서는 생소한 분야에, 그것도 다시 신입사원으로 들어간다는 것이 쉽지 않았지만 미래를 위한 꿈에 다가가기 위한 과정이라 생각하고 마음을 다잡았다.

반복되는 실패는 내가 어떠한 지원자인지 객관적으로 볼 수 있게 해주었다. 입장을 바꿔 내가 인사 담당자라면 나를 뽑을 이유가 있을지 냉정하게 생각해보았다. 변화가 필요했다.

변화는 운명처럼 찾아왔다. 여느 날과 똑같이 취업에 대한 고민을 하며 런던 시내를 걷고 있었는데 세계 최대 보험 조합인 로이즈* 건물 앞에서 설명할 수 없는 독특한 기운을 느꼈다. 손에 작은 서류 가방을 하나씩 들고 분주히 오가는 많은 사람들. 그들은 브로커Broker라 불리는 보험 중개인*이었다. 그후 나는 카스 경영 대학원Cass Business School에서 진행하는 로이즈 견학 투어에 참여했고, 보험 시장에서 로이즈가 차지하는 역할과 위상에 대해 알게 되었다. 또 그동안 내가 알고 있었던 개인 보험 시장 외에 기업 보험이라는 또다른 시장이 존재한다는 새로운 사실도 알았다. 영국은 금융업으로 유명한데 그중에서도 가장 발달한 것이 바로 보험업이다. 그도 그럴 것이 보험이 영국에서 시작됐기 때문이다. 그만큼 관련 일자리도 많았다. 나는 영국

로이즈
Lloyd's
런던을 거점으로 한 세계 최대 보험 회사. 약 2만여 명의 보험 인수자가 임의로 구성되어 있는 조직으로 로이즈의 보험요율산정 위원회에 의해 결정된 요율은 세계 보험요율의 기준이 된다. 보험요율이란 보험가입 금액에 대한 보험료의 비율을 말한다.

보험 중개인
Insurance Broker
보험자, 보험 계약자 혹은 피보험자 간의 보험 계약 체결을 독립적으로 중개하는 사람.

이라는 지리적 이점을 최대한 살려 보다 많은 기회가 있는 보험업 분야에 취업하기로 마음먹었다.

하지만 아무리 기회가 많다고 해도 관련 경력이 전혀 없는 상태에서 보험 분야로 취업을 시도하는 것은 보험업으로 눈을 돌리기 이전 상황과 크게 다르지 않았다. 많은 실패를 겪었지만 포기할 수 없었다. 7년 전 미국에서처럼 취업 비자 때문에 취업이 어렵다는 변명은 더 이상 통하지 않았고, 그만큼 절박한 심정으로 달려들었다. 이번에는 간절하면 이루어진다는 말이 현실이 되었다. 드디어 보험 회사에 입사하게 된 것이다. 보험 분야에서 근무한 경험이 없었기 때문에 처음에는 내가 갖고 있는 능력 중 어떤 것을 강조해야 할지 잘 몰랐다. 하지만 인터뷰를 거듭하면서 스카우트로 근무했던 경험이 직접적으로 언더라이터˙가 하는 일과 연결된다는 것을 깨달았다. 면접을

언더라이터
Underwriter
보험 계약을 인수하는 보험 회사 또는 개인 보험업자.

리스크 매니지먼트
Risk Management
보험이론의 하나로 기업 경영에 있어서 최소 비용으로 회사의 자산을 위험으로부터 보호하는 관리 방법.

---

professional advice

영국은 금융 산업의 역사가 깊고, 보험업을 비롯한 관련 산업도 세계에서 가장 발달한 국가 중 하나이다. 따라서 보험과 관련한 우수한 석사과정을 제공하는 학교가 많다. 이인영님이 석사 학위를 받은 카스 비즈니스 스쿨도 리스크 매니지먼트˙로 유명하다.

기본적으로 계량적 분석 능력이 뛰어나면 보험 산업에서 여러모로 유리하다. 이인영님은 메이저리그의 선수 평가 방식인 세이버 매트릭스(Saber Metrics: 야구를 통계학적, 수학적으로 분석해 선수의 역량을 평가하는 방법)를 국내 프로야구단 최초로 도입하는 데 공헌하는 등 수리적인 분야에 관심이 많고, 뛰어나다. 또 한국 프로야구계에서 외국인 선수 스카우트로 손에 꼽힐 정도의 노하우를 갖고 있기도 하다. 이런 자신의 강점을 충분히 이해하고 보험업과의 관련성을 어필했기에 보험의 종주국인 영국에서 좋은 결과를 얻을 수 있었던 것이다.

볼 때 경영학 전공, 다양한 외국어 구사 능력 그리고 스카우트로 근무하면서 익힌 계량적 분석 능력 등을 최대한 부각하는 데 주력한 것이 큰 효과가 있었다.

야구 스카우트, 언더라이터가 되다

보험 회사에서 언더라이터로 근무하는 데 과거 스카우트로 근무했던 경험이 많은 도움이 되었다. 스카우트가 선수를 발굴해서 영입하는 것이라면, 언더라이터는 위험 요소Risk를 찾아내어 그것을 인수하는 것이다. 인수하는 근본 대상이 다를 뿐이지 스카우트와 언더라이터는 동일한 일을 한다고 볼 수 있다. 스카우트가 선수에 대한 확신이 서지 않을 경우에 그 선수와 계약할 수 없는 것처럼 언더라이터 또한 인수 대상 물건, 즉 위험 요소에 대한 확신이 서지 않으면 해당 요소를 인수할 수 없는 것과 같다.

보험 회사에 일하면서 다양한 위험 요소를 분석하는 방법을 익힐 수 있었다. 또 선진사회로 발전해갈수록 그리고 사회구조가 복잡해질수록 직접 거래보다는 중개인을 통한 간접 거래를 선호한다는 사실도 알게 되었다. 이런 관점에서 봤을 때, 영국 보험 시장에서 중개인의 역할은 점점 중요해지는 추세였다. 나는 언더라이터로서의 경험을 바탕으로 중개인이 되는 것이 장기적인 경력 관리에 이득이 될 것이라는 생각을 했고, 보험에 대해 체계적인 지식을 쌓기 위해 보험학 석사과정을 밟기로 했다.

회사일과 석사 공부를 병행하면서 보험 시장을 움직이는 보이지 않는 손, 바로 브로커라 불리는 보험 중개인의 힘에 대해 더 확실하게 깨달았다. 언더라이터가 제공된 위험을 분석하고 인수 여부를 결정하는 다소 수동적인 일을 한다면,

TIP

영국 파트타임 석사 프로그램

런던에서 일하면서 누릴 수 있는 가장 큰 특권 중 하나는 파트타임Part-Time으로 석사가 가능하다는 것이다. 많은 직장인들이 직장생활과 학업을 병행하면서 프로페셔널이 되는 꿈을 키운다.

파트타임 석사과정을 제공하는 영국의 비즈니스 스쿨은 수업시간을 조정해 대부분의 수업을 오후에 시작하는 프로그램으로 운영한다. 미국과는 다르게 영국은 석사과정을 보통 1년 과정으로 운영하는데, 풀타임Full-Time 석사과정이 이에 해당되고 파트타임 석사과정은 2년이 소요된다.

또한 영국의 회사는 직장생활과 학업을 병행하는 직원들을 위해 시험 휴가Exam Leave라는 특별 휴가를 제공한다. 동시에 학비의 대부분을 지원하는 것으로 자기 개발을 위해 많은 노력을 기울이는 직원들을 격려한다. 회사의 적극적인 지원을 받으며 교육과정을 이수하거나 학위를 취득한 직원들은 회사에 대한 충성심을 갖고 계속해서 회사의 발전에 기여한다. 물론, 직원들의 교육에 소홀한 회사도 분명 존재한다. 하지만 이런 경우에도 본인의 열정만 있다면 직장생활과 학업을 충분히 병행할 수 있고, 교육과정을 마친 후 더 좋은 근무 환경으로 이직할 수 있다.

중개인은 위험 요소를 직접 찾아내 고객과 보험 회사를 연결하는 보다 능동적인 일을 한다.

당시 나는 석사 공부를 하는 데 회사의 지원을 제대로 받지 못하고 있었기 때문에 학위 취득과 이직을 위해 더 열심히, 더 치열하게 공부했다. 하지만 안타깝게도 보험 중개인을 뽑는 면접에서 만족스러운 결과를 얻지 못했다. 돌이켜보면 회사가 구직자에게 원하는 것을 알면서도 제대로 대처하지 못했던 것 같다. 회

professional advice

석사과정으로 유학을 떠나고자 하는 사람들로부터 파트타임 학위과정과 풀타임 학위과정의 차이점에 대한 질문을 많이 받는다. 파트타임 학위과정은 이인영님이 설명한 것처럼 일하면서 학위 취득이 가능한 프로그램이다. 풀타임 학위과정은 많은 학교에서 일반적으로 운영하고 있는 프로그램으로 학기 내내 학업에만 열중해야 학위를 취득할 수 있다. 두 과정의 강의 수준은 동일하며, 정규 학위를 받을 수 있는 프로그램이다. 단지 수업 시간 그리고 학위 취득까지 걸리는 시간이 다를 뿐이다.

파트타임 학위과정은 직장인 수강자가 대부분이기 때문에 저녁 시간 또는 주말에 수업이 많다. 또 직장인은 직장에서 보내는 시간이 정해져 있기 때문에 학교 수업에 투자할 수 있는 시간에 한계가 있으므로 학위를 취득하는 데 더 오랜 시간이 걸린다. 일반적으로 파트타임 석사과정이 풀타임 석사과정 대비 1년 정도 더 걸린다고 보면 되지만, 회사 상황이 시간적 여유를 내기 어렵다면 학위 취득에 걸리는 시간은 더 길어질 수도 있다.

파트타임 석사과정은 경력의 단절 없이, 매달 받는 월급도 포기하지 않고 학위를 취득할 수 있고, 학교의 물적, 인적 인프라를 충분히 활용할 수 있다는 장점이 있다. 실제로 한국인 중에서 현지 취업 후 명문 비즈니스 스쿨의 파트타임 석사 프로그램을 병행하며 학교 내 네트워크를 충분히 활용하여 더 좋은 직장으로 이직한 사람이 있다. 파트타임 학위과정이 풀타임 학위과정보다 커리어 관리 면에서는 더 유용할 수 있다는 것을 보여주는 사례이다. 미국과 영국에는 파트타임 MBA를 다니는 회사원들이 많고, 국내에도 파트타임 MBA과정이 속속 개설되고 있다. 직장인들의 교육에 대한 욕구, 자기 개발에 대한 열망을 반영한 결과라고 볼 수 있다.

사가 왜 나를 고용해야 하는지, 나는 회사에 어떤 비즈니스 기회를 가져다 줄 수 있는지에 대한 명확한 해답을 제시하지 못했다. 누가 이런 지원자에게, 더구나 외국인에게 일자리를 제공하겠는가. 뚜렷한 목적의식 없이 그저 이직을 해야 한다는 이유로 많은 회사에 지원하기만 했다. 실패를 통해서 분명한 교훈을 얻었지만 결국 나는 미국에서와 같은 실수를 범한 것이었다. '한국인으로서 나만이 할 수 있는 것을 내세워야 한다'는 사실을 망각하고 있었다.

해외 취업을 위한 기회의 땅, 싱가포르

계속되는 이직 실패로 의기소침해 있던 와중, 언더라이터로 근무하면서 함께 일했던 싱가포르에 위치한 재보험 중개 회사에서 일할 수 있는 기회가 생겼다. 지금의 회사 직원들이 고객의 가치 향상과 만족을 위해서 적극적으로 노력하는 모습을 보면서 언젠가 이 회사에서 일해보고 싶다는 바람을 갖고 있었기 때문이다.

기회는 역시 '나만이 할 수 있는 장점을 부각하는 것'에서 시작됐다. 외국에서 한국인이 현지인들과의 경쟁에서 우위를 점할 수 있는 가장 좋은 방법은 한국과 관련된 비즈니스에서 기회를 찾는 것이다. 한국 시장은 APEC이라 불리는 아시아 태평양 경제에서 위상이 상당히 높고, 최근에는 한류 열풍을 등에 업고 시장에서의 비중이 점점 커지고 있다. 다수의 글로벌 기업들은 아시아 태평양 지역 비즈니스의 총괄 본부를 싱가포르에 설립하고 그 기반을 다지고 있는데, 시장에서 한국의 중요성이 높아지면서 한국과 관련된 일자리를 많이 찾아볼 수 있다. 뿐만 아니라 싱가포르에 있는 아시아 본사는 한국과 일본 등 아시아 지역과 호주, 뉴질랜드 등이 포함된 오세아니아 지역을 총괄하는데, 비즈니스 규모가 큰

지역에는 현지 법인을 설립하기도 하지만 대부분은 싱가포르 본사에서 근무하는 인력들이 이들 지역을 담당하고, 출장 등으로 업무를 수행한다. 나 역시 한국과 관련된 비즈니스를 찾아 런던이 아닌 싱가포르로 눈을 돌리게 된 것도 이런 이유 때문이다. 또 미국, 영국 그리고 호주 등지에서 현지 취업만을 고집하는 해외 취업 준비생들에게 아시아 관련 비즈니스로 시야를 넓혀 싱가포르에서 해외 취업에 도전하는 것을 권하고 싶다.

해외 취업을 준비할 때 가장 먼저 고민되는 것이 바로 취업 비자이다. 특히 영국과 미국 등에서 한국인 신분으로 취업 비자 지원을 받는 것은 상당히 제한적이기 때문에 취업하기가 어려운 것이 사실이다. 그렇다면 한국인으로서 해외에서 일하는 것은 불가능한 것일까? 이런 질문에 해답을 제시해주는 곳이 바로 싱가포르이다.

그렇다면 싱가포르는 한국인 구직자에게 어떤 기회를 제공하는 것일까? 앞서 말했듯이 많은 글로벌 기업에게 한국은 매력적인 시장이다. 한국 시장에 진출하고, 진출한 이후에도 꾸준한 비즈니스 기회를 창출하고 발전해나가기 위해서는 한국인만큼 도움이 되는 사람은 없다. 보통 적게는 1명에서부터 많게는 10여 명에 이르기까지 한국팀이 구성되어 있을 정도다. 또 최근 들어 기업에서 상당히 많은 인원의 한국인을 채용하려고 하는데, 한국 고객들은 한국인과 함께 일하는 것을 선호하는 경향이 있기 때문이다. 싱가포르에는 싱가포르 현지 사람들, 영국 및 미국 본사에서 파견된 직원들 그리고 호주, 뉴질랜드, 인도, 일본 등 세계 각지에서 싱가포르로 취업한 사람들과 같이 다양한 국적의 사람들이 함께 일하고 있어 한국인이 아닌 사람이 한국 비즈니스를 담당하게 되는 경우도 종종 발생한다.

채용은 주로 헤드헌터에 의해 또는 내부 추천에 의해 이루어진다. 싱가포르에서 취업을 하고자 한다면 기회를 발견하는 것은 그리 어렵지 않다. 비교적 쉬운 방법은 싱가포르 현지 헤드헌터와 지속적인 교류를 갖는 것인데, 인터넷상에서 조금만 노력하면 현지 헤드헌터와 얼마든지 연락을 취할 수 있다. 물론 아시아 비즈니스에서 본인의 가치는 스스로 입증해야 한다. 내부 추천으로 인한 싱가포르 현지 취업은 헤드헌터를 통하는 것보다는 다소 어렵지만 현재 싱가포르와 거래하고 있는 협력 업체를 수소문해서 싱가포르에서 일하는 것에 관심이 있음을 드러내는 것이 하나의 방법이 될 수 있다.

무엇보다 싱가포르에 취업하면 영미권에 비해 수월하게 2년 동안의 취업 비자를 받을 수 있고, 2년이 지나면 비자를 연장할 수도 있기 때문에 취업 비자로 인한 불안감에서 벗어날 수 있다. 다만, 한 가지 기억해둘 것은 싱가포르 현지의 비싼 주거 비용과 생활비이다. 그만큼 급여 수준이 한국보다 높기는 하지만, 주거비 및 생활비를 충분히 감당할 수 있는 조건이 아니라면 경제적인 부담이 있을 수도 있다. 이점에만 유의한다면 싱가포르는 한국인 구직자가 해외 취업을 고려해볼만한, 충분히 훌륭한 장소라고 생각한다.

싱가포르는 이미 아시아 비즈니스의 허브Hub로 자리매김했다. 한국과 일본 정부가 스스로 아시아 금융 중심지임을 주장하고 있지만 싱가포르에 거주하면서 한국과 일본은 아직 풀어야 할 숙제가 많다는 것을 느꼈다. 지리적으로만 봐도 한국과 일본은 싱가포르에 비해 미국을 비롯한 유럽 대륙과 가깝다는 이점이 있음에도 이것을 충분히 활용하지 못했다. 반면, 지리적 접근성이 불리한 싱가포르는 과감하게 다른 아시아 국가들과 차별화되는 정책을 시행해서 아시아 금융 허브가 되었다. 외국 기업이 현지에서 원활한 비즈니스를 할 수 있도록 법적 규제를 완화하고, 경제적 환경을 조성한 것이 가장 큰 역할을 했고, 영어로 자유롭게 소통이 가능하다는 점도 유리하게 작용했다.

professional advice

싱가포르에서 한국인에 대한 인력 수요가 적지 않다. 얼마 전 현지 헤드헌터로부터 국내에서 활동하는 헤드헌터를 추천해달라는 요청을 받았다. 국내 대기업과 금융 기관이 싱가포르에 진출하면서 한국인 경력자에 대한 수요가 늘어날 것이란 예상 때문이었다. 경력이 전혀 없는 유학생이나, 국내 학부 졸업 후 약간의 경력만 가진 학생이 싱가포르 현지에 취업한 사례도 있다. 취업 비자도 까다롭지 않은 편이어서 어느 정도의 영어 구사 능력만 갖췄다면 충분히 도전해볼 만하다.

직원의 가능성에 투자하는 싱가포르

나는 지금 싱가포르의 재보험 중개 회사에서 중개인으로 근무하고 있다. 영국이 세계 보험 시장의 중심지라면, 아시아 태평양 지역의 보험 시장 중심지는 바로 싱가포르이다. 게다가 아시아 국가 중에서 한국 보험 시장의 규모는 매우 큰 편이고, 그 규모는 지속적으로 성장하고 있다. 싱가포르에 한국 비즈니스를 담당할 한국인 중개인의 수요가 많았고, 마침 지인의 추천으로 지금 회사와 인연이 닿은 것을 행운으로 생각할 정도로 회사생활에 만족하고 있다.

재보험 중개인Reinsurance Broker는 보험 회사와 재보험 회사 사이의 중개를 담당한다. 보험업은 흔히 인지(人紙)산업이라고 불리는데, 사람과 문서만으로 이루어지는 산업이고 그만큼 이 두 가지 요소가 중요하기 때문이다. 그래서 실제로 중개를 담당하는 중개인, 관련 서류를 준비하는 중개 지원Broking Support 부서 그리고 예상 가능한 손실 등을 자연 재해 모델 등으로 예측하는 모델링 부서 등으로 구성되어 있다.

싱가포르에서 일하면서 가장 인상 깊게 느낀 것은 직원의 가능성에 투자한다는 것이다. 싱가포르에서 회사생활을 시작한 첫날, 계약서에 명시된 보고 라인은 사장님이었지만, 나는 선배와 동료들에게도 깍듯하게 예의를 갖췄다. 하지만 회사 선배는 '우리는 모두 평등하다'고 말해줬다. CEO를 제외한 모든 직원은 연차에 관계없이 평등하다는 것이 회사의 철학처럼 다가왔다. 또 매주 한 차례 열리는 주간 회의에는 전 직원이 참여한다. 임원 회의 등 참여 대상을 제한해서 회사 전체 임직원이 한자리에 함께하는 기회가 거의 없는 한국과는 대조적이다. 주간 회의는 보통 30분 동안 진행되는데 CEO는 회의를 진행하고, 모든 직원들은 자유롭게 의견을 나눈다. 이후에는 회의록을 공유하면서 회의 시간에 논의된

TIP

경력자 이직시 주의할 점

영국의 보험 회사에서 언더라이터로 근무하던 중 보험 중개인이 되고 싶어서 이직을 준비하고 있었다. 싱가포르에 있는 지금의 회사에서 근무하는 것이 확정되었는데 그만 계약서에 최종 사인을 하기도 전에 이직하려는 사실이 영국 회사에 알려져 곤란한 상황에 처한 적이 있다. 세상이 넓고도 좁다는 것을 이때 처음 경험했다. 영국과 싱가포르는 멀리 떨어져 있지만 소문은 지리적인 위치와는 관계없이 메신저와 이메일을 통해 빠르게 퍼졌다. 또 어느 곳으로 가더라도 그것이 동일한 산업군 내의 이직이라면 지금 회사의 상사, 동료들을 어디서든 다시 만날 수 있다. 이직을 한다는 설렘 때문에 지금 회사에서의 마무리를 소홀히 하는 일은 없도록 해야 한다.

한국은 아직까지 평생직장의 개념이 남아있긴 하지만, 노동 시장의 유연성이 전 세계적인 흐름이 되면서 한국사회에서도 직장인이 아닌, '직업인'의 시대가 오기 시작했다. 이것은 직장은 바뀌더라도 동종 업계에서 지속적으로 경력을 이어가는 시대를 의미한다. 이럴 때일수록 더욱 중요한 것은 인맥 관리와 본인의 평판 관리라고 생각한다. 이직을 준비하기에 앞서 그동안 인맥 관리는 어떠했고, 사람들 사이에서 나의 평판은 어떠한지 한번쯤 객관적으로 돌아보는 것이 반드시 필요하다.

　내용을 진행하고 발전시킨다. 자유로운 의사소통을 하면서 회사에 분명히 기여할 수 있다고 판단되는 아이디어에는 그 가능성에 과감하게 투자한다.

　한국 기업과 달리 정년이 보장되지 않는 것 또한 싱가포르 기업의 특징이다. 앞서 언급한 가능성이 일정 기간 동안의 기다림 뒤에도 현실화되지 않는다면, 어느 순간 회사는 직원에게 경고를 준다. 직원의 가능성을 현실화시키는 데 충분한 지원과 시간을 주지만 시간이 지나치게 지체되면 회사는 다른 대체 자원을 찾아나선다. 냉정하다고 생각할 수도 있겠지만 분명한 사실이다. 회사는 통보 기간을 포함해 직원이 새로운 일자리를 찾을 수 있도록 유예 기간을 두기도 한다. 어찌 보면 냉혹한 환경이지만 모든 것은 개인의 의지와 노력에 달려있다. 철저하게 성과 위주로 평가하는 싱가포르라 하더라도 한국인 고유의 근면한 자세를 유지한다면 원하는 바를 이뤄나가는 데 아무런 문제가 없을 것이라고 생각한다.

싱가포르는 직원들의 근무 태도를 관리하지 않는다. 점심시간이 지나서 출근하는 직원도 있고, 점심시간을 두 시간 이상 사용하는 직원도 있다. 하지만 일정 기간 안에 반드시 끝내야 하는 일이 있다면, 밤을 새워서라도 그 프로젝트를 완벽하게 마무리하는 것이 이들이다. 일과 삶의 균형을 맞추면서도 자신에게 주어진 일은 반드시 기한에 끝내고야마는 싱가포르의 직장인들. 그들을 진정한 프로라고 말하고 싶다.

"It is not over until it is over."
끝날 때까지는 끝난 게 아니다.

10대 시절부터 마음에 품은
세계를 향한 꿈

김기재

2012~현재 ○ 닐슨Nielsen HR 비즈니스 파트너, 글로벌 C&B Compensation&Benefits 스페셜리스트

1999 ○ 국제학생교류협회 Youth for Understanding 미국 교환학생 프로그램
2001 ○ 경복 고등학교 졸업
2002~2006 ○ 경희 대학교 경제통상학부
2006~2009 ○ 육군 보병장교 복무
2010~2012 ○ 퍼듀 대학교 Purdue University HR 석사 졸업
2011 ○ P&G Procter&Gamble 인턴십, HR

"언젠가는 꼭 더 넓은 곳에서 내 꿈을 펼칠 꺼야."
어린 시절 나는 모든 것에 호기심이 많고 항상 새로운 것에 도전하기를 즐겨하는 긍정적인 아이였다. 하지만 언제나 치열하게 경쟁해야 하는 중고등학교 생활을 거치면서 그 호기심들은 하나둘 점차 사라지기 시작했다.
그러던 중 고등학교 2학년 무렵, 우연찮게 부모님의 권유로 당시 국제학생교류협회Youth For Understanding라는 단체가 주최하는 미국 교환학생 프로그램에 참여하게 되었다. 흔히 고등학교 유학이라고 하면 많은 사람들이 으리으리한 명문 사립 고등학교를 떠올리지만, 내가 간 학교는 미국 중부 네브래스카Nebraska 주의 와후Wahoo라는 조용한 시골에 위치한 작은 학교였다.

미국에서 교환학생으로서 1년이라는 시간은 무엇보다도 미국사회의 다양한 장점을 만나볼 수 있게 해주었다. 사랑과 여유가 넘치는 가정, 실력만 있으면 기회가 공정하게 주어지는 문화, 남이 잘한 것은 그대로 인정하고 존중해주는 문화가 특히 인상 깊었다. 예를 들면, 마을에는 농업에 종사하는 사람이 많았는데, 그분들의 직업의식은 정말 투철했을 뿐만 아니라 대부분의 사람들은 농부에 대한 존경심을 가지고 있었다. 한국에서는 높은 연봉을 받거나 사회적 지위가 높은 사람들이 인정받고, 많은 사람들이 그들처럼 되기 위해 노력하면서 사는 것이 일반적이었기 때문에 이런 미국 문화는 나에게 신선한 충격으로 다가왔다. 미국에서의 좋은 기억들을 마음에 품고, 귀국길에 동부와 서부를 여행하면서 언젠가는 미국에서 학업뿐 아니라 시야를 넓힐 수 있는 일을 해야겠다는 꿈을 꾸기 시작했다.

한국 바깥의 세상 그리고 그 다음 단계

　마을 전체를 통틀어 동양인은 나밖에 없었던 네브래스카 주 와후에서의 경험은 나의 삶을 통째로 바꿔놓았다. 한국에서는 반에서 중간이나 할까 말까한 평범한 학생이 단번에 학교 전체에서 주목받는 학생이 되었으니 말이다. 학생수가 비교적 적은 덕에 다양한 활동에 활발하게 참여할 수 있었고, 방과후활동으로 각종 스포츠팀에서 활동할 수 있는 기회도 있었다. 스포츠활동 외에도 내가 원하면 무엇이든 경험할 수 있는 다양한 방과후활동으로 자신감을 회복할 수 있었고, 동시에 희미해졌던 어린 시절 호기심 소년의 가슴이 다시 뛰기 시작했다.

　나는 대학생활 동안 많은 시간적 여유를 모두 다른 나라를 여행하는 데 투자했다. 바로 고등학교 교환학생 시절부터 품게 된 '전 세계를 대상으로 시야를 넓힐 수 있는 일을 해보고 싶다'는 꿈이 있었기 때문이다. 배낭여행, 해외 봉사활동 외에도 참여하면 해외 탐방 기회가 주어지는 프로그램 등을 활용해서 약 20여 개국을 돌아보았다. 인도, 캄보디아 등 경제적으로 풍족하지 못한 나라들을 여행할 때는 나의 환경에 진심으로 감사했고, 유럽, 싱가포르와 같은 선진사회를 보면서 우리나라가 배워야 할 점이 많다는 것을 느꼈다. 무엇보다 세계시민으로서 각각의 다른 문화와 상황을 있는 그대로 이해하는 것이 얼마나 중요한지 알게 되었고, 자연스럽게 내가 배운 것들을 우리 사회에 전달해야겠다고 생각했다.

전 세계를 무대로 일하고 싶다는 내 꿈을 이루기 위해서는 각 나라의 문화 차이를 인정하는 것이 중요하다고 믿었기 때문에 각 나라의 고유한 문화는 어디에서 왔는지, 현재와 같은 모습을 갖추기까지 어떤 영향을 받았는지 등에 대해서 공부했다. 글로벌 인재의 필수 조건은 영어 구사력이기 때문에 지속적으로 외국인 친구들과 연락하면서 영어로 소통하는 것을 소홀히 하지 않았다. 시중에 나와 있는 수많은 영어 공부 서적에서 볼 수 있듯이 언어는 따로 시간을 들여 공부하는 것이라기보다는 생활 속에서 습관처럼 사용해야 실력이 향상된다는 것을 몸소 체험했다.

글로벌 인재로서의 삶의 방식, 그것은 내가 추구하는 세상을 향한 도전 방법이었고 앞으로 내 미래를 더 구체화시킬 수 있는 출발점이기도 했다. 이러한 목표를 가진 나에게 대학생활은 나의 모든 갈증을 해소시켜주지 못했다. 국내 대학은 취업이나 고시 합격같은 목표에 많은 부분이 맞춰져 있었고, 학생, 교수, 교직원 모두 취업이나 취업에 직접적으로 연관이 있는 일에 자원과 역량을 집중하고 있었다. 한국 문화 특성상 남들과 다른 길을 선택하는 사람의 삶은 고독하다. 학교를 다니며 구체적인 유학 계획을 세울수록 주변에서는 부정적인 반응이 난무했다. 나는 대학 졸업 후 장교로 군복무를 마친 뒤 유학을 가겠다는 계획을 세웠는데, 주변에서는 최상위권 대학이 아니면 유학을 가는 의미가 크게 없고, 군복무 기간 때문에 명문대 합격은 절대 할 수 없을 것이라는 확신에 가까운 부정적인 의견이 대부분이었다. 주변 사람들에게 당시 내가 세운 계획들은 세상물정 모르는 아이의 철없는 꿈처럼 비춰졌을지도 모르겠다. 하지만 내 생각은 좀 달랐다. 장교는 리더로서의 책임이 있는 자리이기 때문에 장교생활을 통해 배우는 것들이 미래에 큰 도움이 될 것이라고 믿었다.

고등학교 교환학생 프로그램

미 국무성 산하 CSIET(Council on Standards for International Education Travel)에 가입된 70여 개의 미국 재단에서 교환학생 프로그램을 진행 중이다. 만 15세~18세 사이의 중고등학교 재학생 대상으로 미국에서 1년간 학교를 다니고 자원봉사 호스트 가정에서 생활을 할 수 있는 프로그램이다.

1년 동안의 교환학생생활이 국내에서 학력으로 인정되는지 여부는 각 학교별로 다르다. 한국 중고등학교의 경우 행정상 휴학을 해야 하는 곳이 있는데 이것은 해외 교환학생 기간을 학력으로 인정받지 못하는 것과 같다. 반면, 해외 교환학생 기간을 학력으로 인정해주는 학교가 있는데 이런 경우 교환학생을 마치고 한국으로 돌아오면 떠나기 전 함께 학교에 다니던 친구들과 같은 학년으로 진급할 수 있다. 학교 특성상 드물게 자퇴한 후, 재입학을 해야 하는 경우도 있으니 교환학생을 고려하고 있다면 반드시 학교와 먼저 상담하는 것을 추천한다.
또한 고등학교 교환학생 경험이 대학교 진학시에 불리한 요소로 작용하는 경우는 거의 없다고 볼 수 있다.

나는 스스로를 믿고 육군 보병 장교로 군에 입대했다. 어린 나이에 많은 사람들을 이끌면서 조직을 운영하고, 조직원들의 임무 수행과 신변 안전 등을 책임지면서 배운 것들은 유학생활뿐만 아니라, 미국 기업의 조직 문화에 적응하는 데도 큰 도움이 되었다. 시행착오를 겪기도 했지만 군대생활을 통해 배웠던 것들 중에서 어느 것 하나 가치 없는 것이 없었다. 그중 가장 큰 것은 바로 책임감이었다. 큰 조직 안에서 내가 맡은 일과 역할을 잘 해내지 못하면 다른 영역에서 계속 불균형이 생기고, 결국 조직에 좋지 않은 영향을 끼치게 된다. 내가 맡은 역할 그리고 내가 이끄는 조직의 역할이 얼마나 중요한지 배울 수 있었다. 뿐만 아니라 조직 구성원의 가능성을 보는 눈을 갖게 되었다. 군대에는 정말 다양한 사람들이 모인다. 그 다양한 사람들의 배경과 장점이 조직에 어떤 영향을 줄 수 있는지 파악하고, 각자의 특성을 잘 발휘할 수 있도록 해주는 것이 리더의 중요한 역할 중 하나였다. 각 구성원들의 장점을 찾고, 그 장점을 어떻게 발휘하도록 할지 고민하며 실제적인 노력을 기울인 것이 리더십을 키우는 데 많은 도움이 됐다.

마음속에 품어왔던 꿈을 향한 열정은 군 제대 후 4개월 만에 유학 준비를 마치는 결과로 확인할 수 있었다. 군복무 시절 틈틈이 영어 공부를 하고, 공부를 하기 위한 체력을 열심히 쌓아둔 덕분에 식사와 수면 시간을 제외한 남은 시간은 오로지 영어 시험과 에세이 준비에 집중할 수 있었다. 또 유학 준비에 시간을 많이 투자하는 것도 중요하지만, 공부의 능률을 위해서 쉬는 시간과 운동하는 시간은 반드시 챙겼다. 남들보다 유학 준비 기간이 짧았기 때문에 영어 시험 공부와 에세이 준비를 동시에 하면서, 각 학교별 에세이 주제를 먼저 정리하고 틈틈이 내용을 구상하며 노력한 결과 에세이를 빠르게 완성할 수 있었다. 그 결과에 지원 마감일 전에 성공적으로 HR 석사과정에 지원을 마쳤다.

유학 준비를 빨리 끝낼 수 있던 것은 마인드 컨트롤과 절실함 때문이었던 것 같다. 하고 싶은 것을 이룰 수 있다는 희망과 당시 무직상태에서 오는 동기부여

professional advice

장교로 군복무를 마친 사람들과 대화를 나눠보면 추진력과 리더십을 갖췄다는 것을 알 수 있다. 김기재님 외에도 장교 출신의 비즈니스 스쿨 유학생들 중 미국 회계법인과 컨설팅펌 Consulting Firm에 취업한 사람들이 있다. 한국적인 기준에서 명문대를 졸업한 것은 아니지만 교내 프로젝트뿐만 아니라 외부 공모전, 회사 창업 등 다양한 활동에 참여하고, 계획한 것을 적극적으로 실행하면서 경험을 쌓은 것이 취업으로 이어진 것이다. 취업 이후에도 조직에 잘 적응하는 편인데, 비슷한 연령대의 사병들을 이끌어본 장교 시절의 노하우가 몸에 배어 있기 때문이다.

가 컸고, 무엇보다 열심히 살아가는 다른 사람들의 모습에 자극받으며 최선을 다할 수 있었다. 이러한 노력 끝에 지원한 학교들로부터 좋은 소식이 전해져왔다. 아직도 합격 이메일을 받은 순간이 생생하게 기억이 날 정도로 당시의 기쁨은 이루 말할 수 없었다.

퍼듀 대학교
Purdue University
미국 인디애나 주에 위치한 주립대로서 전통적으로 이공계가 강한 학교이나 경영 대학원도 우수한 교육 시스템으로 인정받고 있다. 경영학 중에서도 수리를 중시하는 분야에서 강점을 보이고 있으며 미국 내에서 인사 석사과정을 개설한 몇 안되는 학교 중 하나이다.

글로벌 커리어를 써내려가겠다는 목표를 세운 나는 합격한 학교들 중 퍼듀 대학교로 진학을 결정했다. 실무 경험이 전혀 없던 나에게는 일반적인 학문 중심이 아닌 커리큘럼을 가지고 있고, 경영대학에 속해있으면서, 1년 차에는 사회 경험이 있는 학생들과 함께 수업을 들으며 실무 위주의 교육을 받을 수 있는 퍼듀 대학교가 가장 적합했다. 지원 당시 100%였던 높은 취업률과 시카고라는 대도시와의 접근성 그리고 중부 대학 도시의 저렴한 생활비 등도 퍼듀 대학교를 선택한 또다른 이유이다.

내 삶을 변화시킨 멘토와의 만남

꿈에 그리던 대학원 유학생활! 그러나 퍼듀 대학교 캠퍼스 도착 직후부터 모든 것은 내게 새로운 도전의 연속이었다. 제일 먼저 영어 의사소통의 어려움은 나를 여러모로 주눅들게 만들었고, 교환학생 시절 아주 잠깐 동안의 미국 현지 경험과 한국에서 공부한 짧은 영어 실력이 전부인 내게 매일매일 전문 지식을 가지고 토론하고 발표하는 수업을 소화하기란 보통 일이 아니었다. 하루하루 영어로 된 수업을 완벽히 이해하는 것도 벅찬데 공부는 공부대로 많이 시키고 학점

은 짜게 주기로 유명한 퍼듀 대학교 경영 대학원의 커리큘럼을 따라가는 것은 매우 힘들었다. 무엇보다도 회사 실무 경험이 부족하다는 것은 비즈니스 케이스를 중심으로 진행되는 경영 대학원 수업을 따라가는 데 만만치 않은 진입장벽으로 느껴졌다. 영어가 유창할 뿐만 아니라 다양한 실무 경험을 가진 동기 원어민 학생들에 비해 여러 면에서 부족하다는 생각이 들기 시작하면서 어느 순간 자신감은 바닥을 쳤다. 또 학업, 취업, 네트워킹에 대해 동시다발적으로 생각하고, 잘 해나가야만 하는 상황에서 우선순위를 결정하고 실행하는 것이 큰 스트레스로 다가왔다.

유학생활 중 나에게 가장 큰 도움이 되었던 것은 '멘토와의 만남'이었다. 학교

포천500
Fortune500

유명 비즈니스 매거진인 미국 포천지가 매출액 기준으로 매년 선정, 발표하는 미국 500대 기업을 일컫는 용어. 지난 3년간 월마트Walmart, 엑슨모빌Exxon Mobil, 셰브런Chevron 3개 회사가 미국 포천500 의 최상위권을 차지해왔다.

커리어 센터의 멘토 프로그램을 통해서 같은 학교 졸업생이자 포천500 기업에서 인사 분야 최고 경영자까지 올랐던 톰 맥더피Tom Mcdufee라는 분의 상담을 받을 수 있는 행운을 잡았다. 그분과의 상담은 놀라움의 연속이었다. 멘토는 나의 학창 시절부터 군복무에 이르기까지의 모든 경험을 하나하나 우수한 경력으로 평가하며, 각각의 경험으로부터 장점들을 이끌어내주었다. 당시 주변 사람들에게 대학원 졸업 이후 미국 현지 취업을 계획하고 있다는 이야기를 하면, 하나같이 학창 시절 해외여행이나 과외활동 그리고 군대 경력 따위는 현지 취업에 아무런 도움이 되지 않을 거라며 직접적으로 취업과 관련된 경험이 부족한 것을 단점으로 꼬집었다. 반면, 톰은 새로운 시각으로 나의 경험을 해석하며 여러모로 나에게 힘을 북돋아주었다. 예를 들면, 장교 복무시 약 30명으로 이루어진 조직에서 소대장으로서 맡았던 역할과 책임 그리고 조직 내에서 부대원들의 성장에 일조한 사례를 칭찬하며, 회사에 나의 리더십을 증명할 수 있는 동시에 회사에서 충분히 리더십 있는 지원자로 인정받을 수 있는 경험이라며 힘을 실어주었다. 또한 소대를 이끄는 과정에서 직면한 여러 가지 어려운 도전 과제와 그것을 극복하면서 얻은 교훈이 기업 인사 담당자에게 깊은 인상을 줄 수 있는 훌륭한 경험이라고 조언해주었다. 뿐만 아니라 이러한 경험들을 인터뷰에서 어떻게 효과적으로 전달할 수 있는지 등 실용적인 조언 역시 아끼지 않았다.

멘토와 함께 그동안 내가 걸어왔던 길을 하나하나 되짚어보며 나만의 장점들을 찾아내고, 재발견하는 뜻깊은 시간을 가졌다. 그분과의 대화는 지금도 생생하게 기억이 난다. 내가 나만의 세계에 갇혀 좁은 시야로 상황을 제대로 보지 못하고

TIP

약점을 극복하는 방법

다른 학생들이 모두 각자 회사에서 겪은 실무를 바탕으로 이야기할 때, 사회 경험이 전혀 없는 만년 학생이었던 내가 말하는 내용은 아주 기본적인 것처럼 느껴져 나도 모르게 종종 위축되기도 했다. 주변의 시선을 의식하고, 스스로에게 실망감을 느꼈던 매우 힘든 시기였지만 약점을 극복하기 위한 돌파구를 끊임없이 찾았다.

그때 내가 집중하기 시작한 것은 컨설팅 프로젝트를 하는 실용적인 수업들이었다. 경영 대학원에서는 실제로 기업들이 현재 겪고 있는 여러 가지 문제들을 학교에 의뢰해서 학생들에게 컨설팅을 맡기는 프로젝트가 많다. 이렇게 실무와 연관된 수업들을 되도록 많이 수강하면서 나에게 부족했던 회사 경험이라는 공백을 조금씩 채워나갔고, 학교에서 배웠던 지식들을 실제 사례에 적용해보면서 늦게나마 부족한 실무 감각을 키워나갈 수 있었다.

이러한 노력 끝에 프로젝트 수업에서 교수님, 동기들 그리고 프로젝트를 의뢰한 회사들에게서 좋은 피드백을 받았다. 개인적으로는 자연스럽게 자신감을 회복할 수 있었고, 학문적으로는 기업들이 실제 어떤 종류의 문제를 안고 있으며, 어떤 방법으로 해결하는 것이 좋은지에 대한 전문적인 지식들을 배울 수 있었던 좋은 기회였다.

김기재

갈피를 잡지 못할 때, '이런 방향으로 생각을 해보았나?' '네가 지금 이야기하는 것은 작은 부분인데 큰 그림을 한번 생각해보자'라는 조언을 건네시면 '아, 이거구나!' 하고 깨달음을 얻곤 했다. 멘토와의 대화는 기존에 딱딱하고 편협했던 사고의 틀을 깨고 새롭고 창조적인 시각으로 전환할 수 있도록 도와주었다. 이러한 긍정적인 시각의 변화 덕분에 내가 지금까지 발전할 수 있었다고 확신한다.

나는 더 다양한 배움의 기회를 갖고 싶은 욕심이 있었기에 늘 새로운 것에 도전했는데, 그때마다 멘토의 조언은 이루 말할 수 없이 큰 도움이 됐다.

한번은 대학원 클럽 회장직 출마에 도전하기로 결심했는데, 회장으로 선출되려면 미국 학생들과 경쟁을 해야만 했기 때문에 쉽지 않은 도전이었다. 역대 회장 리스트를 찾아보니 나 같은 외국인은 한 명도 없었고, 당선될 가능성은 희박해 보였다. 이때도 나는 멘토를 찾아 솔직한 내 심정을 이야기했고, 그의 조언 덕분에 나는 용기를 낼 수 있었다.

"걱정하는 것은 충분히 이해하지만 중요한 것은 네가 회장이 되면 어떤 일을 할 것이고, 그 일이 학생들에게 어떻게 도움이 될 것인지이다. 실질적인 부분에 집중하고, 외국인이어서 불이익이 있을 것이라는 걱정은 미리 하지 않았으면 좋겠다. 일단 너 자신을 믿고, 투표하는 친구들을 믿어라."

위와 같은 이야기를 듣고 내가 학우들을 위해 어떤 일을 할 수 있을지 마음으로 고민했고, 이후 선거 캠페인 기간 동안 나의 계획들을 하나하나 진심을 담아 설명하고 홍보했다. 당시 내가 다니던 HR 석사과정은 정말 좋은 프로그램이었지만 이것을 대외적으로 알릴 수 있는 방법이나 행사가 없었고, 재학중인 외국인

학생들이 현지에 취업할 수 있는 기회가 많지 않았다. 나는 학교를 알리는 이벤트를 기획하겠다는 것 그리고 외국인 학생들이 취업 기회를 가질 수 있도록 더 많은 회사와 연결하겠다는 것을 공약으로 내세웠다. 학생들이 내 공약의 필요성을 느꼈는지 결국 나는 클럽 회장으로 선출되었다. 회장이 된 후, 계획하고 약속했던 공약들을 실천했고, 학우들에게 공헌할 수 있는 또다른 일들을 찾아나섰다. 이 과정에서 서로 다른 문화 속에서 살아왔지만 인생에서 고민하는 문제들은 모두 비슷하다는 것을 깨달았고, 서로 다른 생각과 배경을 가진 사람들이 함께 고민할 때 건설적인 방법이 많이 도출된다는 것을 배웠다.

김기재

너 영어 정말 많이 늘었구나!

　대학원 1학년이 끝나갈 때쯤 초반부터 친하게 지냈던 친구로부터 영어가 정말 많이 늘었다는 이야기를 들었다. 영어는 나에게 정말 큰 장벽이었다. 하지만 나는 한국인 특유의 악센트가 섞인 유창하지 않은 영어 실력에도 다양한 네트워킹 행사에 가리지 않고 참여했으며, 많은 사람들 앞에서 이야기하는 것도 주저하지 않았다. 대다수의 한국 유학생들이 문화적 차이라는 이유 때문이기도 하지만, 타국에서의 생활이 많이 외롭고 힘들기 때문에 대화가 편한 한국 친구들을 찾게 되고, 한국인들끼리 어울려 다니게 된다. 하지만 나는 국가의 장벽을 넘어서는 글로벌 인재가 되는 것을 목표로 삼아왔기 때문에 다른 나라의 친구들과 함께 대화하며 많은 시간을 아낌없이 보냈다. 그러면서 다른 나라 사람들의 생각과 그들만의 방식을 배우고, 다른 문화를 이해할 수 있게 되었다. 더불어 삶의 다양성을 인정하는 시각과 나와 다른 사람들도 이해하는 넓은 마음도 생겼다. 이런 경험은 나 스스로를 성장시켰고, 글로벌 기업에 입사한 후 조직 문화를 이해하고 적응하는 데 많은 도움이 되었다.

물론 다른 유학생들과 조금은 다른 방식으로 생활했기 때문에 때로는 걷잡을 수 없는 외로움을 느끼기도 했다. 하지만 지금 돌이켜보면 두렵고 불편한 일들을 피하지 않고 용기 있게 실천한 것이 내가 성장하는 데 가장 큰 밑거름이 되었다고 믿는다.

미국 전체에서 단 15명뿐, P&G 인턴십

과거 나의 커리어 계획에 대해 확신에 찬 반대를 하던 사람들은 본인의 경험에만 비춰서 이야기한 것일 뿐이라는 사실을 알게 되고, 많은 것을 보고 경험한 멘토와 대화를 나누면서 나는 긍정적으로 변화해갔다. 스스로에 대한 자신감은 구직활동을 할 때 큰 도움이 되었고, 세계 최대 소비재 회사 P&G에서 HR 인턴으로 일할 수 있는 기회를 잡을 수 있었다.

> **P&G**
> **Procter&Gamble**
> 미국 오하이오 주에 위치한 175년의 전통을 가진 다국적 소비재 기업이다. 마케팅에 뛰어나며, 혁신과 리더십 역량 개발에 많은 투자를 하는 것으로 알려져 있다.

P&G 인턴십은 당시 미국 전체에서 단 15명만 오퍼를 받을 수 있었기 때문에 경쟁이 치열했는데, 지원자는 수백 명에 이르렀다. 전통적으로 퍼듀 대학교 졸업생을 많이 채용하는 회사였고, 그 동문들이 P&G에서 좋은 성과를 내고 있었던

것이 후배로서 좋은 기회를 잡을 수 있는 발판이 되었다. 최종 면접에서 퍼듀 대학교에서 공부하고 있다고 하니 면접관이 "퍼듀에 다니고 있으니 모든 일에 성실히 임하고 똑똑하겠군요"라는 말을 한 것만 봐도 학교의 평판이 여러모로 중요하다는 것을 분명히 느낄 수 있다.

물론 인턴십 면접을 위해 만만의 준비를 했다. 예상 질문 리스트를 30~40개 뽑아 답변을 미리 만들고, 입에서 자연스럽게 나오도록 계속해서 연습했다. 단순히 외운 것을 나열하는 것이 아니라 자연스럽게 대화하는 것처럼 말하는 것이 핵심이었는데 생각보다 굉장히 어려운 일이었다. 준비하면서 많은 모의 면접들을 보고, 혼자 스마트폰 녹음기로 녹음해서 내가 말한 것을 다시 들어보고 고쳐 나가는 과정을 거치며 점점 나아졌다. 인턴십을 준비하면서 항상 머릿속에 담아두었던 생각은 미국 면접관들도 결국에는 똑같은 사람이라는 것이었다. 내가 진심으로 이 일을 원한다는 것을 보여주고, 그들이 찾는 인재상에 부합한다면 내가 어떤 인종이고, 어떤 배경을 가졌는지는 중요치 않다고 생각했다. 내 이야기가 제대로 전달이 된다면 반드시 채용으로 이어질 것이라고 믿었다.

P&G에서의 인턴십을 통해 얻은 가장 큰 수확은 HR에 대한 생각의 전환이었다. 한국에서는 HR을 HRM(Human Resources Management: 인적 자원 관리)과 HRD(Human Resources Development: 인적 자원 개발)로 나누어 접근하지만, 미국에서는 전략적 파트너로서의 인사 기능을 강조한다. 이것은 인턴십 프로젝트만 봐도 알 수 있는데, 주로 조직의 효율성과 변화 경영에 관한 프로젝트가 많다. 나는 인턴십 프로젝트를 수행하면서 전략적이고 글로벌한 인사 체계를 배웠다.

취업 시장에 뛰어들다

　2011년 가을, 대학원 1학년을 마치고 취업 시장에 뛰어들었다. 2008년 글로벌 금융 위기 이후 경기는 아직 회복세를 보이지 않고 있었기 때문에 취업 시장 역시 좋지 않았다. 하지만 어차피 피할 수 없는 상황이고, 나뿐만 아니라 모두가 출발선은 같다는 담담한 마음을 가지고 도전을 시작했다.

　구직활동을 할 때 반드시 염두에 두어야 할 것이 한 가지 있다. 바로 어떤 회사에 취업할지 목표 설정을 확실히 하는 것이다. 올바른 목표를 설정하면 본인에게 힘든 순간이 찾아올 때나 앞이 깜깜한 불확실한 상황을 헤쳐나갈 때 그리고 수많은 도전 과제들이 한꺼번에 닥쳐올 때 중심을 잃지 않게 해준다. 내가 세웠던 목표는 크게 세 가지였다. 인사 분야를 전략적인 파트너로 인식을 하고 있는 기업, 글로벌한 기업 그리고 개인의 특성과 생각을 존중해주는 문화를 가진 기업이었다. 또 많은 사람들에게 신뢰를 주는 이미지의 회사도 고려 대상이었다.

　미국 회사들의 인터뷰는 대부분이 정답이 없는 행동 질문*이기 때문에 이력서에 적은 내용을 바탕으로 대화를 풀어나가는 것이 중요했다. 몇 가지 질문을 예로 들자면, "당신이 팀원들과 함께 일을 할 때 갈등을 겪었던 적이 있는가? 있었다면 어떻게 극복했는가?" "본인은 열심히 노력했지만 결과가 좋지 않았던 적이 있을 것이다. 이러한 과정을 통해 무엇을 배웠으며, 지금까지 살아오는 데 어떤 영향을 주었는가?" "당신이 우리 회사의 해외 지사를 처음

행동 질문
Behavioral Question
회사는 행동 질문을 통해 지원자가 회사 또는 사적 공간에서 마주하는 특정 상황에서 어떻게 행동할지를 알아본다. 회사는 행동 질문에 대한 답을 통해 지원자의 성격과 역량을 측정하고, 과거의 행동을 통해 미래에 어떻게 대처할지 예측한다.

세운다고 하자. 어떤 방식으로 접근하겠는가?"와 같이 정답이 없는 질문들이다. 이런 질문에 대한 답변은 중간중간 과거 경험과 성과를 드러내고, 내가 충분한 역량을 갖춘 인재라는 것을 나타내는 것이 중요한데, 적절히 연결시키고 녹여내는 작업이 쉽지 않았다. 답변은 최대한 간단명료하게 준비했고, 발음과 악센트는 단기간 내에 고칠 수 없기 때문에 준비한 대로 침착하게 말하는 것에 초점을 두었다. 나를 회사의 인재상에 억지로 끼워 맞추기보다는 내가 가진 장점이나 가치, 삶의 방향성에 대해 이야기하며 자연스럽게 면접관과 소통하려는 의지를 보였는데, 이러한 접근이 면접관에게 좋은 인상을 심어주었다.

취업을 준비하면서 이력서는 족히 몇 백 번은 수정을 했던 것 같다. 전문가의 조언을 듣고, 취업이 잘된 친구들의 이력서를 참고하는 것은 기본이었고, 단어 선택에 심혈을 기울이고, 최대한 간단명료하게 쓰려고 노력했다. 그 결과 졸업할 때 학교 전체 대표 샘플로 내 이력서가 뽑힐 정도였다. 면접 준비는 스스로를 모니터링하는 것에 집중했는데, 학교 커리어 센터 전문가의 도움을 얻어 모의 면접에 참여하고 그 장면을 비디오로 녹화해서 보거나, 스마트폰으로 녹음해서 들었다. 면접 준비로 얼마나 커리어 센터에 자주 드나들었는지 안내 데스트에 있던 직원에게 '기재 네가 커리어 센터 직원 다음으로 자주 온다'는 말까지 들었다.

취업에 결정적으로 도움이 되었던 것은 목표로 삼은 기업들의 전략을 이해하는 과정에서 회사가 지원자에게 기대하는 역량이 무엇인지 회사 입장에서 고민해본 것이었다. 내가 가진 역량과 회사가 원하는 역량의 공통분모는 무엇인지, 보완해야 할 약점은 무엇인지 스스로에게 물었다. 이런 과정을 통해서 내가 정말 원하는 커리어를 구체화할 수 있었고, 내가 가장 가고 싶은 회사와의 면접에서 나의 열정과 진심을 제대로 전달할 수 있었다.

지금도 현재 다니고 있는 회사 면접이 생생하게 기억난다. 본사가 있는 뉴욕에 도착해서 환영 패키지를 받는 것으로 면접이 시작됐다. 패키지 안에는 면접관들의 프로필과 배경에 대한 설명이 있었는데, 그것을 꼼꼼히 읽고 면접관들과 함께 저녁식사를 하러 갔다. 편안한 분위기에서 식사하며 대화를 나눴고, 나는 주로 회사의 전략과 현재 상태에 대한 질문을 했다. 최종 면접과정 중 하나로 케이스 인터뷰*를 했는데, 다른 지원자와 2인 1조로 비즈니스 사례를 분석하고, 문제점을 찾아 해결 방안을 발표하는 것이었다. 발표가 끝나자마자 개별적으로 "상대방과 일하는 것이 어떠했냐?"를 물어봤는데, 지금 와서 알게 된 것이지만 함께 일했던 동료를 나쁘게 말하거나 깎아내리는 지원자는 절대 뽑지 않는 것이 방침이었다고 한다. 난 함께 했던 동료가 큰 도움이 되지는 않았지만, 그 사람의 장점과 그 장점을 어떻게 활용해서 함께 문제 해결을 했는지 이야기했다. 당시 면접관들은 이런 나의 태도와 내가 왜 인사 분야를 선택했고 앞으로 어떻게 커리어를 쌓아나가고 싶은지 이야기했던 것에서 좋은 인상을 받았다고 한다.

> **케이스 인터뷰**
> Case Interview
>
> 많은 미국 회사에서 면접시 주로 사용하는 인터뷰 방식 중 하나로 논리력, 분석력, 그리고 창의적 사고를 통한 문제 해결 능력을 측정한다. 지원자에게 실제 비즈니스 사례를 제시하고 그것을 풀어나가는 과정에 대해 대화하며 역량을 검증한다.

닐슨을 선택하다

수많은 인터뷰 끝에 감사하게도 몇 곳의 글로벌 회사에서 연락이 왔다. 나는 현재 근무 중인 닐슨Nielsen의 이머징 리더 프로그램Emerging Leader Program을 선택했다. 닐슨은 전 세계 소비자들의 행동을 분석, 예측하는 회사인데, 마케팅 리서치 산업에서 부동의 1위를 차지하는 기업이기도 하다. 이 회사를 첫 직장으

로 선택하게 된 이유는 글로벌 시장에서 회사가 차지하는 위상과 회사가 직면하고 있는 과제들 그리고 나를 매순간 더 노력하게 만드는 로테이션 프로그램 Rotational Program의 존재였다. 닐슨의 로테이션 프로그램에 대해 간단히 설명하자면, HR 제너럴리스트Generalist, HR 스페셜리스트Specialist, 클라이언트 컨설팅 Client Consulting의 단계를 거쳐 성장하고 있는 해외 시장으로 단기 파견 후, 채용된 나라에 정착하는 과정으로 이루어져 있다. 무엇보다 소수의 인재를 뽑아 회사 차원에서 집중적으로 투자하고 미래의 인재로 키운다는 비전이 맘에 들었다. 나는 로테이션 프로그램을 통해 많은 것을 배울 수 있고, 조직 내에서 글로벌한 핵심 인재로 자랄 수 있을 것이라는 확신이 들었다.

매년 수많은 회사들이 해외 진출을 한다. 해당 시장 고유의 특성을 잘 이해하지 못하면, 아무리 큰 액수를 투자한다 하더라도 실패할 확률이 높다. 닐슨은 '현재 세계 소비자들은 어떤 트렌드를 보여주고 있는가?' '우리 회사가 인도네시아에 진출하려고 하는데 어떤 마케팅 방법과 유통 채널을 활용해야 하나?' '우리 회사의 광고를 얼마나 많은 사람들이 보았고, 그것을 통해 창출된 수익은 얼마인가?' 등과 같은 질문에 대해 구체적인 데이터와 함께 해답을 도출할 수 있도록 도와주는 회사이다. 또 현재는 전통적인 미디어뿐만 아니라 새롭게 떠오르는 미디어를 바탕으로 좀더 집중적인 마케팅을 할 수 있도록 글로벌 인사이트Insight를 제공하는 것을 추구하고 있다. 처음 미국 땅을 밟았을 때부터 꿈꾸기 시작했던 세계적인 시야를 갖출 수 있는 일 즉, 글로벌 인재가 되기에 꼭 맞는 회사이다.

닐슨에서는 함께 일하지만 근무 시간대가 다른 경우가 많다. 아침 7시에 집에서 콘퍼런스 콜(Conference Call: 전화로 하는 회의를 의미한다.)을 하는 경우도 있고, 밤 8시에 걸려오는 콘퍼런스 콜도 있다. 이러한 업무 환경 때문에 출퇴근 시간이 자유로운 편이고, 일하는 장소도 크게 구애 받지 않는 편이다. 하지만 개인

professional advice

닐슨의 이머징 리더 프로그램과 유사한 인재 양성을 프로그램을 운영하는 글로벌 기업들이 있다. 예를 들면, 씨티은행Citibank이나 스탠다드차터드은행Standard Chartered Bank 등에서 해마다 해외 비즈니스 스쿨 졸업생을 대상으로 특별 관리 인재를 채용한다. 국내 기업으로는 두산 그룹의 TRIC팀이 있으며 역시 해외 비즈니스 스쿨 졸업생이 대상이다. 전략, 재무 등 회사의 주요 직책을 맡게 되며, 입사시 연봉이나 직급면에서 대우가 좋고 이후 승진도 빠른 편이다.

기업에서 이런 프로그램을 시행하고 있는 이유는 글로벌 단위로 사업을 확장하거나, 인수 합병을 통해 회사가 급격히 성장할 때를 대비해 비교적 단기간 안에 사업을 진두지휘할 수 있는 지도자를 키우기 위해서이다.

의 성과를 측정하는 시스템이 잘 갖춰져 있고, 최대한 공정하게 평가하려는 인사 문화가 깊숙이 자리잡고 있다. 가장 만족스러운 점은 직원과 상사 사이가 서로에게 도움이 되는 발전적인 관계라는 것이다. 한국 기업들은 수직적 구조가 많지만, 닐슨은 상사가 일하는 방식에 대해 직접적인 피드백을 하며 동등한 위치에서 일을 만들어간다. 상사의 장단점, 상사에게 바라는 점 등을 이야기하면 그는 솔직하고 객관적인 평가를 고마워하고, 본인의 장점은 더욱 발전시키고 단점을 고치려고 노력하는 점이 인상 깊다. 또하나의 장점은 각 프로젝트마다 담당하는 매니저가 다르다는 것이다. 다양한 성향의 상사들과 일하면서 그들 각자의 관점과 다양한 형태의 리더십을 배울 수 있다는 것이 매력적이다. 뿐만 아니라 내가 하고 싶은 일이 있다면 팀을 꾸려서 프로젝트를 진행하는 것이 얼마든지 가능하다. 닐슨의 최고 경영자는 직원들이 제안하고 이끄는 참신한 프로젝트가 기업에 혁신을 불러오고, 프로젝트를 통해 서로 다른 장점을 가진 직원들끼리 협력하면서 추가적인 가치를 창출할 수 있다고 믿는다. 이런 독특한 기업 문화는 닐슨이 끊임없이 발전할 수 있는 힘의 원천이다.

물론 미국에서의 삶이 항상 좋은 것은 아니다. 아무리 기업 문화가 자유롭다고 하더라도 직장은 직장이기 때문이다. 항상 좋은 성과를 내야한다는 압박감에 때로는 지치고, 늘 새로운 상황이 나에게 도전해온다. 그때마다 나는 지금 이곳까지 나를 올 수 있게 해준 내 꿈을 향한 열정을 되새기며 힘을 얻는다.

왜 HR인가?

내가 전공한 상경 계열의 많은 분야 중에서 나는 인사 분야에 가장 큰 매력을 느꼈다. 일단 사람을 좋아했고, 조직의 구조적, 문화적 문제점에 관심이 많았다.

그리고 항상 '결국에는 사람이다'라는 생각을 가지고 살아왔다.

우리나라는 어느 곳에서도 같은 사례를 찾아볼 수 없는 경제 발전의 역사를 가진 국가이다. 짧은 시간 안에 전쟁, 민주화, 급격한 경제 성장, 이후 경제 위기 등 남다른 사회 발전과정을 겪었다. 그 때문에 서로 다른 사고방식과 가치를 가진 세대가 공존한다. 문제는 서로 다른 점을 이해하는 문화가 아직 정착되지 않았다는 것이다. 자신의 기준이 항상 옳다고 생각하고 남에게 자신의 생각을 강요하거나, 자신의 실수를 깔끔하게 인정하지 않고 남에게 책임을 전가한다.

이러한 사회 현상은 기업 문화에까지 영향을 미쳐 많은 기업들이 직원 간 의사소통 문제로 어려움을 겪고 있고, 이것이 업무상의 비효율을 초래하고 있다. '월급만 아니었으면 진작 그만두었을 것이다'라고 말하는 사람들은 늘어나고, 일을 통해 행복을 찾고 보람을 느끼며 사회화가 된다는 것은 교과서에나 나오는 것처럼 멀게만 느껴진다.

이런 모습을 보면서 기업 차원에서 새로운 패러다임으로의 전환에 힘써야 하고, 그중 가장 먼저 변화가 시작되어야 하는 곳은 '인사' 분야라고 생각했다. 기업 문화, 회사에 대한 직원들의 만족, 직원들의 행복한 삶에 큰 비중을 두는 것이 기업 구성원의 삶, 그들의 가족 나아가 우리 사회를 더 행복하게 만들어줄 것이다. 이런 생각에 동의하는 인사 분야 전문가들이 더 많아져서 행복한 업무 환경을 만들고, 기업 문화가 성장 동력의 하나가 되어 더 많은 가치를 창출하는 사회가 되기를 간절히 바란다.

"사람은 무한한 가능성의 존재이다."

토익 300점,
백인 중심 산업에 당당히 입성하다

김태우

- **2011~현재** ○ 딜로이트 FAS Deloitte Financial Advisory Services 부동산 컨설팅 부문, 부동산 자문 담당

- **2005~2008** ○ 단국대학교 부동산학과
- **2008~2010** ○ 텍사스 A&M 대학교 Texas A&M University 부동산 개발 석사 졸업
- **2008~2009** ○ 텍사스 A&M 대학교 Texas A&M University 학과 조교
- **2009** ○ 발보아 파이낸셜 Balboa Financial 인턴십, 부동산 애널리스트
- **2010~2011** ○ CBRE 가치 평가 및 자문 서비스 부문, 부동산 애널리스트

"과연 내가 전공을 살릴 수 있을까?"

내 나이 25살, 서울의 한 4년제 대학교 재학 중 유명 부동산 투자 회사 인턴십에 지원했다. 적극적으로 나를 알리는 모습이 좋게 보였는지 채용 담당자로부터 인터뷰 요청을 받았다. "신탁이 무엇인지 아세요?" "부동산 금융은 무엇이라 생각하나요?" "영어 잘해요?" 면접에서 흔히 받을 수 있는 실무와 관련된 질문과 나의 역량에 대한 질문에 나는 제대로 답변하지 못했고, 결국 오퍼를 받지 못했다.

전공인 부동산에 관한 지식은 부족했고, 어떠한 자격증도 가지고 있지 않았으며, 심지어 취업의 기본이라는 토익 점수도 없었다. 취업 시장에서 나의 위치를 냉정히 평가한다면 평범한 대학생 또는 25~75% 사이에 속한 이도저도 아닌 학생이었을 것이다. 인턴십에 떨어진 그날, 나는 "과연 내가 부동산 관련 일을 할 수 있을까?"라는 의구심을 갖게 됐다.

결국 나는 부동산 금융과 개발에 대한 폭넓은 지식을 쌓기 위해 유학을 가기로 결심했다. 대다수의 선배들은 학부 졸업 후 경력 없이 유학을 가면 유학을 마친 후, 취업 시장에서 좋은 결과를 거두기 힘들다고 조언해주었다. 물론 그럴 수도 있지만 바늘구멍과도 같은 한국의 취업 시장에서 내가 원하는 경험을 쌓을 수 있는 회사와 직책을 갖는 것도 쉬운 일은 아니었다. 오히려 경력 없이 미국으로 유학을 가는 것도 전혀 나쁜 선택이라고 생각되지 않았고, 그 선택을 지금도 후회하지 않는다.

전공을 위한 유학을 결심하다

미국의 많은 부동산 석사 프로그램은 경력을 중요시하기 때문에 나는 상대적으로 경력을 덜 중요하게 생각하는 학교를 선택해야만 했다. 부동산 석사과정에서 톱4인 서던 캘리포니아 대학교(USC: University of Southern California), 메사추세츠 공과 대학교(MIT: Massachusetts Institute of Technology), 컬럼비아 대학교Columbia University, 코넬 대학교Cornell University는 경력을 중요했기 때문에 지원 학교 리스트에서 과감히 삭제했다. 나는 뉴욕 대학교(New York Universiy, 이하 NYU), 텍사스 A&M 대학교Texas A&M University, 플로리다 주립대학교University of Florida, 덴버 대학교University of Denver 그리고 일리노이 주립대학교 어바나샴페인(University of Illinois, Urbana Champaign)에 지원했다. 경력에 관한 사항 외에 비용, 커리큘럼 그리고 취업률을 고려해서 학교를 선택했다.

유학 준비를 하면서 가장 신중하게 생각한 것 중 하나는 학비와 생활비였다. 위에 언급한 학교 중 학비가 가장 저렴한 학교는 텍사스 A&M 대학교였다. 한 학기에 1만 불이면 충분했고, 생활비는 한 달에 1,000~1,500불이면 넉넉했다. 게다가 나는 텍사스 A&M 대학교에서 GA*를 받아 1년간 학비 면제와 생활비 보조의 혜택을 받을 수 있었는데 이것이 학교를 선택하는 데 큰 영향을 미쳤다. 이외에도 텍사스에서는 1,000불 이상의 장학금을 받으면 등록금이 아웃 오브

GA
Graduate Assistantship
대학원 장학금으로 GRE, GPA, 에세이로 평가하여 가장 좋은 입학 성적을 가진 학생에게 수여한다. 학기 중 교수님을 도와 수업 준비를 하거나 리서치를 담당한다.

스테이트Out-Of-State에서 인 스테이트In-State로 전환된다. 아웃 오브 스테이트는 텍사스 주 외부에서 온 학생들이 내는 등록금으로 보통 인 스테이트 즉, 텍사스 주에 거주하는 학생들이 내는 등록금보다 두 배 정도 비싸다. 공부를 열심히 해서 1,000불의 장학금을 받으면 그것이 5,000불 이상의 역할을 해주는 것이다.

또 당시 텍사스의 취업 시장은 동부나 서부에 비해 안정적이었기 때문에 취업 기회가 좀더 많을 것이라고 판단했다. 동부나 서부에 비해 상대적으로 유학생도 적었기 때문에 유학생들 간의 취업 경쟁도 피할 수 있었다.

professional advice

미국을 비롯한 해외 대학의 장학금은 학교 혹은 학과 재정이 좋을수록 혜택을 받을 가능성이 높다. 특히, 학과 교수의 연구 성과가 좋고 연구활동이 많아 외부로부터 자금을 지원받는 경우 학생들에게 장학금 혜택이 많이 돌아간다.

또 비즈니스 스쿨이나 로스쿨Law School처럼 전문적인 지식을 배우는 대학원보다는 자연계나 이공계 학과에 장학금 혜택이 많은 편이다. 물론 비즈니스 스쿨은 성적이 우수하면 장학금을 주지만 학비 일부를 지원하는 선에서 그치는 경우가 대부분이다.

일본에는 문부성 장학생 등 정부에서 학비 전액을 지원하는 프로그램이 있으며, 국내에도 미래에셋 장학재단, 한미교육위원단Fulbright 등에서 해외 유학을 위한 장학금을 지원한다. 흔한 경우는 아니지만, 지방 정부에서 지원하는 장학금도 있다. 올해 충청도에서 지원하는 장학생으로 선발되어 2년 치 학비를 받고 미국 회계학 석사에 입학한 사례가 있다.

영어는 문화다

최근 한국인 친구와 대화하는데 '멘붕'이라는 단어를 들었다. 처음에는 그 친구의 말을 이해하지 못했다. 또 중학생인 조카는 '썸남'이라는 단어를 쓰며 친구

TIP

토익 300점으로 유학 준비하기

나는 고등학교 시절부터 영어에 대한 흥미가 전혀 없었고, 대학에서 처음으로 응시한 모의 토익 시험 점수는 300점대였다. 이렇게 형편없는 영어 실력으로 어떻게 미국에서 공부하고 취업을 할 수 있었을까? 그 비결은 바로 '선택과 집중을 통해 성실하게 공부하기'였다. 영어는 투자한 만큼 결과물이 나온다고 믿기 때문에 누구든 집중해서 공부하면 유학을 위한 영어 시험에서 충분히 좋은 결과를 거둘 수 있다고 생각한다.

나는 2006년 7월부터 본격적으로 영어 공부를 시작했는데, 그후에도 모의 토익 점수는 여전히 500점 정도였다. 하지만 부단한 노력 끝에 그해 겨울, 목표로 한 학교에 지원 가능한 토플 점수를 확보할 수 있었다. 영어 공부에서 가장 우선시한 것은 매일 그룹 스터디 활동을 하면서 다른 친구들과 서로 배운 것을 확인하는 것이었다. 또 기초 실력이 많이 부족했기 때문에 영어 공부 외에 다른 공부는 전혀 하지 않았다. 아침 9시부터 밤 9시까지 학원에 상주하며 공부했는데, 스터디 그룹 팀원들과 서로 채찍질하며 단 하루도 쉬지 않았다. 지금 돌아보면 항상 내가 지금 영어 공부를 하고 있다는 사실을 스스로에게 상기시킨 것이 많은 도움이 됐다. 끊임없이 읽고, 듣고, 말하고, 암기했는데, 나는 매일 단어장을 손에서 놓지 않고 단어와 예시를 읽어주는 MP3를 함께 들으며 집중적으로 공부했다.

김태우

TIP

대학원 진학을 위한 시험 준비를 마친 후에는, 회화 위주로 영어 공부를 했다. 나와 같이 비즈니스 계열의 유학생에게는 '훌륭한 회화 능력은 곧 성공'이라는 공식이 성립한다고 해도 과언이 아니다. 일단 유학을 가면 영어를 공부하고 연습할 시간을 별도로 마련하기 어렵기 때문에 출국 전에 회화 공부에 매진할 것을 강조하고 싶다.

회화 능력을 키우기 위해서는 먼저 듣기 능력을 향상시키는 것이 중요하다고 생각한다. 일단 제대로 들어야 제대로 말을 할 수 있기 때문이다. 내가 선택한 방법은 듣고, 적고, 따라하기였다. 비교적 쉬운 미국 드라마를 선택해서 대사를 듣고, 받아쓰기를 한 다음 대본을 보지 않고 똑같은 속도로 따라했다. 인내와 노력이 필요한 연습 방법이었지만 실전에 대비하는 가장 효과적인 방법이라고 생각했다.

다음으로 두려움을 떨쳐버리는 자세를 갖는 것이 중요하다고 생각한다. 어떤 일이든 두려움이 생기면 기대만큼 성과를 내기 어렵기 때문이다. 나는 영어에 대한 두려움을 떨쳐버리기 위해 필리핀 1 대 1 전화 영어로 회화 연습을 했다. 필리핀인의 영어 발음이나 영어 구사 능력이 미국 영어와는 전혀 다른데 도움이 되냐고 반박할 수 있겠지만, 영어에 대한 자신감을 먼저 갖는 것이 시급했다. 물론 미국인 영어 강사 대비 가격이 저렴하다는 것도 필리핀 전화 영어를 선택한 하나의 이유였다. 또 회화 스터디에 참여해 미국 드라마 한 편을 보고 대본을 외운 후 역할 분담을 하여 대사를 말하는 연습을 했다. 사실 대본을 보고 대사를 읽는 경우가 더 많았지만, 다른 사람들 앞에서 영어로 말을 한다는 것에 대한 두려움을 떨치는 데 큰 도움이 되었다.

를 소개했는데 일정 시간이 지날 때까지 대화의 주제를 파악하지 못했다. 한국말도 생소한 단어 하나만 모르면 대화 전체를 이해할 수 없는데, 외국인과 대화하면서 생소한 단어나 문장을 듣는다면 이해할 수 있을까?

내가 실전 영어 능력을 향상시키기 위해 선택한 방법은 '미국 문화 내에서 살기'였다. 미국행 비행기에 오르기 전, 학교 근처에 살 집을 구해야 했는데 처음부터 한국인과 함께 사는 것은 서로에게 도움이 안된다는 생각이 들어 외국인 룸메이트를 구했다. 운좋게 크레이그스리스트에서 나의 첫 룸메이트인 알렉스Alex와 테일러Taylor를 만나게 되었다.

내가 지낸 집은 전형적인 미국 주거 단지Subdivision의 단독 주택이었다. 처음 미국생활을 하는 나에게 룸메이트는 정말 귀중한 영어 선생님이었다. 그들의 생활방식 하나하나가 모두 배울 것이었으며, 대화 한마디는 값진 회화 수업, 종종 있는 하우스 파티는 미국 문화의 종합선물세트였다. 룸메이트들은 나에게 미국 문화와 스포츠 그리고 그것을 어떻게 즐기는지 생활 속에서 자연스럽게 알려주었다. 예를 들면, 레스토랑에 가면 어떻게 음식을 주문하는지 배울 수 있는 것처럼 말이다. 기본적인 문화를 친구들로부터 배우고 나니 미국인과 대화하는 것에 자신감이 생겼고, 대화가 끝날 무렵 다음 대화할 주제를 제시하며 꽤 긴 시간 이야기를 나눌 수 있었다. 물론 룸메이트들과 아무 노력 없이 친해진 것은 아니다. 함께 저녁을 먹자고 제안하고, 짧은 시간이라도 함께 앉아 대화를 나누려고 노력하는 등 적극적으로 다가가는 모습을 보여줬기에 가능한 일이었다.

외국인들과 관계를 쌓기 위해서는 당연히 영어 실력이 중요하지만 유창한 영어 실력을 갖추기까지는 많은 시간이 걸린다. 그래서 나는 외국인들과 쉽게 이야

　기를 나눌 수 있는 대화 주제 예를 들면, 미식축구나 농구에 대한 이야기 또는 5~10분 정도 나에 대한 일반적인 소개를 준비했다. 나는 미식축구를 좋아했기 때문에 미국인들과 쉽게 공통의 대화 소재를 만들 수 있었고, 여행 경험이나 군대생활 등 많은 사람들이 편하게 나눌 수 있는 이야기를 했다. 다른 배경을 가진 친구들과 영어로 소통하는 시간이 쌓일수록 그들 문화에 차츰 적응해가는 나를 발견할 수 있었다.

　또 나는 영어를 위해서 한국적인 생활은 철저히 배제했다. 1년 8개월간의 유학생활 대부분을 외국인 친구들과 함께 시간을 보냈는데, 방학 때는 룸메이트와 여행을 가고, 추수감사절과 연말에는 외국인 친구의 집을 방문해서 그의 가족들과 함께 시간을 보냈다. 물론 한국 사람들을 멀리한 1년 8개월은 기댈 곳 없이 외로운 생활이었지만, 그 시간 동안 향상된 영어 실력이 현지 취업에 성공하는 데 큰 도움이 되었다고 생각한다. 취업에 성공한 이후 나는 자연스럽게 다시 한국인 친구들과 어울리게 되었고, 취업에 성공했다는 것에서 오는 자신감을 무기로 더욱 활발하게 사람들과 교류했다.

1년간의 고립된 미국생활이 나의 영어 실력 향상에 큰 영향을 미쳤다는 사실을 내 룸메이트로부터 입증 받을 수 있었다. "태우야. 너를 처음 만났을 때, 나는 네가 하는 말을 전혀 이해하지 못했어. 내가 너를 만날 수 있었던 건 '맥도날드'라는 단어 하나 때문이었어. 그 당시 너의 영어는 정말 끔찍했는데, 지금은 정말 좋아."

professional advice

현지 취업을 하려면 영어 실력이 어느 정도 수준이어야 하는지에 대한 질문을 자주 받는다. 김태우님의 사례에서 볼 수 있듯이 영어 실력이 유학과 현지 취업의 절대적인 조건은 아니다. 하지만 영어 실력이 좋다면 모든 면에서 훨씬 유리한 것이 당연하며, 원어민이 아니라면 영어 실력 향상과 그외 자신의 장점을 부각시키기 위한 노력을 게을리 해서는 안된다. 노력한 만큼 결과가 나오는 게 세상 이치이고, 이것은 취업이라는 세상에도 동일하게 적용되기 때문이다. 김태우님은 영어뿐만 아니라 모든 것에 적극적인 것이 큰 장점인데, 적극성은 소위 '토종'이라 불리는 한국 유학생들 중 현지 유수 기업에서 근무하고 있는 사람들에게서 발견되는 공통된 특징이다.

멘토 진짜 중요해!

유학생활 중 나에게 가장 큰 영향을 미친 사람을 꼽으라면 스티브Steve라는 친구이다. 스티브는 인도네시아에서 태어나 싱가포르에서 고등학교를 나온 화교 출신의 유학생으로 위스콘신 대학교University of Wisconsin의 비즈니스 스쿨을 졸업했다. 졸업 후, 아이오와Iowa 주에 위치한 프린시플Principal이라는 회사의 부동산 투자 부문에서 일하다가 나와 같은 텍사스 A&M 대학교의 부동산 개발과정에 입학했다. 그는 한국 문화와 음식을 좋아해서 한국인들과 잘 어울렸다. 나는 스티브와 가장 친하게 지냈는데, 원어민 수준의 영어 실력과 현지 취업 경험을 갖고 있는 그에게 취업 준비를 하면서 많은 도움을 받았다.

스티브는 멘토이기 이전에 친구로 오랜 시간을 함께했다. 학교생활, 음식, 여행 이야기 등 일상을 공유하며 때로는 하루에 몇 시간동안 이야기를 나눈 적도 있다. 함께 토론하고 이야기를 나눌 수 있는, 영어가 능통한 친구 덕분에 영어 실력 향상에도 큰 도움을 받았다.

멘토는 인턴십을 구하는 데도 많은 도움을 주었다. 인턴십 지원은 대개 두번째 학기인 봄학기에 시작되는데, 영어가 부족한 나로서는 인턴십에 감히 지원해 볼 엄두가 나지 않았다. 특히, 부동산 시장이 얼어붙어 있던 2009년은 인턴십 오퍼를 받은 친구들이 지극히 적었다. 이런 상황에서 나는 지레 겁을 먹고 인턴십 지원을 하지 않기로 결심했던 것이다. 그러던 중 스티브로부터 인턴십에 지원해보라는 조언을 들었다. 이력서 준비조차 되어 있지 않았던 나는 말도 안 되는 소리라고 했지만 스티브는 인턴십을 잡는 것이 어렵긴 해도 인턴십 경력 없이는 정규직 취업이 쉽지 않다는 사실을 일깨워주었다. 그날로 스티브는 나의 취업 멘토가 되어 인턴십 지원과정 및 영문 이력서 작성 요령을 꼼꼼히 알려주었다. 영문 이력서는 한 페이지로 일목요연하게, 적절한 단어를 사용해서 이해하기 쉽게 만드는 것이 중요하다는 것도 스티브를 통해 알았다. 한번 잘 만들어둔 이력서는 그후 경력이 쌓일 때마다 약간의 수정만 해도 충분해서 지금까지도 큰 도움이 되고 있다. 이력서 준비가 끝나자마자 나의 취업 멘토는 인디드와 셀렉트리더

스 등에서 취업 정보를 구할 수 있다는 것과 커버레터 작성 방법을 상세히 알려주었다. 만약 스티브가 없었다면, 나는 인턴십 지원 전까지 수많은 시행착오를 겪었을 것이고, 좋은 성과를 거두지 못했을 것이라는 생각이 든다.

인턴십은 필수다

　인턴십은 미국에서 직장을 잡기 위해 필요한 가장 중요한 요소 중 하나이다. 내가 인턴십에 지원하면서 가장 고민했던 것은 수많은 부동산의 분야 중에서 나만의 전문 분야를 선택하는 것이었다. 많은 사람들이 부동산하면 단순히 공인중개사를 생각하는데, 실제 부동산과 관련된 업무는 개발, 금융, 투자 등의 분야가 있다. 또 진출할 수 있는 회사도 사모펀드(소수의 투자자들에게서 받은 자금으로 운용하는 펀드), 투자 은행, 컨설팅 회사, 로펌Law Firm, 대기업 부동산 관리 파트 등으로 다양하다.

대개 경력자들은 자신이 원하는 커리어 방향이 있지만 정규직 경력이 없었던 나는 커리어 방향에 대한 큰 틀을 갖고 있지 않았다. 그래서 단순히 내가 좋아하고, 잘한다고 생각하는 분석적 사고력을 요구하고, 금융적 지식을 갖춰야 하는 부동산 분야에 지원했다. 당시에는 몰랐지만 이러한 분석적 사고력을 요구하는 분야는 투자 분석과 리스크 관리 분야 크게 둘로 나뉜다. 투자 분야는 부동산 구매 및 처분을 결정하기 위한 분석을 하고, 리스크 관리 분야는 부동산 구매 및 처분에 대한 의사 결정의 리스크를 줄이기 위한 분석을 한다. 즉, 제3자에 의한 부동산 분석이라 할 수 있다.

상업용 모기지 브로커리지 회사
상업용 부동산을 담보로 대출을 해주거나 부동산 투자자를 위한 금융 분석 및 투자자와 은행을 연결하는 일 등을 하는 회사이다. 간단하게 말하면, 투자에 관해 제3자의 입장에서 의견을 제공하는 회사라고 할 수 있다.

2009년 6월 한 달간 약 50개의 부동산 회사의 인턴십 프로그램에 지원했고, 이들 중 두 곳의 회사에서 인터뷰 요청을 받았다. 그중 발보아 파이낸셜Balboa Financial이라는 소규모 상업용 모기지 브로커리지 회사에서 인턴십 오퍼를 받았다. 이미 다른 한 곳의 인터뷰를 본 다음이었기 때문에 인터뷰를 훨씬 수월하게 진행할 수 있었다.

발보아 파이낸셜에서 2달간 인턴십으로 일하면서 부동산 현금 흐름 분석표를 만드는 금융 모델링 업무를 주로 맡았고, 투자자에게 제공할 패키지를 만들었다. 미국에서의 첫 직장생활은 부동산에 대한 실무를 경험할 수 있게 해주었고 동시에 수평적 구조의 미국 기업 문화를 온 몸으로 체득할 수 있었던 기회였다.

다사다난했던 첫 직장 취업기

2012년 가을에 들어서야 비로소 미국 부동산 시장이 회복기에 들어섰다는 뉴스가 들려오기 시작했다. 내가 졸업했던 2010년에는 미국 부동산 관련 취업 시장이 거의 얼어붙어 있었다. 부동산 개발 분야는 신입을 채용하는 곳이 드물었고, 대형 은행은 취업 비자를 지원해야 하는 유학생의 채용을 꺼렸다. 2009년과 2010년, 두 차례 캠퍼스 리크루팅에 참여했지만 부동산 회사의 채용은 거의 찾아볼 수 없었다. 나의 첫 회사인 CBRE*의 가치 평가 및 자문 서비스 분야에서도 내가 3년 만의 첫 채용이라는 말을 들을 정도였다. 이런 어려운 시기에 내가 정규직으로 채용될 수 있었던 것은 공격적인 지원 전략 때문이었다.

> **CBRE**
> 세계에서 가장 큰 부동산 서비스 제공 회사로서 브로커리지(위탁매매), 가치 평가 및 자문, 자산 관리, 빌딩 관리, 투자 및 투자 자문, 자본 증식 등 부동산 모든 분야에 큰 영향력을 미치고 있다.

마지막 학기인 2010년 봄, 나는 이력서에 인턴십 경력 등 새로운 정보를 업데이트한 후 전공 지식과 경력을 가장 잘 발휘할 수 있는 회사에 이력서를 보냈다. 또 외국인인 나에게 H1B 비자를 지원해줄 수 있는 회사도 우선순위였다. 인사팀의 전화번호나 이메일 주소를 아는 경우에는 이력서를 보낸 후 반드시 확인 전화를 하거나, 메일을 보냈다. 또 직장에 다니고 있는 친구들과 좋은 관계를 유지하고 긍정적인 이미지를 심어주면서 잡 오프닝이 있을 때 추천해달라고 부탁하기도 했다.

수많은 지원서를 제출했지만 인터뷰 요청을 한 회사는 단 두 곳뿐이었다. 첫 번째 회사는 나에게 좋은 인상을 가지고 있던 학교 친구가 일하는 HTT라는 대형 상업용 부동산 회사였다. HTT에서는 우선 인턴십을 거친 후 정규직 전환이 가능하다는 조건하에 인터뷰를 제안했다. 간단한 전화 인터뷰로 나의 배경과 경력 등에 관한 이야기를 나누고, 휴스턴Houston에 위치한 사무실에서 부서 책임자와 약 30분간 간단한 면접을 봤다. 일은 일사천리로 진행되었다. 면접 직후 책임자로부터 긍정적인 답변을 받았고, 몇 시간 후 바로 채용이 확정되었다는 전화가 왔으며, 그 다음날 바로 채용 패키지를 받았다.

하지만 문제는 엉뚱한 곳에서 터졌다. 학기 중 교수와의 이견 차이가 있었던데다가 학교 전산 시스템 오류로 졸업 정보가 누락되어 CPT를 이용할 수 없게 된 것이다. CPT는 학기 중 학점을 취득하는 조건으로 직업 체험을 하는 것이 목적인데, 전적으로 교수의 동의가 있어야만 이용할 수 있다. 나는 이미 한 번 인턴십을 했다는 이유로 교수는 또다른 인턴십을 허용하지 않았다. 엎친 데 덮친 격으로 학교 전산 시스템을 전환하던 도중 시스템 오류가 생겨 내 입학 서류 중 하나가 누락되었다는 것이다. 이 사건으로 졸업자 명단에 올라가지 못하는 상황에까지 이르렀다. HTT에서는 당장 일할 수 있는 인턴을 원했기 때문에 나는 인턴십 오퍼를 거절할 수밖에 없었다.

CPT
Curricular Practical Training
대학에서 최소한 2학기 이상 수료한 학생이 학기 중 전공과목과 관련하여 학교에서 배운 내용을 회사에서 실습할 수 있도록 마련한 비자 프로그램이다. 비슷한 것으로 OPT Optional Pratical Training가 있는데, 대학에서 9개월 이상 수료한 학생이 졸업 후 1년 동안 전공 분야에서 취업 비자 없이 합법적으로 일할 수 있도록 한다.

좋은 기회를 놓치고 낙담하고 있던 중 CBRE의 HR 매니저에 보낸 메일에 대한 답장이 왔다. CBRE 자본 시장Capital Market 부문에 애널리스트를 구하고 있는데 관심이 있느냐는 내용의 메일이었다. 당장 관심이 있다는 답장을 보내고 인터뷰 날짜를 잡았다. CBRE 인사팀과의 전화 면접 후 휴스턴에 있는 CBRE 지사에서 2차 면접을 갖기로 했는데, 얼마 후 인사팀으로부터 시장 상황이 좋지 않아 채용 계획이 무산되었다는 메일을 받았다.

좋지 않은 일들이 연달아 일어났지만 좌절하고 있을 수만은 없었다. 나는 CBRE 인사팀 매니저에게 댈러스Dallas에서 점심식사를 같이 할 수 있느냐는 메일을 보냈다. 인사팀 매니저는 점심은 힘들지만, 사무실에서 간단한 미팅을 가질 수는 있다고 답변했다. 인사팀 매니저와의 미팅은 단 20분이었는데, 내가 살고 있었던 칼리지스테이션College Station에서 댈러스까지는 차로 3시간 반 정도 걸렸다. 하지만 외국인 유학생이 인사팀 매니저와 대면할 수 있는 기회는 거의 없고, 단 20분일지라도 취업에 도움이 될 것이라는 생각을 하며 댈러스로 향했다. 대화가 끝날 무렵 나는 인터뷰에 대한 피드백을 요청했고, 그는 부동산 분야에서는 의사소통 능력이 중요하니 영어 실력을 좀더 향상시키는 것이 좋겠다는 조언을 남겼다.

얼마 후, 예상대로 CBRE 인사팀으로부터 연락이 왔다. 가치 평가 및 자문

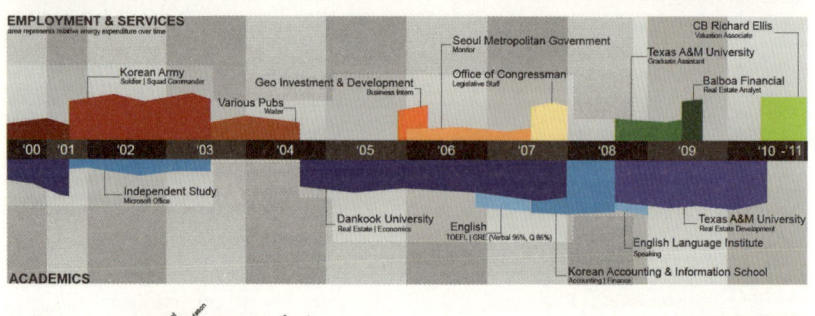

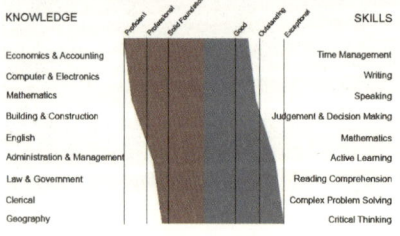
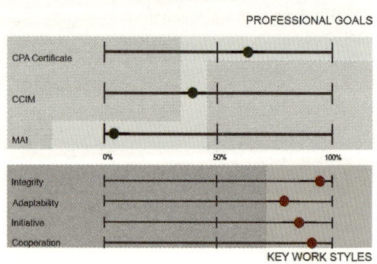

서비스 분야에 잡 오프닝이 있는데, 관심이 있으면 인터뷰를 주선해주겠다는 것이었다. 바로 수락하고 가치 평가 및 자문 서비스 분야의 매니징 디렉터(Managing Director: 우리나라의 전무 또는 상무 이사와 같은 직급)와 전화 인터뷰를 가졌다. 전화 인터뷰가 끝난 후, 인턴십을 한 회사에서 받은 추천서와 내가 별도로 준비한 인포그래픽 레쥬메를 첨부한 감사 이메일을 보냈다.

인포그래픽 레쥬메
Infographics Resume
학력 및 경력, 전문 지식 등을 그래프로 표현한 이력서.

매니징 디렉터는 긍정적인 답변을 줬고, 며칠 후 CBRE 댈러스 지사로 초대되어 두 명의 매니징 디렉터와 최종 면접을 봤다. 그들은 내가 보낸 인포그래픽 레쥬메에 좋은 인상을 받았고, 매우 훌륭하다는 평을 했다. 결국 나는 CBRE 지사 중 노스웨스트 아칸소Northwest Arkansas에 있는 사무실로부터 오퍼를 받았다. CBRE는 전 세계에 약 300개 지사를 가지고 있는데, 미국 내에서도 원활한 부동산 서비스를 제공하기 위해 각 거점 도시마다 지사를 두고 있다. 각 거점 도시의 사무실은 지역 본사에 속해 있는데, 예를 들면, 노스웨스트 아칸소는 휴스턴에 지역 본사가 있고, 각 지역 본사는 로스앤젤레스(Los Angeles, 이하 L.A)에 있는 총괄 본부와 연결되어 있다.

노스웨스트 아칸소는 미국 포천100Fortune 100 기업에 속하는 월마트와 타이슨 푸드Tyson Foods의 본사가 위치한 곳으로 빠르게 성장하고 있는 도시였다. 물론 나로서는 생소한 곳이었지만 취업 시장이 좋지 않은 상황에서 선택의 여지는 없었다.

professional advice

유학생이 현지 회사로부터 고용 허가를 받으면 재학 중인 학교에 CPT 또는 OPT를 요청해야 한다. 학교로부터 허가를 받으면 미국에서 일하는 데 법적으로 문제가 없기 때문이다. CPT는 학기 중에, OPT는 졸업 후에 효력이 있다는 차이가 있는데 따라서 학기 중에 인턴십을 잡게 되면 CPT를 신청하고, 학기를 마친 후 정규직을 잡게 되면 OPT를 신청하면 된다. 또 미국 기업에서 정규직 오퍼를 받은 경우에는 취업 비자인 H1B가 나오는데, 이 비자가 나올 때까지는 다소 시간이 걸리기 때문에 체류상 법적인 문제를 일으키지 않으려면 OPT를 이용해야 한다.

미국은 유학생이 전 세계에서 가장 많은 국가인 동시에 이민자로 이루어진 국가이기도 하다. 따라서 외국인 고용에 관대하고, 우수한 학생은 외국인 신분이라도 미국 기업들이 취업 기회를 제공한다. 최근에는 미국의 주요 글로벌 기업에서 중국 등 떠오르는 국가에서 온 유학생을 채용한 후 일정 교육 기간을 거쳐 해당 국가에 재배치하는 프로그램을 운영하고 있다. CPT와 OPT는 이런 취지를 지원하기 위해 나온 비자 프로그램이라고 할 수 있다.

최고의 글로벌 부동산 산업을 경험하다

2010년 5월, 대학원을 졸업했을 때는 이미 CBRE로부터 정규직 오퍼를 받은 상태였다. 6월 1일부터 출근하기로 했기 때문에 여유 있게 출근 준비를 하며 시간을 보냈다. CBRE 사무실은 페이엣빌Fayetteville이라는 노스웨스트 아칸소의 중심 도시에 있었는데, 총 10명이 근무하는 작은 규모였지만 가치 평가 및 자문 서비스 분야에서의 수입은 미국 최고 수준이었다.

처음 한 달간은 단순 리서치 업무를 맡아 시장 거래 자료를 CBRE 시스템에 넣는 일을 했다. 이후 주거 단지 평가와 특별 자산 평가(부동산의 가치에 대한 의견을 고객에게 제공하는 업무) 등을 맡게 되었다. CBRE는 세계에서 가장 큰 규모의 부동산 서비스 회사로, 내가 속해 있었던 가치 평가 및 투자 자문 서비스 분야도 미국 시장에서 가장 큰 규모였다. 부동산 업계에서 짧은 경력을 가진 내가 이런 회사에서 수십 년의 경력을 가진 부동산 전문가와 함께 일한다는 것은 엄청난 기회였고, 양질의 교육을 받으며 관련 정보를 쉽게 접할 수 있다는 장점도 함께 누릴 수 있었다.

professional advice

딜로이트를 포함한 Big4 회계법인에서는 매년 내부 업무 성과, 외부 마케팅, 업무 외 기여도 등을 종합하여 직원들을 평가한다. 평가 결과는 1~5등급으로 나타내는데, 1등급은 가장 우수, 2등급은 우수, 3등급은 평균, 4~5등급은 주의 및 경고를 의미한다. 보통 전체 직원 중 10% 정도만 1등급을 받고, 80%는 2,3등급을 골고루 받는다. 4,5 등급은 나머지 10% 정도라고 볼 수 있는데 근무 태도가 좋지 않은 직원이 받게 된다. 근무 평가 결과는 승진과 급여에 영향을 미칠 뿐만 아니라, 근무 평가가 많이 나쁠 경우 회사로부터 해고당하는 경우도 있다.

TIP

전 세계 어디서나 중요한 업무 태도

미국 회사에서 중요하게 여기는 것은 노동 윤리Work Ethic이다. 노동 윤리는 '열심히 일하는 능력'을 말한다. 미국 회사에서 이를 중요시 여기는 이유는 한국과는 달리 직원에게 야근 등을 강요할 수 없기 때문이다. 회사는 9시부터 5시까지 정해진 시간에 맡은 일을 끝내기 위해 열심히 일하는 직원을 선호한다. 빠르게 승진한 직원들의 특성을 보면 대부분 이런 사람들이며, 이는 미국 회사들이 노동 윤리를 얼마나 중요시 하는지에 대한 증거이다. 좋은 직업 윤리를 갖고 있으면 상사와 좋은 관계를 유지할 수 있을 뿐만 아니라 상사로부터 좋은 추천서를 받을 수도 있다.

인턴십을 했던 발보아 파이낸셜에서도, CBRE에서도, 현재 회사에서도 나는 좋은 노동 윤리를 갖고 있다는 점에서 긍정적인 평가를 받았다. 즉, 주어진 일을 정해진 시간 내에 불평 없이 잘 마치고, 다른 동료와 협력을 잘한다는 의미이다. 얼마 전에는 우리 지역의 부동산 컨설팅 최고 책임자로부터 칭찬을 받기도 했다. "신입들을 잘 이끌어줘서 고맙다. 신입 직원들이 너에게 도움을 요청하는 것은 너를 신뢰하고 있다는 명백한 증거야. 내가 너를 고용하기로 결정한 것을 정말 감사하게 생각하고, 너도 이곳에서 일하는 것이 잘한 결정이라고 생각하기를 바래."

또 미국에서는 주어진 일에 대해 거짓을 보고하지 않고, 절차에 따라 일을 끝내는 것을 중요하게 여긴다. 예를 들면, 부동산 자문 업무는 중개인와 매물에 대한 이야기를 나누고, 그의 의견을 금융 모델링에 반영해야 하기 때문에 일의 상당 시간을 중개인와 대화하는 데 할애한다. 하지만 실제로 바쁜 중개인과 오랜 시간 대화를 나

TIP

누는 것은 쉽지 않기 때문에 하지 않은 것을 했다고 기록하는 도덕적 해의에 빠지기 쉽다. 미국 사회생활에서 좋은 평가를 받으려면 이런 행동을 저지르지 않도록 본인 스스로 항상 경계해야 한다.

마지막으로 매사에 꾸밈없이 정직한 태도를 갖는 것이 중요하다. 간혹 의욕적으로 자신의 경력을 부풀리거나, 능력을 과장하여 말하는 동료들을 보게 되는데, 이런 경우 조직 내에서 신뢰를 얻지 못한다. 함께 일하는 1년 차 동료는 채용 직후부터 상사에게 지나치게 자신의 업무능력을 과시했는데, 그 말을 믿고 일을 맡긴 상사는 실제 그 친구의 업무 능력을 보고 크게 실망했다. 컨설팅은 많은 인원으로 운영되지 않기 때문에 프로젝트를 시작하면 초기에 업무를 배분하는 것이 매우 중요한데, 본인의 능력을 과시한 동료를 믿고 그에게 업무를 많이 할당해서 결국 팀 전체가 피해를 입게 된 것이다. 그가 업무상 부족함을 채우기 위해 다른 동료들에게 지나치게 많은 도움을 요구한 것이 원인이 되었고, 결국 그는 동료들의 신뢰도 잃게 되었다.

물론 CBRE에서 일하면서 어려운 점도 있었는데, 나에게 가장 큰 도전은 바로 의사소통이었다. 중남부 지역의 CBRE 가치 평가 및 투자 자문 서비스 분야에서 근무하는 직원 중 동양인은 나를 포함해 단 두 명이었고, 그중 유학생 출신은 나 하나였다. 미국 중남부 지역의 부동산 시장은 전통적으로 백인 중심이었기 때문에 부동산 중개인이나 고객은 동양인과의 대화가 익숙하지 않았고, 동양인으로 어색한 발음, 부족한 영어 구사 능력을 가진 내가 그들을 상대하는 것은 무척이나 힘들었다. 미국에서 일을 하는 데 여전히 영어가 큰 장벽임을 느꼈고, 이를 극복하기 위해 중개인이나 고객과 통화할 일이 생기면 어떤 얘기를 할지 미리 준비하곤 하였다.

사실 나는 졸업 후 2011년 H1B 비자를 받을 때까지 OPT를 이용해 CBRE에서 약 1년 4개월간 회사생활을 했었다. 일을 잘하면 분명히 취업 비자를 지원해 줄 것이라는 기대를 갖고 열심히 일한 덕분에 회사에 비자 문제에 대한 이야기를 꺼냈을 때 바로 절차를 진행하겠다는 답변을 받을 수 있었다. 하지만 나는 혹시라도 취업 비자 지원을 거절당했을 때를 대비해 월마트 본사의 부동산팀과 딜로이트의 부동산 컨설팅 부서에 이력서를 제출해 둔 상태였다. 월마트는 자사의 부동산 관리를 위해 변호사 자격증을 소지한 친구를 선호했기 때문에 첫번째 인터뷰에서 그쳤지만, 딜로이트*는 총 세 차례의 전화 인터뷰와 면접을 거쳐 최종 오퍼를 받았다. H1B 비자는 매해 10월부터 그 효력을 발휘하기 때문에 그해 10월부터 딜로이트에서 일하기로 했다. 물론 CBRE에서도 비자를 지원해줬

딜로이트
Deloitte
Big4 회계법인 중 하나로 회계/감사, 세무, 재무자문 그리고 컨설팅으로 구성되어 있다. 회계/감사 부문은 딜로이트, 세무 부문은 딜로이트 택스^{Tax}, 재무 자문 부문은 딜로이트 FAS 그리고 컨설팅은 딜로이트 컨설팅이라는 이름으로 독립적인 구조를 가지고 있다. 모두 딜로이트라는 이름 아래 상호 유기적으로 업무를 진행한다.

지만 나는 작은 도시에서 생활하는 것에 지루함을 느끼고 있었던터라 대도시인 워싱턴 D.C에 있는 딜로이트로 이직을 결심했다.

딜로이트 FAS(Financial Advisory Service: 금융 자문 서비스)의 부동산 컨설팅은 CBRE와 비교하면 상당히 작은 규모이다. 물론 업무도 많이 다르다. CBRE에서 업무의 상당수는 은행 등으로부터 오는 감정 평가였지만, 딜로이트 FAS의 부동산 컨설팅에서는 감정 평가 뿐만 아니라 타당성 분석, M&A 자문(부동산을 사고 팔때의 가격 결정에 대한 자문), 리스Lease 자문(임대 가격 산정에 대한 자문) 등 다양한 분야의 일을 하고 있다.

전반적으로 딜로이트는 다양성을 중시하는 문화를 가진 회사이다. 회계/감사, 세무, 컨설팅 분야의 경우 많은 수의 외국인 직원들이 있어 그들과 문화적 다양성을 함께 공유하고 있다. 반면, 내가 일하고 있는 딜로이트 FAS는 아직 다양성 면에서는 부족하다는 평을 받고 있는데, 자문 서비스 분야의 특성상 의사소통이 매우 중요하기 때문에 영어 구사력이 상대적으로 부족한 외국인을 채용하는 경우가 드물기 때문이다. 하지만 자문 분야에서도 분석력과 사고력을 고루 갖춘 인재에 대한 필요성을 계속 느끼고 있기 때문에 외국인을 대상으로 한 채용은 지속적으로 늘어날 것이라고 생각한다.

"우공이산愚公移山"
어떤 일이든 우직하게, 꾸준히, 끝까지 노력하면 성공한다.

글로벌 HR 전문가로
차근차근 성장하다

박재현

2013~현재 ○ 미국 IBM 본사 HR, 탤런트 프로그램 컨설턴트

1997~2003 ○ 서강 대학교 영어영문학, 경영학 복수 전공
2004~2005 ○ 삼성생명 강남지역사업부 영업교육 담당 주임
2006~2007 ○ NHN 인사팀 대리
2008~2009 ○ NHN차이나 인사팀장
2010   ○ NHN 전략인사팀 과장
2011~2012 ○ 코넬대학교 인사/조직 Cornell Universiy ILR 석사 졸업
2011   ○ 머서 Mercer 코리아 인턴십, HR 컨설팅
2012   ○ IBM 인턴십, HR

"이번이 미국 유학을 위한 마지막 도전이야."

미국 유학의 꿈은 직장생활을 시작했던 2004년부터 키워왔다. 처음 유학에 대해 생각하게 된 것은 대한민국의 많은 직장인들이 꿈꾸는 미국 톱 MBA 스쿨의 학위와 졸업 후 컨설턴트로 커리어를 쌓을 수 있다는 것에 대한 막연한 동경이었다. 유학을 가기로 결심한 시기는 일렀지만, 제대로 준비를 시작하기까지는 꽤 오랜 시간이 걸렸다. 회사를 다니면서 시험 준비를 하는 것이 쉽지 않았기 때문이다. GMAT 공부를 위해서 대한민국에서 유명하다는 학원은 안 가본 곳이 없을 정도로 열정이 넘쳤지만 그때마다 커리어상 중요한 일들이 일어났다. 2005년 시험 준비를 시작했는데 이직을 하면서 그만 두게 되었고, 2007년 다시 야심차게 준비를 시작했지만 이번에는 중국 파견을 가게 되면서 그만둘 수밖에 없었다.

2010년, 나는 마지막이라고 생각하고 다시 유학 준비를 시작했다. 30대 중반으로 접어들면서 유학을 더 늦추게 되면 유학을 가더라도 졸업 이후 원하는 곳에 재취업을 하기가 쉽지 않을 것이라고 판단했기 때문이다. 재취업은 본인의 경력 그리고 재학 중 개인의 노력에 의해 좌우되지만, 일반적으로 나처럼 MBA 등 전문 학위를 받은 졸업생들 중에서 기업이 선호하는 사람들은 한국 기업의 직급 체계로 대리~ 과장급 정도인 것이 사실이다. 회사에 다니면서 주중에는 퇴근 후 집 앞에 있는 독서실에서 시험공부를 하고, 주말에는 학원에 다니면서 몇 번이고 그만두고 싶다는 생각이 들었지만 이번이 유학을 위한 마지막 기회라는 생각으로 다시 책을 펼치곤 했다.

이직을 선택하다

서울 시내 상위권 대학 졸업 후 대기업 직원으로서의 삶. 일반적인 시각으로 보았을 때 안정적인 생활이었다. 하지만 대부분의 사회 초년생들처럼 나에게도 2년 차 징크스가 찾아왔다. 현재 내가 몸담고 있는 조직이 너무 답답하다는 생각이 들었고, 왠지 다른 곳으로 가면 내 능력을 더 인정받을 수 있을 것 같다는 생각이 머릿속을 떠나지 않았다. 인터넷으로 채용 정보를 찾아보는 것과 함께 그 즈음 이직에 성공한 선배들로부터 들은 조언을 바탕으로 구직활동을 시작했다. 물론 이직 준비를 하면서도 회사 업무를 소홀히 하지 않았고, 이직이 확정된 다음 첫 직장을 떠나기 전까지 인수인계를 깔끔하게 마무리했다. 이는 추후 내가 또다른 회사로 이직을 하게 될 때 평판 조회Reference Check에 아주 중요하게

professional advice

레퍼런스 체크Reference Check 즉, 평판 조회란 경력자가 이직을 원할 때, 이전 직장에서 어떤 평가를 받았었는지를 새로운 회사 측에서 확인하고 인성과 역량과 검증하는 절차이다. 업무 능력뿐만 아니라 대인 관계에 대해서도 조회를 하는데, 이전 회사의 팀에 속한 상사나 동료에게 문의하는 것이 일반적이다. '나는 한국을 떠나 해외로 취업할 꺼니까 지금 회사에서는 대충 생활해도 돼'라는 생각을 하는 것은 금물이다. 해외 기업 중에서 국내 기업과 네트워크를 갖고 있는 회사가 꽤 많고 이들 회사는 지원자가 한국에서 근무했을 때의 태도를 검점하기도 한다. 물론, 해외에서 국내로 복귀하여 국내 기업을 대상으로 구직을 하는 경우도 마찬가지이다. 특히 직급이 올라갈수록 더 철저하게 평판 조회를 하는데, 관리자로 들어올 사람의 역량과 소양이 부족하면 그만큼 회사에 끼치는 손실이 크기 때문이다.

작용할 수 있기 때문이다. 실제로 미국 대학원 재학 중에 한국 기업에 지원했는데, 첫 회사에서의 근무 평판을 조회한 회사가 있었다.

나의 두번째 직장은 젊은 인터넷 기업 NHN이었다. 2005년은 인터넷 포털 사이트와 게임 산업이 급부상하던 시기라 NHN은 많은 사람들에게 생소한 기업이었다. 부모님과 곧 결혼할 예비 신부 그리고 가족들 모두 삼성이라는 안정적인 직장을 떠나 이름 없는 인터넷 기업으로 옮긴다는 것에 대한 우려가 컸다. 하지만 면접을 보러 몇 차례 NHN을 방문해서 직원들과 대화를 나눠보니 대기업과는 전혀 다른 문화와 분위기를 느낄 수 있었고, 이런 직장에서 일한다면 나를 한 단계 더 성장시킬 수 있을 것이라는 확신이 들었다. 또 거대한 대기업 현장에서 영업 지원과 교육, 두 가지 업무를 담당했던 나에게 NHN은 향후 인사 분야에서 전문적인 경력 계발을 할 수 있는 환경을 보장해주었다는 점이 크나큰 매력이었다.

지난 경력을 뒤돌아봤을 때, 업무에 대한 내공을 쌓는 데 있어서 안정적인 대기업과 변화무쌍한 IT 기업 중에 어느 회사가 더 도움이 되었는지는 명확하게 답변하기 어렵다. 한 가지 업무에 전문성을 가지고 깊이 있게 해보는 것과 여러 가지 업무를 폭넓게 다루어보는 것의 차이가 있는데 어떤 경험이 더 좋은지는 각자의 목표와 향후 계획에 따라 다르기 때문이다. 나의 경우에는 인사 기획과 운영 부서를 오가며 두 가지를 모두 경험해볼 수 있었던 것이 인사 분야에서 나의 범위를 넓히는 데 확실히 도움이 되었다. 관리자 레벨로 성장하기 위해서는 제너럴리스트(Generalist: 여러 가지 업무를 두루 잘하는 사람)와 스페셜리스트(Specialist: 특정 영역에 특별한 재능이 있는 사람)를 옮겨 다니면서 자신을 발전시켜 나가야 한다는 것을 몸소 체험한 것이다.

글로벌 리더로 도약하다

현재 위치에서 주어진 일을 묵묵히 해내면 언젠가는 도약의 기회가 주어진다고 믿는다. NHN 입사 초기에 함께 일했던 팀장님께서 중국 법인으로 해외 파견을 나가셨는데, 이후 중국 내 신규 법인이 설립되고 경영 지원 실장을 맡게 되면서 나를 인사팀장으로 추천해주셨다. 덕분에 나는 직장생활 5년 차에 해외 사업을 경험할 수 있는 기회를 갖게 되었다. 뿐만 아니라 처음으로 관리자 레벨의 업무를 맡게 되었다. 전체 직원수가 1,000명이 넘는 해외 법인의 인사팀장은 북경에 위치한 중국 법인 본사 외에 3개 지역 사업장의 인사까지 책임지는 중책이었다.

해외 파견 근무는 누구에게나 쉽게 주어지는 혜택은 아니지만, 기회가 닿는다면 반드시 잡을 것을 강력하게 추천한다. 그 이유는 첫번째로 해외 지사는 가능한 꼭 필요한 인력만으로 운영되기 때문에 해외 주재원들은 국내에서 근무할 때보다 더 많은 권한을 갖게 되는 것이 일반적이다. 따라서 단시간 내에 다양한 업무를 경험해볼 수 있다는 장점이 있다. 두번째로 비즈니스를 좀 더 넓은 시각으로 바라보는 안목을 가질 수 있다. 본인의 업무 이외에도 전체적인 사업의 밸류 체인*을 생각하면서 일을 해야 하기 때문이다. 마지막으로 지금까지와는 다른 환경과 문화 속에서 생활하면서 많은 어려움과 갈등을 겪게 되는데, 이것을 극복하면서 얻게 되는 지혜는 평생의 자산으로 남는다. 실제로 미국 대학원에 다닐 때, 중국에서 했던 경험이 수업이나 토론에서 심층

밸류 체인
Value Chain
기업이 상품이나 서비스를 만들고 유통시키는 일련의 활동을 통해 부가 가치가 생성되는 과정.

적으로 작용했고 덕분에 교수 및 동기들에게 글로벌 인사 전문가로 평가받을 수 있었다. 또 이머징 마켓으로 진출을 계획하고 있는 글로벌 기업들과 인터뷰를 할 때도 중국 전문가로 인정받아 좋은 결과를 낼 수 있었다.

중국에서 근무한 지 2년이 되어갈 때쯤, 중국에 파견되기 직전 함께 일했던 이 사님께서 갑작스럽게 한국 본사로 복귀하라는 발령을 내리셨다. 한국 본사에 글로벌 인사 조직을 신설하는데, 전체 비즈니스의 큰 축 중 하나인 중국 법인의 인사를 책임질 담당자가 필요하다는 것이었다. 해외 경험이 생각보다 짧아지는 것 같아 잠시 망설였지만 본사 컨트롤 타워(Control Tower: 회사 전체의 전략을 분석하고 선택과 집중을 결정하여 사업을 진두지휘하는 조직)에서에서 일하는 것도 향후 커리어에 도움이 될 것이라는 생각에 복귀를 결정했다.

복귀 후 나의 업무는 이전과는 상당히 달라져 있었다. 새롭게 배치된 부서인 전략 인사팀은 글로벌 인사 조직으로 NHN 국내외 전체 법인의 인사를 총괄하는 조직이었다. 여기서 나는 인하우스 컨설턴트(In-house Consultant: 기업 내부에서 계열사의 성장 전략, 신규 사업 개발 등을 담당하는 직책)로 일하며 국내외 NHN 관계사들의 인사 컨설팅 프로젝트 업무를 맡았다. 당시 같이 일했던 동료들은 대부분 타워스왓슨Towers Watson, IBM GBS, 딜로이트 등 유수 글로벌 컨설팅펌에서 일한 경험이 있는 컨설턴트 출신이었고, 그들과의 협업을 통해 컨설팅 프레임워크(Consulting Framework: 컨설팅펌에서 사용하는 전략적 컨셉 또는 사고 체계로 분석을 위한 방법론을 의미한다.)와 글로벌 기업의 성공 사례 등을 접하고 배울 수 있었다. 전략 인사팀에서 보낸 시간은 나를 한 단계 성장시켜준 의미 있는 시간이었다. 이전까지의 현업 인사 업무에서 벗어나 기획 및 컨설팅 업무를 수행하면서 내 분야에 대한 전문성을 키울 수 있었기 때문이다.

미국 유학을 꿈꾸다

한국 '토종'으로 유학을 위한 시험 점수를 확보하기는 상당히 힘들었다. 교환학생을 준비하는 한참 어린 대학생들에게 '삼촌'이라는 호칭을 들으며 토플 스터디를 할 때는 이렇게까지 해야만 하는 상황이 괴롭기도 했다. 하지만 나에게 있어서 마지막 도전이었기 때문에 모범 답안을 통째로 외우는 등 피나는 노력을 했다. 덕분에 시험 준비를 시작한 지 약 10개월 만에 GMAT과 토플 모두 원하는 점수를 얻을 수 있었다.

오래전 MBA 학위를 꿈꾸며 유학을 준비했지만, 나는 HR 석사과정으로의 진학을 결정했다. 오랜 시간 동안 내가 쌓은 커리어는 HR 분야였고, 이미 향후 커리어 골을 HR 분야로 설정했기 때문이다. 또 MBA 학위를 받는다고 해서 업종 변경이 가능한 시점은 이미 지나있었다. 미국에는 HR 석사과정을 제공하는 다수의 좋은 학교가 있지만, HR 분야에서의 톱스쿨은 단연 코넬 ILR* 이었다. 나는 코넬 ILR을 최우선으로 생각하고 모든 지원 일정을 여기에 맞춘 후 준비를 해나가기 시작했다.

> **코넬 ILR**
> Cornell Industrial and Labor Relation
> 산업 및 노동관계 대학으로 HR 석사과정을 제공한다. 아이비리그에 속해 있어 기업들이 채용을 위해 많이 방문하는 학교 중 하나로 현지 취업에 유리한 편이다.

대부분의 유학생들은 가을 학기에 입학을 하지만 나는 시험 점수가 나오자마자 봄학기 입학을 준비했다. 미리 코넬 ILR에 재학 중인 선배와 상담을 했는데 가을 학기보다 적은 인원을 뽑기는 하지만 봄학기에 일단 한번 도전해서 지원 과정을 경험해보면, 만약 불합격하더라도 가을 학기에 지원할 때 완성도를 더 높일 수 있다는 조언을 받았기 때문이다. 경험을 쌓는 셈치고 나의 최우선 목표였

TIP

시험 성적은 유학 준비의 일부일 뿐!

많은 사람들이 유학에 필요한 시험을 준비하면서 목표 점수 설정에 대해 고민한다. 이미 유학에 성공한 선배들에게 조언을 구하면 많이 사람들이 시험 점수는 유학에 필요한 여러 가지 조건 중 하나이며 어느 정도 수준만 넘으면 된다고 입을 모아 말한다. 하지만 대부분 그 말을 믿지 못하고 보다 나은 점수를 받기 위해 시험 준비에만 과도한 시간과 노력을 투자한다. 이런 경우 전체 지원 준비를 하는 데 시간 분배를 잘못하게 되거나, 더 심한 경우에는 지원 마감 기한을 놓치게 되는 수도 있다. 이는 절대 범하지 말아야 할 실수 중 하나이다.

나는 처음부터 코넬 ILR을 목표로 하고 학교에 지원 가능한 점수를 확보한 뒤 남은 시간은 이력서와 에세이에 집중했다. 에세이의 경우, 처음에는 타 지원자와 차별화하기 위해 스토리텔링을 시도하여 독특한 전개 방식으로 구상했다. 하지만 막상 다 작성해놓고 보니 형식이 지나치게 도드라져 나의 강점이 전혀 전달되지 않았고, 진정성과 호소력마저 떨어지는 것 같은 느낌이 들었다. 다시 원점으로 돌아가 일반적인 전개 방식으로 진행하되, 직장 경력과 커리어 골 그리고 학업 계획을 일관된 흐름으로 서술했다. 특히, 해외 근무 경험과 관리자로서의 업무 경험을 강조했다.

던 코넬 ILR에만 지원했는데, 결과는 바로 합격이었다.

  봄학기 입학생은 가을 학기의 5분의 1 정도 되는 숫자였고, 그중 유학생은 나와 인도인 학생 1명뿐이었다. 유학 준비가 어느 정도 된 상태라면 가을 학기까지 기다리지 말고 봄학기에 먼저 지원해보기를 바란다. 합격이 되지 않더라도 가을 학기에 미리 대비할 수 있는 경험이 생기고, 나처럼 예상치 못한 합격의 기회를 잡을 수도 있다.

한국 토종 유학생, 인턴 기회를 잡다

  봄학기 합격자 발표 후 입학 당일까지 준비 기간이 짧았다. 미국에 가기 전, 준

비해야 할 것에 대해 구체적인 계획을 세우기는커녕 한국생활을 정리하는 것만으로도 시간이 빠듯했다. 일단 미국으로 간 다음 모든 것을 해결하기로 하고, 가족들과 함께 집도 구하지 않은 채 당장 묵을 수 있는 호텔을 3일간만 예약하고 무작정 비행기에 올랐다. 미국에 도착한 다음에는 집 렌트, 차량 구매, 은행 계좌 개설, 인터넷 연결, 아이 학교 문제 등 생활에 필요한 모든 것들을 일주일 만에 모두 해결한 후 신입생 오리엔테이션에 참석했다. 그때까지만 해도 난 유학생활을 잘해낼 자신이 있었다.

하지만 영어권 나라에 거주한 경험이 전혀 없는 한국 토종 유학생으로서 역시나 영어가 걸림돌이 되었다. 커뮤니케이션에는 늘 자신이 있었던 내가 미국에 와서 유창하지 않은 영어 실력으로 인해 원활한 의사소통이 어렵게 되자 점점 자신감을 잃어갔다. 학교에서 말수는 눈에 띄게 줄어들었고, 수업 시간이 끝나면 오로지 가족들하고만 시간을 보내는 유령학생이 되어갔다.

힘든 과정을 거쳐 온 유학이라는 생각에 버티고 버티던 중, 여름방학이 코앞으로 다가왔다. 봄학기에 입학하면 여름방학을 두 번 보낼 수 있다는 장점이 있는데, 대학원에서 처음 맞이하는 여름방학을 어떻게 보내야 하는지 고민하기 시작했다.

나는 어렵게 온 유학인 만큼 해외 취업의 문을 두드려보고 싶다는 생각을 계속 하고 있었는데, 학교에서 같이 공부하는 상당수의 친구들이 한국에서는 상상도 하지 못했던 미국 현지 글로벌 기업에 취업하는 것을 보니 '나도 할 수 있지 않을까?' 하는 생각과 동시에 욕심이 나기 시작했다. 또 미국에서의 직장생활은 한국과 어떻게 다른지 경험해보고 싶었다. 미국 현지 취업을 목표로 학교 커리어센터를 찾아 지속적으로 이력서 교정 및 상담을 받았는데, 커리어 코치Coach로부터 미국 기업에 취업하기 위해서는 글로벌 기업 근무 경험과 컨설팅 경력을 추가하는 것이 유리할 것이라는 조언을 받을 수 있었다.

professional advice

> 박재현님의 경우처럼 봄학기에 입학하게 되면 두 번의 여름방학을 보낼 수 있기 때문에 이 시간을 이용해 두 번의 인턴십을 체험할 수도 있다. 또 비교적 소수의 학생들이 입학하기 때문에 유대감을 형성하기에도 좋고, 가을학기와 비교했을 때 전후로 더 많은 동문들을 만날 수 있기 때문에 관계 형성의 폭이 넓다는 장점이 있다.

나는 첫 여름방학 동안 컨설팅 경력을 추가해서 미국 기업 입장에서 봤을 때

다소 부족할 수 있는 내 커리어를 보완하기로 했다. 글로벌 기업들이 '나'라는 지원자에게 관심을 가지려면 인턴십 경험을 하는 것이 필요하다고 생각했다. 사실 같은 과정의 동기들에 비해 상대적으로 긴 경력을 가지고 있는 내가 인턴십을 준비한다고 했을 때, 주변 사람들은 '굳이 왜?'라는 반응을 보였다. 영어 공부를 하거나 가족들과 여행이나 다니지 왜 사서 고생을 하려느냐는 것이었다.

머서 코리아
Mercer Korea
미국 뉴욕에 본사가 있는 세계 최고의 인사 조직 전문 컨설팅 회사의 한국 지사로 국내외 대기업을 상대로 각종 경영 및 인사 관련 자문을 수행한다.

하지만 나는 결심을 하자마자 주변 사람들에게 인턴십을 구한다고 적극적으로 알렸고, 결국 한국에 계시는 선배들의 추천으로 세계 최고의 인사 컨설팅펌 중 하나인 머서 코리아●에서 인턴십을 하게 되었다. 나는 2개월간의 인턴십 프로젝트를 통해 외부 고객을 상대로 한 컨설팅을 경험해볼 수 있었다. 내가 참여한 컨설팅 프로젝트의 고객사는 국내 최대 보험사 중 한 곳이었는데, 고객사의 요구 사항을 명확하게 정의하는 것을 시작으로 고객사의 인사 제도 및 데이터 분석과 직원 인터뷰를 통해 현재의 회사 상황을 진단했다. 동시에 경쟁사 자료와 해외 선진 사례들을 수집해서 고객사의 인사 제도와 비교 분석하고 개선 방향을 도출해냈다. 이를 기반으로 최종안의 방향성을 설정한 후, 새로운 제도의 설계 및 세부 실행 방안을 고객사에 제시하는 것으로 프로젝트를 완료했다.

인턴으로 참여한 프로젝트였지만 다년간의 인사 업무 경험이 있는 나에게 프로젝트 매니저가 데이터 분석, 인터뷰 및 제도 설계의 모든 과정에 직접 참여할 수 있도록 배려해준 덕분에 컨설팅의 전체적인 흐름과 업무에 대한 이해 수준을 높일 수 있었다. 뿐만 아니라 짧은 시간 내에 다양한 산업에 대해 경험할 수 있고, 분석적 사고의 틀을 잡을 수 있으며, 고객과의 커뮤니케이션을 통해 통찰력을 얻을 수 있는 기회였다. 프로젝트에 분석적으로 접근하는 시각과 데이터를 어떻게 도식화하는 것이 효과적인지와 같은 실질적인 안목도 키울 수 있었다. 처음 경험하는 컨설팅 업무는 힘들었지만 개인적으로 크게 성장할 수 있는 값진 경험이었다.

경력자 중에 컨설팅 경험이 없는 사람이라면 컨설팅펌에서 인턴십을 해볼 것을 권한다. 실제로 내가 정규직 입사 지원을 할 때, 이력서에 추가된 컨설턴트로서의 인턴 경력이 회사 측에 글로벌 컨설팅펌에서 업무를 수행한 경험이 있는 매력적인 지원자라는 인상을 심어줬다.

나는 다시 미국으로 돌아와 두번째 학기를 시작했다. 두번째 학기는 진정 영어와의 싸움이었다. 가을 학기에 입학한 신입생들에게 나는 한 학기를 먼저 보낸 선배였기 때문에 그들에게 소극적인 모습은 보이고 싶지 않았다. 그래서 수업 중에도 적극적으로 나의 목소리를 내려고 노력했고, 학생회와 스포츠 클럽 등의 활동에도 참여했다. 또 미국 현지 인턴십에도 도전하기 시작했다.

다양한 업무 경력을 강조한 이력서는 서류 심사에서 좋은 평가를 받아 다수의 회사로부터 인터뷰 요청을 받았다. 하지만 마이크로소프트와의 첫번째 면접 이후, 계속 면접을 봐야 하나 하는 고민에 빠졌다. 모국어가 아닌 언어로 진행되는 면접은 몇 배의 준비가 필요하다는 것을 인지하지 못했던 것이다. 긴장감을 이기지 못해 핵심에서 벗어나는 답변을 남발하고, 예상치 못한 질문에 당황하기 일쑤였다.

나는 새롭게 시작하는 마음으로 향후 다른 기업들과 진행될 인터뷰 준비에 몰입했다. 우선 첫번째 면접 상황을 되짚어봤다. 그 다음 학교 커리어 센터에서 제공하는 모의 면접을 통해 면접 장면을 비디오로 녹화해서 확인하고, 영어로 말

> **역량 기반 행동 면접**
> Competency-based Behavioral Interview
> 사전에 지원자에게 요구되는 역량을 명확히 제시하고, 이를 기반으로 기업의 핵심가치나 인재상 그리고 실질적인 업무와 관련된 역량 모두에 걸쳐 검증을 하는 면접 방법.

할 때 불필요한 표현을 반복해서 사용한다든지, 과도한 제스처를 한다든지 하는 나쁜 습관을 찾아내 수정했다. 또 사전에 준비하지 않았던 내용을 즉석에서 영어로 완벽하게 전달하는 것에 한계를 느껴, 면접 질문들을 분석하고 예상 질문 리스트를 뽑았다. 면접에 반드시 나오는 나의 이력에 대한 질문이나 사전에 질문을 예측할 수 있는 역량 기반 행동 면접* 질문들에 대해서는 미리 모범 답안을 작성하고 철저히 암기한 다음 면접장에 들어갔다. 뿐만 아니라 원어민 개인 교사와 함께 흔히 콩글리시라고 하는 잘못된 영어 표현을 고치고, 발음과 억양도 수정해서 자연스럽게 의견을 피력할 수 있도록 준비했다. 당장의 가시적인 효과나 손에 잡히는 결과를 얻지 못한다 하더라도 이런 준비과정이 다음 취업과정에 분명히 도움이 될 것이라 믿었고, 하다못해 영어 실력이 향상되는 효과라도 있을 거라 생각했다.

해외 취업에 성공하다

처음 직장생활을 시작할 때, 내가 글로벌 기업의 미국 본사에서 근무하게 될 것이라고는 꿈에도 생각지 못했다. 코넬 ILR에서의 세번째 학기가 끝난 2012년 5월 말, 뉴욕 주 아몽크Armonk에 위치한 IBM 본사Corporate Headquarters에서 인턴으로 근무를 시작했다.

IBM 인턴에게는 크게 두 가지 종류의 프로젝트가 주어진다. 하나는 소속된 부서에서 직속 매니저에게 부여받는 개별 프로젝트이고, 또다른 하나는 전 세계 인턴들과 함께 팀을 이뤄 수행하는 팀 프로젝트이다.

내가 소속된 팀은 워크포스 애널리틱스 컨설팅Workforce Analytics Consulting으로 과학적 분석 및 객관적 증거를 기반으로 조직 구성원에 대한 각종 데이터를 분석, 제공하여 인사와 관련된 합리적인 의사결정을 지원하는 조직이었다. 매니저가 나에게 부여한 개별 프로젝트는 부서 내 우수 사례를 공유하거나, 온라인상에서 협업의 공간이 되는 다수의 지식 경영 시스템●을 통합하는 방안을 제시하라는 것이었다. 나는 현상 분석을 통해 현재 사용 중인 시스템들이 중복된 콘텐츠를 가지고 있어 업무의 비효율성을 초래하고 있다는 것을 확인했고, 외부 사례 조사와 부서원 인터뷰 및 설문 조사를 통해 개선 방안을 수립하였다. 최종적으로 나는 여러 시스템 간의 통합 가능성을 확인하고, 사용자가 원하는 정보를 손쉽게 검색할 수 있도록 현재 보유 중인 콘텐츠를 새롭게 분류하고 구성한 통합 시스템을 구축하는 방안

● **지식 경영 시스템**
Knowledge Management System
조직의 인적 자원이 쌓은 지식을 체계적으로 관리, 공유함으로써 기업의 경쟁력을 강화하는 기업 정보 시스템.

professional advice

박재현님은 이 책의 저자 중 나이가 많은 편에 속한다. 외국어 습득 능력은 나이와의 상관관계가 높기 때문에 영어 실력을 키우기 위해서 남들보다 많은 노력을 기울였을 것이다. 하지만 박재현님이 글로벌 기업의 핵심 인재로 뽑힐 수 있었던 가장 큰 이유는 회사생활을 하면서 소위 말하는 '내공'을 많이 쌓았기 때문이다.

영어를 잘하면 취업에 이득이 되지만, 영어만 잘한다고 채용되지는 않는다. 즉, 영어 실력이 조금 부족하다고 해서 현지 취업이 불가능한 것은 절대 아니라는 말이다. 자신만의 뚜렷한 강점이 있고, 이를 제대로 어필하면 현지 취업은 얼마든지 가능하다. 영어 실력이 많이 모자람에도 불구하고 현지에서 좋은 커리어를 쌓는 사람들을 종종 접한다. 심지어 한국에서 생활하면서 해외 현지에 있는 기업에 지원해 합격한 사례도 있다. 이들의 공통점은 탄탄한 경력과 함께 자신을 열심히 어필하는 태도로 회사에 긍정적인 인상을 심어주었다는 것이다.

TIP

캠퍼스 리크루팅 활용하기

나는 가장 관심이 있었던 IBM에서 인턴십을 할 수 있었는데, 현지 인턴십 오퍼를 받을 수 있게 해준 가장 큰 요인은 바로 적극적인 자세였다.

IBM 인턴십 준비 과정을 예로 들자면, 회사에 지원서를 제출하기 전부터 수차례 채용 담당자와 접촉을 시도했다. 사전 관계 형성을 통해 해당 기업에 대한 관심과 열정을 보여주고, 적극적으로 나 자신을 홍보하면서 내가 회사에 적합한 인재임을 각인시키려 노력했다. 학교에서 주최하는 행사인 HR 이그제큐티브 라운드 테이블(HR Executive Round Table: 글로벌 기업의 인사 담당 임원을 초청하여 학생들에게 현장의 최신 트렌드를 접하고 네트워크 형성을 할 수 있는 기회를 제공하는 행사)과 ILR 커리어 페어(ILR Career Fair: 코넬 ILR에서 주최하는 인사/노사 관련 취업 박람회로 매년 30개 이상의 글로벌 대기업들이 학교를 방문하여 지원자를 모집한다.)에 참석한 IBM 임직원을 찾아가 나의 이력서를 직접 건네고 궁금한 점을 그 자리에서 질문하는 등 가능한 많은 대화를 나누었다. 행사가 끝난 후에는 명함에 있는 연락처로 감사 이메일을 보내 나를 한번 더 알리고자 했다. 또 면접 전에는 회사에 재직 중이거나 재직 경험이 있는 선배들에게 연락하여 원하는 인재상과 회사의 사업 전략 등에 대해 물어봤다. 기업에 대해 사전 공부를 하고, 면접 도중 이에 대해 언급함으로써 면접관들의 호감을 얻을 수 있었다.

을 제시했다. 나는 전 부서원 앞에서 내 개별 프로젝트에 대해 프레젠테이션을 했고, 좋은 평가를 받아 매니저는 나의 제안을 받아들이게 됐다.

IBM은 전 세계적으로 HR 인턴으로만 40명이 넘은 인원을 선발했고, 나는 이들과 팀을 이뤄 프로젝트를 수행해야 했다. 바로 스피드 팀 프로젝트Speed Team Project인데 회사가 현재 회사 내의 주요 논의 사항 중 하나를 프로젝트 과제로 선정하고, 전 세계에 고루 퍼져 있는 팀원들이 어떠한 방식으로 협업하여 결과물을 만들어내는지를 평가한다. 내가 속한 스피드 팀의 프로젝트 주제는 '인사 담당자들의 분석 능력을 어떻게 향상시킬 것 인가'였다. 예전에는 인사 관련 문제를 사람 사이의 관계에 입각한 전통적인 방법을 통해 해결했다면, 최근에는 인사 담당자들에게 데이터 분석을 통한 비즈니스 문제 해결 능력이 강조되고 있는 추세이다. 이러한 역량을 개발하기 위해서 데이터 분석 및 도식화, 통계 분석, 예측 모델링, 외부 벤치마킹 등 기본적으로 요구되는 기술 즉, 스킬셋Skill Set을 선정하고, 인사팀 내에서 담당하는 업무에 따라 어떤 스킬을 중요하게 생각하고, 개발하고 싶어 하는지에 대한 분석을 실시했다.

우리팀은 미국, 영국, 중국, 인도, 브라질에서 각각 선발된 인원들로 구성되어 있었으며, 매일 콘퍼런스 콜을 통해 토론을 진행했다. 또한 별도로 개설한 온라인 커뮤니티에서 문서를 공유하며 의견을 조율해나갔다.

드디어 인턴 기간 마지막 주가 찾아왔고, 전 세계에 있는 인턴들이 모두 본사가 있는 뉴욕 주 아몽크에 모여 HR 임원진 앞에서 프로젝트 결과물을 발표하는 시간을 가졌다. 프로젝트는 결과에 대한 평가뿐만 아니라 지속적으로 모든 활동을 지켜보고 참여한 멘토 및 평가단이 진행과정까지 함께 평가했다. 프로젝트

평가 결과는 정규직 선발에 중요하게 작용하기 때문에 나는 프로젝트를 업무적인 성과로 인정받기 위해 노력했다.

완성도 높은 프로젝트를 위해 적극적으로 설문 조사와 인터뷰를 하고, 자료 조사와 벤치마킹을 통해 의미 있는 결과물을 이끌어냈다. 또 부족한 언어 실력을 보완하기 위해 최대한 아이디어를 도식화하고 문서로 만들어 보고했다. 결국, 내 개별 프로젝트가 전체 팀 워크숍의 주요 세션 중 하나로 채택되어 팀원들 앞에서 발표하게 되었고, 팀 프로젝트에서도 내가 프레젠테이션의 전체적인 스토리 구성 및 자료 분석을 담당하고, 최종 발표자 중 한 명으로 나섰다.

모든 인턴은 인턴십을 마무리할 때 자신의 매니저로부터 프로젝트 성과와 본인의 역량에 대한 피드백을 받는다. 나의 매니저는 인턴으로서 별도의 지시 없이도 기대했던 것 이상의 결과물을 만들어낸 점, 그리고 분석적인 사고와 뛰어난 협업 능력을 보여준 점에 높은 점수를 준다고 했다.

코넬 ILR에서 마지막 학기를 보내고 있을 때, 나는 IBM으로부터 정규직 오퍼를 받았다. 그것도 내가 원하던 리더십 개발 프로그램●으로 말이다. 이 프로그램으로 선발되면 3년 동안 전 세계 170여 개국에 진출해 있는 IBM의 모든 지사를 대상으로 매년 근무 지역과 업무를 바꾸어가며 일하게 된다. 나의 첫 근무는 인턴을 했던 IBM 아몽크 본사에서 탤런트 프로그램 컨설턴트Talent Program Consultant로

● **리더십 개발 프로그램**
Leadership Development Program
잠재력을 갖춘 지원자를 참여자로 선발하여 단기간 내 다양한 역할을 경험할 수 있도록 지원하여 차세대 리더를 양성하고자 하는 프로그램.

서 회사가 원하는 인재를 내외부에서 발굴해 적재적소에 배치하고, 직원들이 회사가 요구하는 역량을 갖출 수 있도록 경력 개발을 돕는 일을 하는 것이다. 이후에는 이머징 마켓으로 옮겨 새로운 임무를 부여 받을 예정이다.

IBM에서 일한다는 것

IBM의 기업 문화는 이미 익숙한 한국식 기업 문화와 많이 달라 적응이 쉽지 않았다. IBM은 170여 개국에서 43만 명 이상의 직원들이 하나의 조직 안에서 유기적으로 움직이는, 전 세계적으로 통합된 기업이다. 내가 인턴 시절에 속해 있던 워크포스 애널리틱스 컨설팅팀은 20여 명의 팀원이 미국, 유럽, 아시아, 오세아니아 등 전 세계 널리 퍼져 근무하고 있다. 팀 미팅은 시차 때문에 일반적으로 아침 7시에 전화로 이루어진다. 개인별로 원격 회의Teleconference를 위한 콘퍼런스 콜 번호가 부여되고, 온라인상으로 미팅 일정을 공유하면 개인 일정표에서

미팅 시간을 알 수 있다. 해당 시간에 전화 연결을 해서 관련 사안에 대해 논의를 하고, 필요한 경우 스마트 클라우드 미팅Smart Cloud Meeting이라는 온라인 미팅룸에서 문서를 공유하고 함께 보면서 회의를 진행한다.

개인적으로는 각기 다른 문화적 배경을 가진 팀원들로 구성된 팀에서, 각기 다른 억양으로 하나의 언어를 사용하며 업무에 대해 논의하는 것이 정말이지 흥미로웠다. 유럽 영어, 인도 영어, 호주 영어, 중국 영어 등 다양한 발음과 억양을 들을 수 있었는데, 미국식 영어 외에는 알아듣기 힘들었기 때문에 모든 회의 내용을 완벽하게 이해하기 어려웠지만 매일 듣다보니 이내 익숙해졌다.

IBM은 유연근무제Flexible Workplace가 완전히 정착되어 있다. 같은 팀 직원들이

물리적으로 서로 떨어져 있는 경우가 많기 때문이고, 그만큼 원격 근무를 지원하는 시스템 구축이 잘 되어 있다. 업무 특성상 반드시 출근해서 처리해야 하는 경우를 제외하고는 철저히 개인의 의사에 따라 원격을 통해 재택근무를 할 수 있다.

　매일 아침, 같은 사무실로 출근해서 팀 동료들과 함께 앉아 근무하는 한국의 업무 방식과는 너무 달라서 처음에는 조금 어색하기도 했다. 우리팀의 경우도 부서장은 시카고에서, 나는 뉴욕에서 근무하고 있었기 때문에 원격으로 업무를 지시받고, 결과 보고를 해야 했다. 집에서 일을 하면서도 정말 이렇게 일을 해도 되나 하는 생각이 들어서 되도록이면 사무실로 출근해서 일을 하려고 했다. 특히 금요일은 재택근무를 하는 직원들이 더 많은데, 사무실에 나가도 같이 일할 동료가 없을 거라는 사실을 알면서도 마음이 불편해서 출근한 적도 있다. 그런 날에는 혼자 자리에 앉아 샐러드를 먹어가면서 근무했다. 하지만 시간이 지날수록 새로운 근무 방식이 익숙해졌고, 집에서 일하면서도 높은 업무 능률을 이끌어 낼 수 있을 정도가 됐다.

물론, 개인의 자치권과 자율성을 중시하는 만큼 철저히 성과를 기준으로 평가한다. 아직도 성과보다 인간관계에 의해 당락이 좌우되는 한국의 기업 문화와는 많이 다르다. 반면, 한국 특유의 친밀한 동료관계에서 느낄 수 있는 따뜻하고, 인간적인 매력은 여기서 느끼기는 힘들다.

IBM은 수평적인 조직 문화를 갖고 있다. 누구나 직급에 상관없이 자유롭게 의견을 제시하고, 받아들인다. 또 전문성을 가진 스페셜리스트들은 본인보다 나이가 어린 매니저와도 업무를 원활하게 진행한다. 한국에서는 자기보다 한참 어린 상사와 함께 근무한다는 것을 쉽게 받아들이지 못하는 경우가 대부분이다. 하지만 IBM에서는 한 회사에서만 30년 이상, 특정 분야에서 근무한 전문가가 관리자 레벨로 가지 않고 계속해서 본인의 업무에 충실하며 안정적으로 직장생활을 이어나가는 모습을 쉽게 볼 수 있다. 인턴 시절, 진행하던 프로젝트와 관련해 인터뷰를 하기 위해 유럽에 있는 팀원들과 여러 차례 전화 미팅을 한 적이 있었는데, 프로젝트 도중 뉴욕에서 열린 워크숍에서 그들이 내 삼촌, 고모뻘 되는 분들이라는 사실을 알게 되어 깜짝 놀랐었다. 그들은 본인보다 한참 나이 어린 매니저와도 원만한 관계를 유지하고 있었을 뿐만 아니라, 본인의 전문성에 대해서도 스스로 자부심을 느끼고, 주변으로부터 인정도 받고 있음을 단번에 알 수 있었다.

"노력이 기회를 만나면 운이 된다."

한국과 미국을 넘나드는
글로벌 인재

이재호

2012~2013 ○ 맥글래드리 캐피탈 파트너스Mcgladrey Capital Partners M&A 자문
2013~**현재** ○ 우리투자증권 M&A 자문

1997~2000 ○ 랜돌프-메이컨 아카데미Randolph-Macon Academy
2000~2006 ○ 펜실베이니아 주립대학교Pennsylvania State University 재무 전공
2005   ○ 레그 메이슨Legg Manson 인턴십, 자산 관리 부서
2006~2007 ○ LG 필립스Phillips LCD 내부 통제 부서, 내부 감사 담당
2007~2008 ○ 윌리엄 앤 메리 대학교College of William and Mary 회계학 석사 졸업
2008~2012 ○ 딜로이트Deloitte 감사 및 재무 자문

"내 인생은 지금부터 시작이야."

1990년대 말 대한민국은 한창 조기 유학 붐이었다. 나는 어릴 적부터 영어에 많은 흥미를 느꼈고, 우리나라의 쇼 프로그램보다 주한미군방송인 AFKN에서 하는 프로그램을 더 많이 시청했다.

영어에 대한 흥미는 자연스럽게 유학에 대한 관심으로 이어졌다. 부모님과 상의해서 중학교 3학년을 마친 후 고등학교를 미국으로 가기로 결정했다. 쉽지 않은 결정이었지만 한국에서 영어를 공부하는 것보다 당연히 미국에서 영어를 공부하는 것이 효율적일 것이고, 부모님께서도 내가 자유로운 환경에서 하고 싶은 것을 맘껏 펼쳐보기를 바라셨다. 부푼 꿈을 안고 1997년 1월, 버지니아에 있는 랜돌프-메이컨 아카데미Randolph-Macon Academy로 진학했다.

미국에 도착하자마자 나에게 주어진 당면 과제는 영어를 빨리 터득하는 것이었다. 고등학교에서 학업을 따라가려면 하루 빨리 영어에 익숙해져야만 했기 때문이다. 자연스럽게 친구들과 친하게 지내면서 1년 정도가 지나자 점점 귀가 트이면서 각종 드라마나 영화를 자막 없이 볼 수 있었다. 또 교과서나 책도 사전 없이 읽는 습관을 들이다보니 자연스럽게 영어를 그대로 이해하며 쓸 수 있을 정도가 되었다. 나에게 고등학교 시절은 나 자신을 단련하면서 새로운 문화에 적응해가는 시기였다. 무엇보다 아낌없는 지원을 해주신 부모님을 실망시켜 드리지 않기 위해서 더 노력했다. 그만큼 나는 자연스럽게 미국에서의 삶에 녹아들기 시작했다.

다양함이 공존했던 대학생활

미국에서도 고등학교 3학년이란 시기는 어김없이 찾아왔다. 나는 펜실베이니아 주립대학교(Pennsylvania State University, 이하 펜스테이트 Penn State)에 입학했다. 비즈니스 스쿨로 꽤 유명했고 학비도 비싸지 않았기 때문이다. 뿐만 아니라 나는 당시 풋볼에 푹 빠져 있었는데, 이 학교는 풋볼로 10위권 안에 드는 곳이었다. 매 시즌마다 풋볼 경기를 스타디움에서 직접 보고 싶었다.

미국은 스포츠 문화가 잘 발달되어 있어 대학 농구, 대학 미식축구 경기 등이 인기가 많은데 라이벌 관계에 있는 학교끼리 하는 경기를 보면서 여러 학생들과 어울리고, 서로 다른 문화를 접할 수 있는 좋은 기회이기도 했다.

펜스테이트는 펜실베이니아 주의 정중앙에 위치해 있고, 도시가 아니기 때문에 주변에 논과 밭이 많아 놀만한 곳이 별로 없었다. 덕분에 공부에 전념하기 참 좋았다.

대학교 1학년은 다른 학생들처럼 학교 시스템에 적응하느라 시간이 가는 줄 몰랐고, 2학년이 되면서부터 슬슬 진로에 대한 걱정을 하기 시작했다. 경영학을 공부하고 싶은 것은 분명했으나, 미국의 4년제 대학은 한국처럼 '경영학과'라고 해서 단과 대학이 있는 것이 아니라 경영학부 안에 다양한 세부 전공을 갖추고 있기 때문에 세부 전공을 선택하는 데 많은 고민을 했다. 당시는 닷컴버블이 한창이었기 때문에 경영정보시스템Management Information System 전공이 인기가 좋았다. 하지만 나는 금융권이나 컨설팅 분야에 관심이 많았고, 결국 파이낸스를 전

공하기로 했다.

   3학년이 되면서 본격적으로 취업에 대해 진지하게 생각하게 됐다. 나는 미국에 있는 기업에 취업하고 싶었는데, 미국에서 공부한 지식을 현지 기업에서 일하며 적용해보는 것은 좋은 경험이 될 것이라고 생각했기 때문이다. 지금도 그렇지만 그때도 한국은 중국, 인도와 더불어 미국에 유학생이 많은 국가로 톱3 안에 들었다. 다른 유학생들과 차별화되는 나만의 무언가가 없으면 기대만큼 가치를 인정받기가 쉽지 않을 것이라는 생각을 했다. 하지만 일단 걱정은 접어두고 기본적인 것부터 차근차근, 꾸준히 준비해보기로 했다.

   미국 현지 취업을 위해서는 인턴십 경험을 하는 것이 거의 필수적이다. 인턴십을 하기 위해 내 나름대로 크게 두 가지에 공을 들였다. 첫번째는 맞춤형 인터뷰 준비다. 인터넷에서 지원하는 회사의 비전, 원하는 인재상 등을 찾아보고 거기에 맞춰 인터뷰를 준비했다. 두번째는 좀 생뚱맞게 들릴지도 모르겠지만 '정성'이다. 이력서를 온라인이 아니라 종이에 뽑아 우편으로 직접 보냈다.

사실 이런 정성에도 불구하고 유학생이라는 신분 때문에 인터뷰 기회조차 한 번 갖지 못하는 경우가 허다했다. 100곳이 넘는 회사에 끈질기게 지원한 끝에 몇몇 회사에서 인터뷰 제의를 받았고, 결국에는 레그 메이슨Legg Mason이라는 글로벌 투자회사에서 인턴십 오퍼를 받을 수 있었다.

인턴십에 대한 솔직한 이야기

레그메이슨은 자산 관리 업무가 중심인데, 나는 여름방학 3개월 동안 부사장 직속으로 인턴생활을 하며 주로 리서치 업무를 했다. 펀드 수익률 분석, 데이터 입력, 수익률 보고서 작성과 같은 일이었다.

인턴 마지막 주에는 리뷰Review라고 해서 그동안 수행했던 업무 능력을 평가하고, 정규직 오퍼를 하는 시간을 가졌다. 나 역시 리뷰 대상자였고, 결과도 좋게 나왔지만 회사 관행상 외국인이라는 이유로 취업 비자 스폰서를 받을 수 없었다. 미국에서는 유학생이 취업을 하려면 회사가 취업 비자를 신청해줘야만 취업이 가능한데, 기업 입장에서 비자를 지원하려면 외국인을 채용하는 타당한 이유가 있어야 한다. 대체 불가능한 경우가 아니라면 기업에서 외국인에게 취업 비자를 지원하는 경우는 드물다.

비록 정규직 오퍼를 받지는 못했지만 한 번의 인턴십만으로 많은 것을 얻을 수 있었다. 먼저 업무를 하면서 다양한 사람들과 자연스럽게 인적 네트워크를 형성했다. 인턴십으로 알게 된 인맥을 통해 다른 회사에 추천을 받는 등 새로운 취업

기회를 얻는 사람도 종종 볼 수 있었다. 또 인턴 시절 겪었던 생생한 경험담은 정규직 면접을 볼 때 면접관에게 깊은 인상을 남길 수 있었다. 나 역시 인턴 경험이 추후 미국에서 정규직으로 입사하는 데 가장 큰 도움이 되었다. 뿐만 아니라 미국 회사의, 특히 금융 기관의 조직이 어떻게 돌아가는지 알 수 있었던 소중한 시간이었고, 나에 대한 좋은 리뷰는 앞으로 어떤 일도 할 수 있다는 자신감을 심어주었다.

미국에서는 학부생, 보통 3학년을 대상으로 많은 기업들이 인턴을 채용하는데, 단순히 부족한 일손을 충당하거나 기업 홍보 차원이 아니라 회사의 미래를 이끌어나갈 인재를 찾기 위한 제도라고 볼 수 있다. 인턴 사원을 교육하고, 업무를 함께 진행하면서 회사에 필요한 인재를 미리 확보해두는 것이다. 보통 인턴 사원의 80~90% 정도는 인턴십이 끝날 무렵 정규직 입사 제안을 받게 되며, 이 제안을 받은 학생들은 졸업 전 마지막 학기를 취업 걱정 없이 맘 편하게 생활한다.

인턴십이 정규직 취업과의 연결고리인 것은 유학생들에게도 마찬가지다. 하지만 유학생이 인턴십을 구하는 것은 정규직 신입 사원이 되는 것보다 어렵다. 일단 인턴십 자리가 정규직보다 적은데다가 취업 비자 등의 문제로 유학생들을 채용하는 회사들이 많지 않기 때문이다. 그렇다고 유학생이 인턴십을 경험할 수 있는 길이 아예 없는 것은 아니다. 인턴십은 유급직과 무급직이 있는데, 무급직도 월급만 없다 뿐이지 경력은 똑같이 인정받는다. 회사는 구직자의 '경험'을 가장 중요시하기 때문에 무급 인턴십도 정규직 전환이 얼마든지 가능하다. 아는 후배는 전공과 관련된 회사에 무작정 전화를 걸어 무급 인턴으로 일하게 해달라고 요청했고, 그해 여름 내내 그 회사에서 인턴생활을 했다. 이처럼 열정적이고 적극적인 학생을 마다할 회사는 거의 없을 것이다. 또 유학생이 유급 인턴십을 구하는 것이 어렵긴 하지만 열심히 노력하면 불가능한 일은 없다고, 유급 인턴십으로 일했던 유학생 친구들도 분명히 존재한다. 미국 현지 취업을 목표로 하고 있는 유학생이라면 인턴십 제도를 최대한 활용해서 정규직 자리에 도전하는 것이 가장 합리적인 방법이 아닐까 생각한다.

한국 기업에 취업하다

졸업반이 되면서 발등에 불이 떨어진 기분이었다. 대학 시절 내내 놀기도 열심히 놀았지만 그만큼 공부도 열심히 하며 나름 만족스러운 대학생활을 했다고 자부했는데 막상 취업해야 할 시기가 오니 모든 것이 불안하기만 했다. 전공인 재무를 살리고 싶어 캠퍼스 리크루팅을 찾아다니며 미국 회사의 재무 담당 직무에 지원했지만 면접 기회는 좀처럼 주어지지 않았다. 학점도 꽤 좋은 편이었지만 유학생이라는 신분의 한계 앞에서는 그다지 큰 효력을 발휘하지 못했다. 특히 기업의 재무 분야는 외국인을 선호하지 않는 경향이 있는데, 워낙 자국민 지원자가 많기 때문에 굳이 외국인을 뽑을 필요가 없는 것도 하나의 이유다. 점점 커져가는 불안감 속에서 이력서를 수정하고 회사에 지원하는 과정만 반복하는 나날이 계속 되었다. 미국에서 경험을 쌓은 후 한국에 가고 싶었지만 현실이라는 벽 앞에 일단 한국행을 결심했다. 미국에는 매년 삼성, 현대, LG, SK, 두산 등 유수의 한국 기업들이 캠퍼스 리크루팅을 오는데, 대부분 유학생들은 학업을 마치고 다시 한국으로 돌아갈 생각을 하기 때문에 이를 통해 많은 학생들이 국내 기업에 취직한다. 나도 여기에 참가하여 국내 대기업의 면접을 거쳤고, LG 필립스 Philips LCD(現 LG 디스플레이 Display)에 입사하게 됐다. 같은 해 7월, LG 필립스 LCD 내부 통제● 부서에서 내부 감사로 한국에서의 직장생활을 시작했다.

내부 통제
Internal Control

자본주의 경제에서 기업에 필수적인 경영의 투명성 제고 및 리스크를 사전에 관리하는 일. 각 부서의 업무 프로세스를 면밀히 분석하거나 부서간의 책임을 명확하게 정의하는 업무들이 포함된다. 보통 기업의 내부 감사팀에서 해당 업무를 관장하는 경우가 많다.

---

professional advice

유학생을 신입으로 채용하지 않는 회사들도 있다. 작년에는 대기업 계열사 중에서 유학생을 신입으로 한 명도 뽑지 않은 곳도 있다. 전체적으로 과거에 비해 소위 말하는 유학생이 갖는 프리미엄이 많이 낮아졌다. 물론 기업은 우수한 인재는 언제든 영입하려고 하지만, 유학생 구직자들의 이력서를 보면 차별점을 발견하기 어려운 것이 사실이다. 심지어 '과연 치열한 업무 환경에서 잘 버텨낼 수 있을까' 라는 생각마저 들 때가 있다. 해외에서 학위만 받으면 어떻게든 취업할 수 있겠지라는 생각은 이제 버려야 한다. 유학생이라고 해서 대충해서 일이 풀리는 시대는 이미 끝났기 때문이다.

TIP

유학생으로 한국 기업에 취업하기

유학생으로서 한국 대기업에 취업하는 방법은 크게 두 가지가 있다.

첫번째는 캠퍼스 리크루팅을 이용하는 것이다. 삼성, LG, CJ, 현대, KT, 두산 등 한국 대기업에서 학교를 직접 방문하여 채용하는 것으로 기업 설명회, 지원 학생과의 인터뷰 등을 진행한다. 최근에는 금융권도 방문하는 추세이다. 기업은 유능한 인재들을 다른 기업보다 빨리 확보할 수 있고, 학생 역시 졸업 전에 취업을 확정함으로써 취업에 대한 심적인 부담감 없이 마지막 학기를 충분히 즐길 수 있다는 장점이 있다.

캠퍼스 리크루팅은 기업의 인사 담당자가 한인 학생회에 연락해 일정을 잡는다. 먼저 기업 설명회를 한 후, 기업의 임원 및 인사 담당자와 지원자가 상담하는 시간을 갖고, 서류 작성과 면접을 거쳐 최종 합격 통보를 한다.

캠퍼스 리크루팅은 '유학생 공채'라는 말이 있을 정도로 많은 학생들이 관심을 갖는다. 또 특정 직무에 채용하는 것보다 우선 채용 후 배치하는 경우가 많은 것이 캠퍼스 리크루팅의 특징인데 경력이 없는 유학생들에게는 또다른 취업의 통로라고 할 수 있다.

두 번째 방법은 가장 일반적인 온라인 공고를 통한 채용이다. 기업들이 한인 유학생 게시판 등에 해외 인재 채용 공고를 올리는데, 삼성 같은 규모가 큰 그룹사의 경우에는 계열사별로 공고가 올라오기도 한다. 예전과는 달리 지원 가능한 직책에 대한 구체적인 설명을 공고에 포함하는 기업들이 점차 늘고 있어 학생들의 좋은 반응을 얻고 있다.

이재호

다시 공부를 하기로 결심하다

내부 통제 업무를 하기로 결정했던 이유는 주요 부서의 업무 성격과 프로세스를 파악하면 회사의 전반적인 경영 상황을 이해할 수 있을 것이라는 기대 때문이었다. 미국에서 2002년 개정된 사베인스 옥슬리법에 의해 미국 주식시장에 상장된 모든 회사는 내부 감사를 받아야 하는데, LG 필립스 LCD 는 미국 증시에 상장되어 있어 내부 감사를 직접 해야만 했다.

내부 감사는 회사의 내부 통제를 담당하며 관리 부분의 취약점을 감시 및 보완하는 업무인데, 재무제표의 투명성을 위해 반드시 필요한 절차로 2002년부터 지금까지 이어지고 있다.

사베인스 옥슬리법
Sarbanes-Oxley Act
2002년 폴 사베인스와 마이클 옥슬리 하원 의원의 이름을 따 제정한 것으로 회계 투명성을 위해 기업 회계 기준을 엄격히 규정한 법안. 2001년 에너지 기업 엔론Enron Corporation 등에서 일어난 대형 회계 부정 사건이 발단이 되었다.

내부 감사 업무를 하면서 나에게 잘 맞는 일이라 느꼈고, 좀더 깊이 있는 회계 지식을 갖고 업무를 하고 싶을 만큼 욕심도 생겼다. 그해 겨울, 나는 미국 회계사 입시 학원에 등록해서 일과 공부를 병행하기 시작했다. 단지 자격증을 따기 위한 공부가 아니라, 학교에서 회계학을 깊이 있게 공부하기 위한 준비과정이었다. 또한 학부 때 전공인 재무도 이 기회에 좀 더 폭넓게 공부해보고 싶었다.

결국 나는 대학원에 진학해 다시 공부를 하기로 결심했다. 미국에 있는 대학원 중 회계학과 금융을 함께 공부할 수 있는 곳을 알아보았고, 총 5곳의 대학원에서 입학 허가를 받았다. 어떤 학교로 가야할지 신중히 고민한 끝에 취업률도 좋고 전체 학비의 70%를 장학금으로 받을 수 있는 버지니아 주의 윌리엄 앤 메리 대학교College of William and Mary 회계학 석사과정을 밟기로 결정했다. 고등학교

를 북 버지니아에서 나온 나로서는 마치 고향으로 돌아가는 것 같은 느낌이었다. 동시에 버지니아 주 윌리엄스버그Williamsburg라는 작은 도시에 있는 학교로 돌아가자니 다시 아무것도 없는 시골에서 공부만 해야 된다는 생각이 들어 처음에는 조금 우울하기도 했다.

대학원에 진학하면서 나에게는 두 가지 목표가 있었다. 한 가지는 최대한 많이 배우는 것, 또다른 한 가지는 다시 한번 미국 현지 취업에 도전하는 것이었다. 구체적으로 회계법인에서 회계사로 일하고 싶었다. 한국에서 내부 감사 업무를 하면서 외부 감사의 세계는 어떨지 궁금했고, 내부 감사보다 다양한 회사의 케이스를 다루는 외부 감사 업무를 하면 더 넓은 시야를 갖게 될 것이라고 생각했기 때문이다.

믿기지 않았던 두번째 취업

내가 회계학 석사과정에 있던 2007년은 사베인스 옥슬리법이 생긴 이후 회계법인에 일거리가 많아져 인력 수요도 많을 때였다. 인력 수요가 많으면 취업이 비교적 쉬운 것이 사실이지만 이미 학부 시절 많은 좌절을 겪었던지라 나에게 많은 기회가 올 것이라는 헛된 기대는 없었다. 대신 차분한 마음으로 차근차근 취업을 준비해나가기로 했다.

학교 커리어 센터에서 주최하는 모의 인터뷰를 활용했는데 실제 인터뷰에 많은 도움이 되었다. 모의 인터뷰를 통해 내가 어떤 태도로 면접에 임하고 있고, 어떤 단어들을 주로 사용하는지 알 수 있었다. 룸메이트, 면접관 등 주변 사람들과 함께 면접에서 받을 수 있는 질문 리스트를 만들고, 약 200개 정도 되는 질문에 대한 답을 고민하고 연습했다. 모의 인터뷰를 도와준 면접관들은 적극적인 자세로 면접을 임하는 태도가 좋고, 어떠한 질문이든 망설임 없이 곧바로 대답하는 모습에 그동안 준비를 많이 했다는 것을 느낄 수 있었다고 피드백해주었다.

모의 인터뷰
Mock-up Interview
직접 회사 면접관이 와서 실제 모의 면접을 보며 면접 때 면접자의 자세, 태도 등을 관찰하여 수정 및 코칭 해주는 제도.

그해 가을에 열린 캠퍼스 리쿠르팅에서 나는 흔히 Big4라 불리는 세계 4대 메이저 회계법인 중 딜로이트와 언스트앤영에 지원했다. PwC는 신입 사원으로 외국인을 채용하지 않기 때문에 지원할 수 없었고, KPMG 또한 워싱턴 D.C에 있는 사무실은 대부분 정부 기관의 감사를 맡고 있었기 때문에 외국인을 채용하지 않는 것은 마찬가지였다. 결국 내가 선택할 수 있는 회사는 두 곳밖에 없었는데 다행히 딜로이트와 언스트앤영 모두 면접 기회가 주어졌다. 면접장에서 나는 나 자신을 어필하기 위해 최선을 다했다.

대학원 첫 해 가을, 나는 두 회사에서 모두 채용 확정 통보를 받았다. Big4처럼 좋은 회사는 보통 대학원 졸업 전에 취업이 확정되는 경우가 대부분이지만 마치 나는 대단한 것을 이루어낸 것처럼 기뻤다. 대학원 시절 내내 Big4를 염두에 두고 공부했고, Big4의 면접 기회 역시 아무에게나 주어지는 것이 아니기 때문에 정말 놓치고 싶지 않았었다. 간절한 바람과 함께 최선을 다해 면접에 임한 것이 좋은 결과를 가져다준 것 같다. 최종적으로 나는 딜로이트에 가기로 결정했다. 평소 워싱턴 D.C에 살아보고 싶은 마음이 있었는데 딜로이트 사무실이 바로 워싱턴 D.C에 있었기 때문이다. 이듬해 8월부터 꿈꾸던 워싱턴 D.C, Big4 회계법인에서 공인회계사로 일하기 시작했다.

Big4 회계법인에서 일한다는 것

워싱턴 D.C는 기대만큼 흥미로운 도시였다. 워싱턴 D.C에는 미 연방정부와 함께 다양한 형태의 정부 기관들이 위치해 있다. 시내에 있는 공무원만 15만 명 이상이고, 도시 인구의 절반 이상이 정부 기관 및 정부 관련 회사에서 일하고 있다. 산업군이 다양하지는 않지만, 취업 시장이 비교적 안정적이어서 경제 불황의 타격이 가장 적은 지역이기도 하다. 반면, 2000년대 초반부터 상당수의 IT 기업이 도시 외곽 지역으로 진출하면서 워싱턴 D.C 버지니아 지역에 자리를 잡아 제2의 실리콘밸리라는 별명도 갖고 있다. 또 세계은행, IMF 같은 국제기구들도 워싱턴 D.C에 있다.

워싱턴 D.C에 있는 회계법인에 근무하는 나는 연방 공무원들을 상대할 일이 많았다. 모두 고위 공무원이어서 프로페셔널하고 책임감이 대단했으며, 자신이 하는 일이 국가 발전에 도움이 된다는 생각으로 일하는 사람들이 많았다. 미국

군인들이 국가에 대한 충성도가 세계에서 가장 높다고 하는데 미국 공무원들도 만만치 않은 것 같다는 생각이 들었다.

> **패니메이**
> Fannie Mae:
> Federal National
> Mortgage Association
> 연방저당권협회
>
> 미국 주택 구입 희망자들이 대출을 쉽게 받을 수 있도록 금융기관에 자금을 대주는 정부 지원 기업으로 미국의 2대 모기지업체. 정부의 영향을 받는 사기업이었으나 2008년 금융 위기 이후 다시 정부로 귀속돼 국유화 되었다. 시가 총액이 미국에서 상위 10~20위권 안에 들던 회사였으나, 금융 위기의 진원이 된 모기지론의 주범으로 여겨지기도 했다.

딜로이트에서 나의 첫 고객사는 패니메이였다. 패니메이는 한국의 주택 금융공사와 비슷한 회사로 주택금융, 모기지 대출 보증 및 투자가 주요 업무이다. 2008년부터 이듬해까지 패니메이는 하루도 거르지 않고 언론에 보도되었다. 투자 은행들과 함께 비우량 주택 담보 대출을 해 준 것이 전 세계를 혼란 속에 빠뜨렸기 때문이다. 페니메이에 대한 첫 감사가 시작된 것도 이때였다.

워낙 큰 이슈이다보니 패니메이 전담 감사인만 약 200명이 넘었고, 심지어 일손이 부족해서 미국 전역에 있는 회계사들을 불러 모으기도 했다. 나는 패니메이를 3년 이상 감사했는데, 중요한 사안이 있는 큰 규모의 회사를 감사하면서 많은 것을 배울 수 있었다. 특히 은행의 부실채권(채무자의 사정으로 원금 또는 이자를 회수할 수 없는 채권) 감사나 주택 저당 증권(금융 기관이 주택을 담보로 장기 대출을 해준 주택 저당 채권을 대상 자산으로 하여 발행한 증권) 가치 평가 같은 업무를 경험한 것은 향후 커리어에 큰 도움이 되었다.

패니메이 감사 경력 덕분에 나는 대형 은행 컨설팅 업무를 담당할 수 있었고, 이후 컨설팅 경력을 인정받아 제조사 및 IT 기업들의 컨설팅 및 감사에 참여할 수 있었다. 또한 인수합병(M&A: Merger&Acquisiton) 재무 실사 컨설턴트로도 활동하며 인수합병 관련 자문을 하기도 했다. 기업 간 인수합병을 진행할 때는

해당 업무 수행을 의뢰받은 외부 기관이 인수합병과정에 필요한 자문 및 지원 업무를 수행하게 된다. 회계법인의 경우 FAS팀에서 이런 업무를 담당하는 것이 일반적이며, 기업 가치 평가 및 실사, 금융 자문, 회계 자문 등의 서비스를 지원하고 이에 대한 수수료를 받는다.

업무 이외의 부분에서도 회사생활은 꽤 만족스러웠다. 회계법인의 업무 특성상 바쁜 시기에는 하루에 11~12시간 넘게 일하는 것이 다반사지만 일을 하는 보람도 있고, 보상도 좋았다. 또 긴 프로젝트가 끝나면 휴가를 낼 수 있기 때문에 과다한 업무에 지친 몸과 마음을 추스른 후 다시 업무에 집중할 수 있었다.

사실 미국의 근무 환경을 유럽이나 다른 선진국과 비교하면 좋다고만은 할 수 없다. 복지 혜택보다는 경제 성장에 더 주력하기 때문에 근무 시간이 더 길기 때문이다. 산업별로 다르긴 하지만 변호사, 회계사, 변리사 등의 전문직도 근무 시간이 상당히 긴 편이다. 하지만 전반적인 분위기가 일과 삶의 균형을 매우 중요시하기 때문에 근무 시간에 집중해서 일하고, 퇴근 후에 여가를 즐기려고 노력한다. 나 역시 감사와 컨설팅 업무로 바쁜 와중에도 최대한 여가 시간을 즐기려고 노력했다. 특히 회계법인에서 일하면 미국의 여러 도시로 출장을 다닐 일이 많은데 여행을 좋아하는 나로서는 회계사라는 직업을 통해 누릴 수 있는 가장 좋은 혜택이었다. 물론 타지에서 일하는 것만으로도 피곤하지만, 주말에는 호텔을 예약해서 반드시 여행을 즐기곤 했다.

M&A 전문가로 발돋움을 시작하다

주로 하는 일이 회계 자문과 재무 실사이다보니 자연스럽게 기업의 인수합병 시장에 관심이 많아졌다. 미국에서는 기업의 인수합병이 적어도 매년 300~500건 정도 발생하기 때문에 비전도 좋았다. 미국 회계법인의 회계사들은 보통 경력이 2년 정도가 되면 헤드헌터에게 연락이 오기 시작하고, 3~4년 차에 많이 이직을 하는데 기업의 회계팀이나 재무팀, 컨설팅 회사, 금융 기관 등으로 옮기는 경우가 대부분이다. 나 역시 이직을 시도한 시기가 3년차 때였고 헤드헌터, 기업 인사 담당자, 그동안 쌓아온 인맥 등을 통해 M&A 자문사, 컨설팅 회사 등과 면접 일정을 잡을 수 있었다.

여전히 외국인 신분이었기 때문에 이직을 하려면 다시 취업 비자 스폰서를 받아야 하는 상황이었다. 그만큼 비슷한 연차의 다른 회계사보다 새로운 회사를 찾는 것이 어려웠지만 몇몇 회사에서 오퍼를 받을 수 있었다. 경력이 쌓일수록 현지 직장 문화에 대한 이해도나 의사소통에 문제가 없음을 증명하는 것이기 때문에 첫 직장을 구하는 것보다 이직이 비교적 쉬웠다. 마찬가지로 취업 비자도 처음 받을 때가 어렵고, 이미 받은 비자를 변경할 때는 좀 더 수월하기 때문에 이직을 하는 데 큰 문제가 되지 않았다.

professional advice

외국인도 경력만 잘 쌓으면 현지 헤드헌터로부터 이직 제의를 받을 수 있다. 현지 회사에서 경력을 쌓았다는 것은 업무 능력을 이미 검증받은 것이나 다름없기 때문에 이직시 새로운 회사로부터 취업 비자 또는 영주권 지원을 받는 것이 수월할 가능성이 높다.

나는 맥글래드리 캐피탈 파트너스McGladrey Capital Partners라는 M&A 자문사로 이직했다. 회사가 L.A에 위치해 있어서 동부 끝인 워싱턴 D.C에서 서부 끝인 L.A로 이사를 가야만 했다. 워낙 동부에서 오래 살았기 때문에 회사 때문에 이사를 가는 것이라고 해도 아는 사람 한 명 없는 L.A로 간다는 것은 쉽지 않았다. 하지만 좀더 다양한 경험을 할 수 있는 일에 대한 갈증이 컸기 때문에 과감하게 결정을 내렸다.

맥글래드리 캐피탈 파트너스에서 주로 하는 업무는 사모펀드나 전략적 투자자의 요청을 받아 피인수 기업의 가치 평가 및 재무 실사를 하는 것 그리고 기업 인수 자문 분야의 고문으로서 중개인 역할을 하는 것, 크게 두 가지로 나뉜다. 다양한 산업에 속한 기업들을 전략부터 인사에 이르기까지 하나하나 분석하는 일은 흥미롭고 재미있었다. 나는 주로 제조, IT, 유통 쪽을 담당했는데, 미국이 제조업을 기반으로 성장한 국가이기 때문에 제조 회사의 경영진들과 이야기를 나눌 때는 그들이 상당한 자부심을 갖고 있다는 것을 느낄 수 있었다. 분석을 통해 기업을 하나하나 알아가고 자문을 하는 일은 하면 할수록 나의 적성에 꼭 맞았고, 직업에 대한 나의 애착은 점점 커져만 갔다. 물론 힘든 점도 있다. 피인수 기업이나 고객사들은 미국 전역에 분포되어 있기 때문에 출장이 잦은 편이라 체력적으로 힘들다. 출장은 한 달에 일주일 정도인데 비행기 타는 시간이 많고 시차 적응도 해야 하기 때문이다.

지금 내가 하는 일을 더 잘하기 위해서 나는 지금도 노력하고 있다. 특히 비즈니스 작문은 M&A 자문 업무에 있어서 아무리 강조를 해도 지나치지 않을 정도로 중요한 기술이고, 반드시 갖춰야 할 자질이다. 내가 분석한 내용을 토대로 리포트를 작성해서 고객사에 전달하거나, 마케팅 자료를 만들어서 회사에 알려야 하기 때문이다. 처음부터 글을 잘 쓰는 사람은 드물기 때문에 나를 포함한 주변 동료들 모두 꾸준히 작문 실력을 향상시키기 노력하고 있다.

어떤 일을 하든 꾸준함과 노력을 뛰어넘는 비결은 없다고 생각한다. 한국에 있는 친구들은 종종 미국에서 일하는 것이 더 편하고, 삶을 즐길 수 있다고 말한다. 하지만 미국에서 영어가 모국어가 아닌 동양인으로서 직장생활을 하는 것은 생각만큼 편하지 않다. 보이지 않는 장벽이 분명이 존재하고, 그 장벽을 뚫기 위해 많은 노력을 해야만 한다. 지금 회사에서 쌓은 경험으로 다음에는 어떤 일을 할 수 있는지, 그리고 무슨 일을 하고 싶은지에 대해서 끊임없이 생각하고 실천해야 발전할 수 있다.

현지 취업에 성공했다 하더라도 외국인으로서 남들보다 많은 노력을 해야 한다. 또한 유학만이 현지 취업을 위한 지름길은 아니다. 주위를 보면 유학이 아닌 교환학생이나 해외 인턴십 프로그램을 통해 미국으로 와서 자연스럽게 현지 취업을 하는 친구들을 보곤 한다. 짧은 기간이라도 효과적인 방법으로 최선을 다해 노력한다면 해외 취업은 충분히 가능하다고 생각한다.

미국에는 수많은 한국 학생들이 조기 유학을 와서 공부하고 있지만 그리고 그들 중 적지 않은 학생들이 현지에서 업무 경험을 쌓아보기를 원하지만, 현지 취업으로 연결되는 경우는 생각보다 많지 않다. 많은 이유가 있겠지만 조기 유학을 해도 결국 결실을 맺으려면 피나는 노력이 따라야 하기 때문일 것이다.

마지막으로 해외에 취업해서 경력을 쌓는 것으로 만족하지 말고, 내가 해외에서 쌓은 경력으로 앞으로 얼마나 발전할 수 있는지를 미리 생각해보는 것도 중요하다.

"Nothing is impossible."
불가능은 없다.

에필로그

이 책의 저자들은 모두 다른 성장 배경을 가지고 있다. 어릴 때 유학을 가서 영어로 의사소통이 제법 되는 저자도 있고, 국내 학부 졸업 당시만 해도 영어 점수가 나오질 않아 밤잠을 설치던 저자도 있다. 공부를 게을리해 도피하다시피 유학을 간 분도 있고, 앞날을 계획하면서 꾸준히 노력한 분도 있다.

반면, 저자들은 명확한 공통점을 갖고 있다. 자신의 미래에 대해 진지하게 고민하고, 목표를 이루는 과정에서 할 수 있는 일이라면 그것이 무엇이든 행동으로 옮겼다는 것이다. 그리고 이들의 도전은 현재도 진행중이며, 앞으로도 계속될 것이라는 점이다. 무엇보다도, 대단한 사람들이 아니라 해마다 수만 명씩 해외로 나가는 무수한 유학생들 중 한 명에 불과하다.

지금으로부터 약 7년 전, 해외 일자리를 발굴해서 국내에 있는 우수한 인재와 연결시켜주는 일을 시작하겠다고 이야기했을 때 부정적이거나 냉소적인 반응이 적지 않았다. 해외에 있는 회사를 뚫는 것이 쉬운 일이냐, 회사의 요구 사항을 만족시킬 만한 지원자를 찾는 것이 가능하겠느냐, 지원자의 취업 비자 문제는 어떻게 해결할 것이냐 등이 그 이유였다. 하지만 계획을 행동으로 옮겼고, 해마다 많은 인원은 아니지만 몇 명씩 해외 취업을 도와줄 수 있게 되었다.

요즘은 나의 소개를 통해 현지에 취업한 분들이 내가 하는 일을 도와주기도 한다. 현지 회사들과 연결시켜주고, 현지에 진출한 국내 기업들의 상황 등 유용한 정보를 제공해주기도 한다. 이 책이 출간될 무렵에도 나는 해외에 있을지 모른다. 좀더 많은 해외의 일자리들을 국내 인재들에게 소개하기 위해서이다.

해외 취업에 대한 상담을 하러 오시는 분들의 상당수가 생각을 행동으로 옮기기를 주저한다. 나는 그런 분들께 이렇게 이야기한다. "동전을 던지지 않는다면, 확률은 제로"라고. 동전을 던졌을 때 앞면이 나올지, 뒷면이 나올지는 예측할 수 없지만 계속 던지다보면 좋은 결과가 나올 확률은 절반이나 된다. 무엇이든 행동으로 옮겨야 운도 따르기 마련인 것이다.

글로벌 무대에서 마음껏 꿈을 펼치는 자신의 모습을 상상하며 오늘도 열심히 노력하는 모든 분들의 희망이 실현되기를 바란다.

안홍석

해외 취업 생생 토크

실력만 갖추면 기회는 분명히 있다

얼마 전, 해외에 있는 지인으로부터 인력을 추천해달라는 이메일을 받았다. 홍콩에 있는 투자 은행인데, 부동산 투자 부문의 신입을 찾고 있으니 좋은 인재가 있으면 추천해달라는 내용이었다. 운영하고 있는 포털 커뮤니티에 채용 공고를 올린 지 이틀도 채 안되서 60장이 넘는 이력서를 받았다. 해외에서 학부를 마친 사람이 많았고, 고등학교를 해외에서 마치고 국내 학부를 졸업한 사람도 있었다. 신입 사원 채용인데도 경력자가 많이 지원했고, 심지어는 톱 MBA 스쿨 졸업 예정자도 있었다. 대한민국의 서비스업 종사자는 해마다 비중이 늘고 있지만 고급 서비스 산업군의 인력 수요는 상대적으로 많지 않다는 현실을 다시 한번 느끼게 되었다.

결국 홍콩 투자 은행에는 한국의 금융 기관에서 일하던 사람이 입사했다. 유학생은 아니지만 영어 실력도 좋고, 관련 지식을 쌓기 위해 많은 공부를 해왔던 사람이었다. 해외 취업을 고려하는 분들이 자주 묻는 질문 중 하나가 반드시 유학을 가야 해외 취업이 가능하냐는 것이다. 현지 문화에 적응할 수 있는 시간 확보나 현지 캠퍼스 리쿠르팅 등 유학생에게 더 유리한 부분이 있기는 하지만, 해당 사례에서 보듯 유학생이 아니라도 기회는 얼마든지 있다. 단, 실력만 갖추면 말이다.

이제는 해외에서 국내 대기업에 더 쉽게 취업할 것이다

국내 기업들의 해외 진출이 본격화되고 있다. 경기 침체가 당분간 지속될 것으로 예상되고, 장기적인 관점으로는 노령화사회로 진입하고 있는 상황에서 국내 시장이 축소될 것이라는 전망에 따른 움직임이다.

국내 기업과 해외 현지 기업 간의 인수 합병이나 공장 등의 생산 설비에 대한 투자과정에서 국내 기업들은 재무적/법률적 문제, 현지인 관리 등 다양한 사안들을 해결해나가야 한다. 대기업임에도 불구하고 해외 시장에 익숙하지 않다보니 웃지 못할 사건들이 종종 발생하는데, 최근 이런 시행착오를 줄이기 위해 외국어 구사 능력과 해외 경험, 이 두 가지를 모두 갖춘 인력에 대한 수요가 눈에 띄게 늘고 있다. 지역도 동남아시아, 동유럽, 남미 등으로 점점 넓어지고 있고, 산업군도 기존의 제조업뿐만 아니라 식품, 바이오, 엔터테인먼트, 소프트웨어, 금융, 외식 프랜차이즈 등 구직자들이 선호하는 분야로 다양해지고 있다. 이렇게 이미 국내에서 경쟁력이 입증됐거나 향후 대한민국 경제의 미래를 이끌어갈 유망 직종이 해외로 진출함에 따라 현지에 적합한 역량과 경험을 갖춘 국내 인재들을 채용하는 취업 시장의 트렌드는 당분간 지속될 전망이다.

10人 10色
글로벌 커리어

ⓒ 안홍석 외 10인 2013

초판 인쇄	2013년 10월 18일
초판 발행	2013년 10월 25일

지은이	안홍석 이승진 이정민 송대현 이지은 김진우 이인영 김기재 김태우 박재현 이재호
펴낸이	김승욱
편집	김승관 부수정 한지완
디자인	이승욱 문성미
마케팅	이숙재
온라인마케팅	김희숙 김상만 이원주 한수진
제작	김애진 임현식 김동욱

펴낸곳	이콘출판(주)
출판등록	2003년 3월 12일 제406-2003-059호

주소	413-120 경기도 파주시 회동길 216
전자우편	book@econbook.com
전화	031-955-7979
팩스	031-955-8855

ISBN 978-89-97453-16-0 03320

＊이 도서의 국립중앙도서관 출판시도서목록(CIP)은 e-CIP 홈페이지(http://www.nl.go.kr/ecip)와
국가자료공동목록시스템(http://www.nl.go.kr/kolisnet)에서 이용하실 수 있습니다.
(CIP제어번호: CIP2013019374)